U0494143

集刊

集人文社科之思　刊专业学术之声

集 刊 名：马克思主义哲学评论

(Vol.9) Marxist Philosophy Review

编辑委员会（按姓氏笔画排序）：

马俊峰　丰子义　王庆丰　白　刚　仰海峰　刘同舫　刘怀玉
刘森林　孙　麾　孙伟平　李佃来　李怀涛　杨　耕　杨生平
杨学功　吴晓明　邹广文　邹诗鹏　汪信砚　沈湘平　张文喜
张立波　陈新夏　林进平　郝立新　贺　来　袁银传　聂锦芳
夏　莹　唐正东　黄志军　曹义恒　崔唯航　阎孟伟　韩立新
韩庆祥　程广云　鉴传今　臧峰宇

编辑部

主　　编：臧峰宇
执行主编：黄志军
编　　辑：陈广思　魏　博

主办单位：中国人民大学哲学院

总第9辑

集刊序列号：PIJ-2021-432
中国集刊网：www.jikan.com.cn/ 马克思主义哲学评论
集刊投约稿平台：www.iedol.cn

AMI（集刊）入库集刊
中国学术期刊网络出版总库（CNKI）收录
集刊全文数据库（www.jikan.com.cn）收录

MARXIST PHILOSOPHY REVIEW（VOL.9）

马克思主义哲学评论

总第9辑

社会科学文献出版社
SOCIAL SCIENCES ACADEMIC PRESS (CHINA)

本刊受“中央高校建设世界一流大学（学科）和
特色发展引导专项资金项目”资助

目录

热点评论

《共产党宣言》的当代价值
——从其基本思想透视当今世界变局和中国现实 ……… 杨学功 / 4
智能工业革命与人类未来生命存在形式之变革 ………… 戴圣鹏 / 35
列宁《论战斗唯物主义的意义》的历史意义及其当代价值
——纪念列宁逝世一百周年 ………………… 王 晶 刘怀玉 / 48

专题评论

理性的情感基础
——评刘森林《焦虑的启蒙：以〈启蒙辩证法〉为核心的启蒙反思》 ……………………………………… 谢永康 / 66
启蒙的自我纠偏
——评刘森林《焦虑的启蒙：以〈启蒙辩证法〉为核心的启蒙反思》 ……………………………… 罗松涛 赵 乾 / 79
马克思辩证法的政治哲学阐释
——评白刚《辩证法的政治空间》 ……………………… 程远航 / 97
"平等权利"的不平等分配与"不平等权利"的平等分配
——评涂良川《马克思政治哲学视域中的分配正义问题研究》 ……………………………………………………… 董键铭 / 109

学术书评

新时代中国马克思主义创新发展研究新论
——评袁银传《新时代中国马克思主义创新发展研究》 ………………………………………… 朱传棨 / 126

从“儒马会通”到“儒家马克思主义”
——评何中华《马克思与孔夫子：一个历史的相遇》
…………………………………………………… 冯 波 / 137
经济决定论的捍卫与发展
——评王峰明《马克思的历史决定论：基于〈资本论〉
及其手稿的阐释》 ………………………………… 訾 阳 / 151
个体究竟如何出场？
——评张守奎《马克思历史唯物主义个体理论：语言哲学的分析》
…………………………………………………… 刘 宇 / 168
马克思实践哲学的范式革命与中国形态
——评袁凌新《德性与功利的批判：马克思实践哲学范式研究》
…………………………………………………… 李金和 / 199
现代性危机治理的教育方案
——评田毅松《马克思的教育思想及其意义》 ……… 李基礼 / 216
帕舒卡尼斯的“商品交易法学”及其理论效应
——评帕舒卡尼斯《法的一般理论与马克思主义》
…………………………………………………… 王金霞 / 231

博文锐评

“类”的解体与重生
——从青年黑格尔派到马克思 …………………… 崔琳菲 / 249
不需要的赘疣？
——历史唯物主义不需要规范性理论的几个论证及反驳
…………………………………………………… 苏晨生 / 264

佳作短评

评《艾米·文德林〈卡尔·马克思论技术和异化〉》等三篇
…………………………………………………………… 蓝 江 / 287

Abstracts ………………………………………………………… / 292

征稿启事 ………………………………………………………… / 306

热点评论

马克思 恩格斯
共产党宣言

《共产党宣言》的当代价值

——从其基本思想透视当今世界变局和中国现实*

杨学功**

摘　要：《共产党宣言》不仅具有举世公认的历史意义，而且具有无可置疑的当代价值。其集中阐述的“世界历史”理论，其实是对人类历史上第一波全球化浪潮的科学分析。随着包括中国在内的新兴经济体的迅速崛起，由近代资本主义开创“世界历史”过程中形成的以“三个从属”为特征的世界格局将继续被改变。反观中国现实及其发展道路，必须对各种冒牌的、反动的、空想的社会主义或共产主义展开理性而清晰的辨识，才能更深刻地理解马克思和恩格斯的科学社会主义，从而更清醒地认识和判别“中国特色社会主义”应该是什么和能够是什么。在一定意义上，中国特色社会主义初级阶段是一种特殊的社会形态，它属于“第二个阶段”（“第二大形式”）中除资本主义社会以外的其他社会形态，在当代世界与资本主义同

* 本文系2021年度国家社会科学基金重大项目“百年变局下全球化进路与人类命运共同体构建”（项目编号：21&ZD172）的阶段性成果。特别说明：本文系作者于2023年6月18日应邀为全国政协文化文史和学习委员会“马克思主义经典著作研学”读书群做线上讲座的文字稿。征得作者同意，本集刊予以公开发表。该文的部分内容曾在以下文章中刊发：杨学功：《用唯物史观的方法分析“全球化”——从马克思的“世界历史”理论看今天的全球化讨论》，《中共济南市委党校济南市行政学院济南市社会主义学院学报》2002年第2期；《如何认识“中国特色社会主义”——重温邓小平论述引发的几点思考》，《北京行政学院学报》2012年第3期。

** 杨学功，北京大学哲学系教授，兼任北京市哲学会会长，主要研究方向为马克思主义哲学、中国现代哲学。

时并存又相互竞争。这个具有战略意义的历史方位判断，不仅有助于我们正确理解“消灭私有制”的原意，而且有助于我们深刻认识中国现阶段多种所有制形式并存的客观基础，从而坚定不移坚持和自觉维护“两个毫不动摇”的方针。

关键词： 世界历史；世界百年未有之大变局；中国特色社会主义；“两个毫不动摇”方针

众所周知，《共产党宣言》（以下简称《宣言》）是马克思和恩格斯为共产主义者同盟起草的纲领。从这个意义上看，它是一份弥足珍贵的历史文件。不仅如此，《宣言》在1848年2月发表已被公认为马克思主义正式诞生的标志，并且它在流传过程中成为“全部社会主义文献中传播最广和最具有国际性的著作”①（恩格斯1888年英文版序言），还被联合国教科文组织列为世界记忆名录。因此，它又是马克思主义发展史和传播史上一部具有长久价值的永恒经典。经典是常读常新的，阅读经典也可以有不同的方法。中国传统经典注疏所采用的“我注六经”和“六经注我”，有点类似于西方传统解释学和现代解释学。前者强调回到历史语境，把握文本“原有”的意思；后者则主张面向当代问题，通过必要的发挥和引申，阐发文本“应有”的意思。这两种方法都可以用，并不是互相排斥的。但是对于马克思主义经典研读而言，最重要的还是要坚持“理论联系现实”的原则。2023年是《宣言》发表175周年，超过一个半世纪的历史雄辩地证明，《宣言》的基本思想至今仍然是完全正确的，并没有过时。学界以往关于《宣言》的研究大多集中在文本解读和传播史等方面，成果丰硕，蔚为大观，但是在联系现实的引申性或创新性研究方面尚有不少薄弱环节。有鉴于此，本文主要围绕学术界存在

① 马克思、恩格斯：《共产党宣言》，人民出版社，2014，第11页。本文引用《宣言》的文句较多，均采用这个版本，即2014年出版的中央编译局《马列主义经典作家文库》译本。这是目前在我国马克思主义理论学习、研究、教学和宣传工作中通用的最新中文译本，权威而又方便获取。为了节省篇幅，以下凡引用《宣言》的论述，随文标注页码，不再另加注释。

争论的几个问题，结合当今世界格局的变化和当代中国发展的现实，谈一些认识和体会，以凸显这部经典的当代价值。

一 从世界历史理论看“世界百年未有之大变局”

（一）以《宣言》为中心的“世界历史”理论

从一定意义上说，马克思主义本质上是资本主义所开创的“世界历史”时代的产物和理论表征。在马克思主义的形成时期，马克思就有一个非常著名的判断，他把他所处的时代概括为“历史转变为世界历史”的时代，并且对当时的世界格局作了科学的分析。虽然马克思所说的“世界历史”与我们今天讨论的“全球化”术语不同，但是学术界公认，马克思关于“世界历史”的论述实际上就是对人类历史上第一波全球化的科学分析。而且，马克思分析“世界历史”时代的理论和方法，对于我们认识当今世界格局的变化仍不乏启迪意义。

马克思还在创立自己的科学历史观的前夜（1845年），就具有一种开阔的现代世界历史视野。他在同德国以弗·李斯特为代表的带有强烈民族主义色彩的国民经济学家进行辩论时，自觉地站在古典经济学的世界主义立场上，强调工业即现代社会生产力发展所具有的超越民族国家界限的世界历史意义，认为在现代生产力与交往关系制约下，一个民族所做的事情，就是为整个人类所做的事情。

马克思和恩格斯第一次表述自己的科学的“世界历史”概念，是在他们合著的《德意志意识形态》（以下简称《形态》）中。这部著作里较多地使用了“普遍的”“全面的依存关系”“世界历史性的”“世界历史意义上的”“世界历史性的存在”“世界历史性的共同活动”“世界市场”等概念，以与“氏族的”“民族的”“地域性的”“地域性意义”“地域局限性”等概念相对应。在这里，马克思恩格斯提出了“历史转变为世界历史”的著名命题：“各民族的原始封闭状态由于日益完善的生产方式、交往以及因交往而自然形成的不同民族之间的分工消灭得越是彻底，历史也就越是成为世界历史。”①

马克思恩格斯认为，由于资本主义生产方式的发展，“人们的世界历史性的而不是地域性的存在同时已经是经验的存在了”。② 他们举例说，“如果在英国发明了一种机器，它夺走了印度和中国的无数劳动者的饭碗，并引起这些国家的整个生存形式的改变，那么，这个发明便成为一个世界历史性的事实”。③

“世界历史”不是指通常意义上的整个人类的历史发展过程，而是相对于相互分裂的民族历史与地域历史而言的，是指各民族、国家由于普遍交往，整个世界开始形成相互依存的统一的历史，即世界整体化的历史。也就是说，在马克思恩格斯的视野中，历史有两个层次：一个是民族的、地域性的历史，另一个是世界性的、整体性的历史。在第一个层次上，例如，德国人的事情“仅仅是德国人本民族的事情，而且对德国来说也只有地域性的意义”；④ 而在第二个层次上，历史就由民族的历史转变为世界历史。

《形态》中的“世界历史”概念，在《宣言》中终于形成完整系统的“世界历史”理论，成为马克思和恩格斯对资本主义时代本质特征的理论概括。

《宣言》分析资本主义时代一开始就是以世界历史为背景的。我们知道，地理大发现直接促进了资本主义生产方式的产生。“在16世纪和17世纪，由于地理上的发现而在商业上发生的并迅速促进了商人资本发展的大革命，是促使封建生产方式向资本主义生产方式过渡的一个主要因素。”⑤《宣言》指出：“美洲的发现、绕过非洲的航行，给新兴的资产阶级开辟了新天地。东印度和中国的市场、美洲的殖民化、对殖民地的

① 《马克思恩格斯选集》第1卷，人民出版社，2012，第168页。
② 《马克思恩格斯选集》第1卷，人民出版社，2012，第166页。
③ 《马克思恩格斯选集》第1卷，人民出版社，2012，第168页。
④ 《马克思恩格斯选集》第1卷，人民出版社，2012，第174页。
⑤ 马克思：《资本论》第3卷，人民出版社，2004，第371页。

贸易、交换手段和一般商品的增加，使商业、航海业和工业空前高涨，因而使正在崩溃的封建社会内部的革命因素迅速发展。”（第28页）

当然，这些还只是资本主义开创“世界历史”时代的外部条件，而其内部因素，则是生产方式的发展。《宣言》考察了从封建行会到工场手工业，再经过工业革命到资本主义现代大工业的发展过程，形象地描绘了随着资本主义生产方式的确立和发展，整个世界形成相互联系的整体的生动画面。

“不断扩大产品销路的需要，驱使资产阶级奔走于全球各地。它必须到处落户，到处开发，到处建立联系。”（第31页）

“资产阶级，由于开拓了世界市场，使一切国家的生产和消费都成为世界性的了。使反动派大为惋惜的是，资产阶级挖掉了工业脚下的民族基础。古老的民族工业被消灭了，并且每天都还在被消灭。它们被新的工业排挤掉了，新的工业的建立已经成为一切文明民族的生命攸关的问题；这些工业所加工的，已经不是本地的原料，而是来自极其遥远的地区的原料；它们的产品不仅供本国消费，而且同时供世界各地消费。旧的、靠本国产品来满足的需要，被新的、要靠极其遥远的国家和地带的产品来满足的需要所代替了。过去那种地方的和民族的自给自足和闭关自守状态，被各民族的各方面的互相往来和各方面的互相依赖所代替了。物质的生产是如此，精神的生产也是如此。各民族的精神产品成了公共的财产。民族的片面性和局限性日益成为不可能，于是由许多种民族的和地方的文学形成了一种世界的文学。”（第31页）

“随着贸易自由的实现和世界市场的建立，随着工业生产以及与之相适应的生活条件的趋于一致，各国人民之间的民族分隔和对立日益消失。”（第47页）

资本主义所开创的“世界历史”时代产生了什么社会后果呢？《宣言》对此作了多方面的分析。

首先，这一过程起着彻底瓦解封建残余的作用。“资产阶级在它已经取得了统治的地方把一切封建的、宗法的和田园诗般的关系都破坏了。

它无情地斩断了把人们束缚于天然尊长的形形色色的封建羁绊，它使人和人之间除了赤裸裸的利害关系，除了冷酷无情的‘现金交易’，就再也没有任何别的联系了。它把宗教虔诚、骑士热忱、小市民伤感这些情感的神圣发作，淹没在利己主义打算的冰水之中。它把人的尊严变成了交换价值，用一种没有良心的贸易自由代替了无数特许的和自力挣得的自由。总而言之，它用公开的、无耻的、直接的、露骨的剥削代替了由宗教幻想和政治幻想掩盖着的剥削。”（第30页）“一切固定的僵化的关系以及与之相适应的素被尊崇的观念和见解都被消除了，一切新形成的关系等不到固定下来就陈旧了。一切等级的和固定的东西都烟消云散了，一切神圣的东西都被亵渎了。”（第30~31页）

其次，这一过程使人的创造能力和社会生产力获得前所未有的解放。“它第一个证明了，人的活动能够取得什么样的成就。它创造了完全不同于埃及金字塔、罗马水道和哥特式教堂的奇迹；它完成了完全不同于民族大迁徙和十字军征讨的远征。”（第30页）“资产阶级在它的不到一百年的阶级统治中所创造的生产力，比过去一切世代创造的全部生产力还要多，还要大。”（第32页）

再次，这一过程消灭了封建的分散割据状态，建立了统一的民族国家。“各自独立的、几乎只有同盟关系的、各有不同利益、不同法律、不同政府、不同关税的各个地区，现在已经结合为一个拥有统一的政府、统一的法律、统一的民族阶级利益和统一的关税的统一的民族。”（第32页）

最后，这一过程确立了资产阶级的统治地位，并且形成了资本主义主导的世界体系。《宣言》分析了“世界历史”形成过程中的各种矛盾，包括资本主义的国内矛盾和国际矛盾。我们后面还要展开讨论。

归结起来，可以把以《宣言》为中心的“世界历史”理论概括为以下几个要点：第一，由分工和交往的发展而引起的生产方式的变革，是民族的、地域的历史转变为世界历史的物质基础；第二，资本主义的全球扩张所造成的世界统一市场，是世界历史形成的基本方式；第三，世界历史形成过程本质上就是资本主义世界化的过程，它从一开始就注定是一个充满着复杂矛盾的发展过程。

（二）从世界体系演变透视“世界百年未有之大变局”

下面我们重点讨论资本主义开创“世界历史”过程中所形成的世界体系或世界格局。

“世界历史”形成于资本主义时代，是资本主义生产方式所引起的一系列社会变革的产物。而我们知道，资本主义生产关系的兴起是与资本的原始积累、与早期殖民主义的历史联系在一起的。马克思指出，这一段历史是用“血和火的文字载入人类编年史的”。[①] 资本主义生产关系的建立必须具备四个基本前提：资金、原料、市场和劳动力。为了得到这些东西，资产阶级采用暴力手段进行资本的原始积累。例如，英国“羊吃人”的圈地运动，以牺牲农民的土地为代价来发展毛纺织业，并把大量的农民抛向劳动力市场。随之而来的殖民掠夺更是充满血腥。新大陆的探险家们掠夺和屠杀了大量印第安人，仅在海地，就把几十万土著人杀得只剩下200人。从16世纪中叶兴起的海盗行径是政府和资本联合支持的产物。据统计，仅在伊丽莎白女王时期，英国海盗掠夺的财物价值就高达1200万英镑，从16~19世纪的整个殖民时期，仅西班牙就从拉丁美洲掠夺了250万公斤的黄金和1亿公斤的白银。更为残酷的是灭绝人性的奴隶贸易，据美国黑人学者杜波依斯考察估计，在贩奴贸易中，殖民者为了开发美洲大陆而贩卖到美洲的黑奴达1500多万人。

资本主义开创“世界历史”过程中，建立了以不平等的国际分工为基础的世界经济体系，即资本主义主导的世界体系和世界秩序。《宣言》对此作了精辟的分析。

“资产阶级，由于一切生产工具的迅速改进，由于交通的极其便利，把一切民族甚至最野蛮的民族都卷到文明中来了。它的商品的低廉价格，是它用来摧毁一切万里长城、征服野蛮人最顽强的仇外心理的重炮。它

① 马克思：《资本论》第1卷，人民出版社，2004，第822页。

迫使一切民族——如果它们不想灭亡的话——采用资产阶级的生产方式；它迫使它们在自己那里推行所谓的文明，即变成资产者。一句话，它按照自己的面貌为自己创造出一个世界。”（第31~32页）

既然这个世界是“按照自己的面貌”建立起来的，资本主义的世界体系和世界秩序就绝不可能是平等的秩序，而是主从的秩序。《宣言》归结为以下三个“从属”：“正像它使农村从属于城市一样，它使未开化和半开化的国家从属于文明的国家，使农民的民族从属于资产阶级的民族，使东方从属于西方。”（第32页）

这就是马克思后来在《资本论》中所概括的国际关系中的“不平等交换”问题，即“处在有利条件下的国家，在交换中以较少的劳动换回较多的劳动”。[①] 正因如此，资本主义在世界范围的扩张给其他民族带来的并不完全是“福音”，相反，被强行纳入资本主义体系中的民族和国家所遭受的苦难罄竹难书。“当我们把目光从资产阶级文明的故乡转向殖民地的时候，资产阶级文明的极端伪善和它的野蛮本性就赤裸裸地呈现在我们面前，它在故乡还装出一副体面的样子，而在殖民地它就丝毫不加掩饰了。”[②]

资本主义开创“世界历史”过程中所形成的世界体系和世界秩序，后来被20世纪六七十年代的一些理论家发展为“中心—外围”式的“依附”理论（弗兰克、阿明、多斯桑托斯等），以及“核心—半边陲—边陲”式的“世界体系”理论（华伦斯坦），而其直接理论来源则是马克思和恩格斯对“世界历史”时代的理论分析。

马克思和恩格斯对资本主义全球扩张过程中被压迫民族所遭受的苦难寄予深切的同情，他们坚决支持各民族争取自身独立、统一和复兴的正义斗争。这一点在《宣言》的多篇序言（1892年波兰文版序言、1893年意大利文版序言）中都有体现。总之，马克思和恩格斯对被压迫民族的情感态度是毫无疑问的，但是我们要避免陷入单纯的情感判断。例如，

---

① 马克思：《资本论》第3卷，人民出版社，2004，第265页。

② 《马克思恩格斯选集》第1卷，人民出版社，2012，第861~862页。

马克思在谈到英国对印度的殖民侵略时，就别有深意地表明了自己的双重态度：一方面，他愤怒地谴责资本主义的殖民侵略给被压迫民族所造成的灾难和不幸，认为这些民族所遭受的灾难“具有一种特殊的悲惨色彩”；[①] 另一方面，他又指出，正是由于封建的、宗法的社会关系所造成的落后状态，才使这种灾难变得不可避免。“从人的感情上来说，亲眼看到这无数辛勤经营的宗法制的祥和无害的社会组织一个个土崩瓦解，被投入苦海，亲眼看到它们的每个成员既丧失自己的古老形式的文明又丧失祖传的谋生手段，是会感到难过的；但是我们不应该忘记，这些田园风味的农村公社不管看起来怎样祥和无害，却始终是东方专制制度的牢固基础，它们使人的头脑局限在极小的范围内，成为迷信的驯服工具，成为传统规则的奴隶，表现不出任何伟大的作为和历史首创精神。”[②]

资本主义的对外扩张也具有明显的二重性：一方面，这种扩张是受资本的本性、受极其卑鄙的利益所驱使的，是野蛮的和血腥的；另一方面，它又客观地造成了当地的社会革命，充当了历史的不自觉的工具。马克思在谈到英国对印度的侵略时说：“英国在印度要完成双重的使命：一个是破坏的使命，即消灭旧的亚洲式的社会；另一个是重建的使命，即在亚洲为西方式的社会奠定物质基础。”[③]

马克思也谈到英国对中国的殖民侵略。他写道：“半野蛮人坚持道德原则，而文明人却以自私自利的原则与之对抗。一个人口几乎占人类三分之一的大帝国，不顾时势，安于现状，人为地隔绝于世并因此竭力以天朝尽善尽美的幻想自欺。这样一个帝国注定最后要在一场殊死的决斗中被打垮：在这场决斗中，陈腐世界的代表是激于道义，而最现代的社会的代表却是为了获得贱买贵卖的特权——这真是任何诗人想也不敢想的一种奇异的对联式悲歌。”[④] “满族王朝的声威一遇到英国的枪炮就

① 《马克思恩格斯选集》第1卷，人民出版社，2012，第850页。
② 《马克思恩格斯选集》第1卷，人民出版社，2012，第853~854页。
③ 《马克思恩格斯选集》第1卷，人民出版社，2012，第857页。
④ 《马克思恩格斯选集》第1卷，人民出版社，2012，第804页。

扫地以尽，天朝帝国万世长存的迷信破了产，野蛮的、闭关自守的、与文明世界隔绝的状态被打破，开始同外界发生联系”。[①]

很显然，这些论断都超越了单纯的情感判断，需要我们反复琢磨和认真体味。而其中最关键的一点，就是要坚持历史唯物主义的客观理性分析。

马克思和恩格斯逝世后，殖民地半殖民地人民争取民族独立和解放的正义斗争迅速发展，在二战结束后终于导致资本主义殖民体系的彻底崩溃和解体。20 世纪 60 年代以后，发展问题即现代化问题成为后发国家的主要课题。20 世纪 80 年代以后，特别是 80 年代末 90 年代初苏东剧变后，两极对立的世界格局解体，新一波全球化加速发展，新兴经济体迅速崛起。中国实行“以经济建设为中心”的路线和改革开放政策，抓住了至关重要的战略机遇期，经过短短 40 多年的发展，成为世界第二大经济体，具有了影响乃至改变世界格局的体量和能量。

中国为什么能够成功？这当然可以从各方面加以总结，我认为最重要的就是我们采取了正确的发展战略，主动融入世界经济体系。后发国家现代化的发展战略通常有四种，即赶超战略、跟随战略、追赶战略、超越战略。除了采取扭曲产品和要素市场的办法以及用计划制度替代市场机制，试图在很低的起点和很短的时间内使产业结构达到发达国家水平的“赶超战略”，已经被实践证明不可行之外，“跟随战略”和“追赶战略”都具有一定的合理性。事实上，后发国家在现代化初期阶段，可以充分借鉴发达国家的成功经验和失败教训，利用“后发优势”，在模仿创新的基础上逐步缩小与发达国家的差距。这不仅是必要的，也是可能的，可以说是中国改革开放和现代化建设的成功经验之一。但是在经济发展的不同阶段，发展中国家应该采取不同的发展战略，适时进行战略转换。在“后发优势”递减的情况下，后发国家应该适时转换到以自主创新为主要特征的“超越战略”。中国现在已

① 《马克思恩格斯选集》第 1 卷，人民出版社，2012，第 779 页。

经进入全面建设社会主义现代化国家的新阶段，发展战略必须做相应调整，适时将重点由模仿创新转变为自主创新，才能确保中国顺利进入创新型国家行列。

党的二十大报告提出："以中国式现代化全面推进中华民族伟大复兴。"① 这是一个具有深刻历史内涵和现实意义的战略判断。西方主导的第一波现代化以英国的工业化为典型，它是建立在对内剥削、对外扩张（殖民掠夺）以及对自然的野蛮征服和开发基础之上的。而所有这些，没有一样是中国可以重复的，历史也没有给中国提供这样的机会和条件。所以，简单套用西方国家崛起的模式来分析中国，无异于缘木求鱼。中国的国情决定了中国必须走一条不同于西方的文明发展道路，中国的崛起即现代化既无必要，也不可能照搬西方模式。诚然，中国式现代化不是与世界文明发展大道绝缘的，因为在"世界历史"时代，任何民族和国家都不可能离开世界而孤立地发展。但是，只要我们能够成功走出一条中国式现代化的新道路，就为人类实现现代化提供了不同于西方式现代化的新选择。

因此，所谓"世界百年未有之大变局"，② 按照我们的理解，其核心之点就是随着包括中国在内的新兴经济体（以扩员后的金砖机制为代表）的迅速发展，已经并将继续改变近代资本主义开创"世界历史"过程中形成的"西方主导"的世界格局。姑且不论"修昔底德陷阱"是否危言耸听，中国最近40多年的高速发展所带来的改变世界格局的效应是无法否认的客观事实。对此我们应该有自觉的意识，不能妄自菲薄。当然，"世界百年未有之大变局"③ 的演进是一个长期的历史过程，我们应该冷静应对，不要盲目乐观。

---

① 习近平：《高举中国特色社会主义伟大旗帜　为全面建设社会主义现代化国家而团结奋斗——在中国共产党第二十次全国代表大会上的报告》，人民出版社，2022，第21页。

② 《习近平谈治国理政》第4卷，外文出版社，2022，第569页。

③ 《习近平著作选读》第2卷，人民出版社，2023，第351页。

二　从社会主义派别看中国特色社会主义

“社会主义”的派别历来很多，但它们的性质并不相同，并非只要打着“社会主义”的旗号就是好东西。考虑到近代以来社会主义思潮在中国传播过程中也曾流行过多种不同派别，而在现实生活中人们对社会主义和共产主义的理解又存在严重的思想分歧，所以我重点从各种社会主义派别的性质界定和区分出发，谈谈如何认识和理解中国特色社会主义。为清晰起见，我归纳为以下几个要点。

（一）“社会主义”和“共产主义”的不同含义

在马克思和恩格斯的著作中，“社会主义”和“共产主义”具有多种不同含义，包括思想、运动、制度、形态等。例如，马克思恩格斯在《形态》中说：“共产主义对我们来说不是应当确立的状况，不是现实应当与之相适应的理想。我们所称为共产主义的是那种消灭现存状况的现实的运动。”①

在马克思和恩格斯的著作中，关于“社会主义”和“共产主义”这两个名称，有时加以区分，指明它们在未来社会发展中的不同阶段或在实现理想社会过程中所起的不同作用；有时又未加区分，社会主义社会就是共产主义社会，二者都是代替资本主义社会的未来社会。例如，在《1844年经济学哲学手稿》中，马克思把“社会主义”作为一种理想的社会制度，而“共产主义”则是一种运动，是实现社会主义的一个必经环节。在《宣言》中，马克思和恩格斯把未来社会称为“共产主义”，并且摒弃了“社会主义”这个名称，因为当时资产阶级的运动和思潮多以“社会主义”相标榜。在《1848年至1850年的法兰西阶级斗争》中，马克思把自己的理论称为“社会主义”，把代替资本主义的未来社会既

① 《马克思恩格斯选集》第1卷，人民出版社，2012，第166页。

称为社会主义社会，又称为共产主义社会，“社会主义”和“共产主义”这两个名称的含义相同，指的是同一个代替资本主义社会的未来新社会。马克思在1875年写的《哥达纲领批判》中，曾把共产主义社会区分为“第一阶段”和“高级阶段”，但他并没有把第一阶段称为社会主义社会。而且，马克思恩格斯在世时，从来没有把共产主义社会的第一阶段或低级阶段叫作社会主义社会。列宁在1917年写的《国家与革命》中，才把共产主义社会的第一阶段或低级阶段称为“社会主义社会”，从此以后就成为流行很广的说法。①

（二）社会主义的派别

在《宣言》第三章“社会主义的和共产主义的文献”中，马克思恩格斯分析了当时流行的几种社会主义派别，包括三类五种：①反动的社会主义，包括（甲）封建的社会主义，（乙）小资产阶级的社会主义，（丙）德国的或“真正的”社会主义；②保守的或资产阶级的社会主义；③批判的空想的社会主义和共产主义。下面重点介绍其中两种——“封建的社会主义”和“小资产阶级的社会主义”，因为它们在中国似乎很有市场。

封建的社会主义——指的是法国和英国的贵族所写的“抨击资产阶级社会的作品”。在法国复辟王朝和英国改革运动中，贵族们被资产阶级“暴发户”打败了，从此以后，他们就不敢再谈政治斗争，而只是进行文字斗争。“贵族们不得不装模作样，似乎他们已经不关心自身的利益，只是为了被剥削的工人阶级的利益才去写对资产阶级的控诉书。”“为了拉拢人民，贵族们把无产阶级的乞食袋当做旗帜来挥舞。”“这样就产生了封建的社会主义，半是挽歌，半是谤文，半是过去的回音，半是未来的恫吓；它有时也能用辛辣、俏皮而尖刻的评论刺中资产阶级的心，但是它由于完全不能理解现代历史的进程而总是令人感到可笑。”

① 参见赵家祥《马克思、恩格斯著作中未来社会名称的历史演变》，《理论视野》1999年第3期。

（第 52~53 页）简言之，“封建的社会主义”之所以是“反动的”，根本原因就在于他们“不能理解现代历史进程”，他们对资本主义的控诉完全是开历史倒车。

小资产阶级的社会主义——随着资本主义的发展，小资产阶级不断分化和破产，于是出现了一批从小资产阶级立场出发批判资本主义的小资产阶级社会主义者，主要代表是西斯蒙第等人。他们企图恢复工业中的行会制度和农业中的宗法经济，主张把大农场土地分给个体农民经营，把大工厂分为小手工业工厂，建立一个小生产者的理想社会。《宣言》指出，小资产阶级的社会主义既是反动的，又是空想的。“这种社会主义按其实际内容来说，或者是企图恢复旧的生产资料和交换手段，从而恢复旧的所有制关系和旧的社会，或者是企图重新把现代的生产资料和交换手段硬塞到已被它们突破而且必然被突破的旧的所有制关系的框子里去。它在这两种场合都是反动的，同时又是空想的。”（第 55 页）由于传统中国社会是一个以小农经济为主的社会，所以“小资产阶级的社会主义”在中国颇有市场，其中一个变种就是“农业社会主义”。但它与马克思恩格斯的科学社会主义是根本不同的，因为马克思恩格斯所理解的社会主义是建立在现代工业文明充分发展基础之上的。

事实上，马克思和恩格斯曾经提到的“中国社会主义”，就其性质而言就是这种“小资产阶级的社会主义”。它出自马克思和恩格斯 1850 年 1~2 月写的一篇《时评》①。其中提到的“中国社会主义”来自德裔英籍传教士郭士立（居茨拉夫，Karl Friedrich Aaugust Gùtglaff，1803~1851）的口述。他在中国传教过程中，见到众多农民和平民结社聚众起义，他们“指出了一部分人贫穷和另一部分人富有的现象，要求重新分配财产，甚至要求完全消灭私有制”。郭士立把这种主张附会为“欧洲的社会主义”。马克思和恩格斯在转述郭士立的议论后说：“中国社会主

① 参见《马克思恩格斯全集》第 10 卷，人民出版社，1998，第 276~278 页；《马克思恩格斯论中国》，人民出版社，2015，第 133~134 页。

义之于欧洲社会主义，也许就像中国哲学与黑格尔哲学一样。”① 也就是说，中国社会主义与欧洲的社会主义是不同性质的东西，因为当时的中国与欧洲处于不同的历史发展阶段，或者说属于不同的社会形态。郭士立所附会的“中国社会主义”，按照马克思和恩格斯的观点，是指那种建立在“普遍贫穷”基础之上、以平均主义为基本特征的“社会主义”。按照《宣言》的论述，它本质上属于“反动的社会主义”。

当然，马克思和恩格斯著作中还提到过其他一些他们所反对的“社会主义”或“共产主义”。例如，马克思在《1844年经济学哲学手稿》中曾批判过“粗陋的共产主义”，在《形态》中否定了“地域性的共产主义”等。

总之，只有对各种冒牌的、反动的、空想的社会主义或共产主义有一个理性而清晰的辨识，才能更为深刻地理解马克思和恩格斯的科学社会主义，也才能更为清醒地认识和判别“中国特色社会主义”应该是什么、能够是什么，从而避免异想天开的种种陷阱。

（三）如何认识中国特色社会主义

我们知道，最早提出这个概念的是邓小平（他的提法是“有中国特色的社会主义”），并且对此做了很多具体论述，但他没有对“中国特色社会主义”下过明确的定义。相反，他反复强调，我们过去对“什么是社会主义”这个问题的认识不是完全清醒的。综观邓小平的论述，虽然他没有给“中国特色社会主义”下过明确的定义，但是我们可以看出他的大致思路，主要有以下几点。

（1）中国特色社会主义不是资本主义。这一点从他把社会主义和资本主义作为两条道路区别开来，主张中国只能走社会主义道路就可以看出。

（2）中国特色社会主义不是苏联模式的社会主义，当然也有别于

① 《马克思恩格斯全集》第10卷，人民出版社，1998，第277页。

（不是绝对对立）毛泽东时代的社会主义试验。这从他主张改革开放，突破苏联模式，克服毛泽东时代的社会主义的种种弊端即可看出。

（3）中国特色社会主义是不是马克思和恩格斯所设想的社会主义？这个问题邓小平没有明说，但我们从“中国特色社会主义”这个提法本身就能看出来，它至少不能硬套马克思和恩格斯所设想的社会主义。正如他一再强调的：“马克思主义必须是同中国实际相结合的马克思主义，社会主义必须是切合中国实际的有中国特色的社会主义。”①

“中国特色社会主义”既不能照抄经典，也不能照搬别国模式，而只能靠当代中国人在实践中去探索，然后在理论上加以总结和概括。这是一次巨大的思想解放，按照笔者的说法，就是把中国特色社会主义的定义权还给当代中国人自己。重温邓小平论述给予我们的重大启发就是：只有在中国特色社会主义与马克思恩格斯所设想的社会主义、中国特色社会主义与苏联模式的社会主义、中国特色社会主义与民主社会主义等各种关系中，深刻认识其历史联系和现实差异，才能对“中国特色社会主义”给出比较恰当合理的定位，从而引导当代中国社会持续、协调、健康发展。

第一，如何看待中国特色社会主义与马恩所设想的社会主义的关系。②

马克思和恩格斯关于社会主义或共产主义的思想，概括起来主要有以下几个方面。

（1）社会主义或共产主义的产生前提。马克思和恩格斯认为，社会主义或共产主义是“以生产力的普遍发展和与此相联系的世界交往为前提的”。③其中，生产力的巨大增长和高度发展是“绝对必需的实际前提”，这是因为：首先，如果没有生产力的发展，就只会有贫穷、极端

---

① 《邓小平文选》第3卷，人民出版社，1993，第63页。

② “如何看待中国特色社会主义与苏联模式社会主义的关系”，参考和借鉴了吴元梁先生《比较视野下的中国特色社会主义》（载《中国社会科学》2008年第1期）一文的部分观点，特此说明。

③ 《马克思恩格斯选集》第1卷，人民出版社，2012，第166页。

贫困的普遍化，而在这种普遍贫穷的状态下，全部陈腐污浊的东西都要死灰复燃；其次，随着生产力的普遍发展，人们的普遍交往建立起来，使各个民族、国家之间相互影响，使每一民族都依赖于其他民族的变革；最后，随着生产力的发展和普遍交往的扩大，地域性的个人为世界历史性的、经验上普遍的个人所代替。与之相反，如果没有生产力和普遍交往的发展，人们就只能处于地方的、迷信的状态，共产主义就只能作为某种地域性的东西存在；而地域性的存在是不可能真正实现共产主义的，或者只能是“粗陋的共产主义”及其变种。真正的共产主义只有在生产力和交往普遍发展的基础上，作为“世界历史性的事业”才有可能实现。

（2）社会主义或共产主义的实现方式。由于生产力和普遍交往的发展，推动了“世界历史”的形成和发展，整个世界特别是先进的民族都被“纳入”了资本主义的世界体系，这种情况使马克思和恩格斯曾一度设想：共产主义只有作为占统治地位的各民族同时发生的行动，才有可能实现。这就是后来被概括为“同时胜利论”的设想。

（3）社会主义或共产主义的价值目标。马克思和恩格斯对此作了非常清晰的表述，在他们看来，未来的共产主义社会是一个扬弃人的异化状态、实现人的彻底解放的社会。它将是一个“自由人的联合体”，“在那里，每个人的自由发展是一切人的自由发展的条件。”（第51页）用马克思后来在《1857—1858年经济学手稿》中的表述，未来的共产主义将是这样一种社会，即“建立在个人全面发展和他们共同的、社会的生产能力成为从属于他们的社会财富这一基础上的自由个性”。[①] 在《资本论》中，马克思强调代替资本主义社会的更高级的社会形式，将是“以每一个个人的全面而自由的发展为基本原则的社会”[②]。恩格斯在逝世前一年（1894年）致朱·卡内帕的一封信中再次重申了《宣言》的这段

① 《马克思恩格斯全集》第30卷，人民出版社，1995，第107~108页；参见《马克思恩格斯全集》第46卷（上），人民出版社，1979，第104页。新版将“社会形态”全部改译为“社会形式”。在马克思的著作中，“社会形态”（Gesellschaftsformation）和“社会形式”（Gesellschaftsform）略有区别，但都是指社会历史的发展阶段。

② 马克思：《资本论》第1卷，人民出版社，2004，第683页。

名言，并用它来表述未来的社会主义新纪元的基本思想，以区别于但丁（Dante Alighieri，1265-1321）诗句中所说的“一些人统治，另一些人受苦难”的旧纪元。总之，人并且首先是个人[①]自由而全面的发展，这就是马克思和恩格斯理想中的未来社会的价值目标。

反观现实存在的社会主义，其与马克思和恩格斯的设想之间的差距是很大的。当然，现实存在的社会主义是“世界历史”时代跨越式发展的产物，它们的产生具有某种历史必然性。从一定意义上说，它是在资本主义主导的世界秩序下，落后国家赶上发达资本主义国家，实现社会跨越式发展的一种探索性的制度选择。但是，正因为包括中国在内的现实存在的社会主义国家，都是在经济文化相对落后的条件下，而不是在马克思和恩格斯当年所设想的生产力高度发达的条件下建立起来的，也不是他们所设想的在多数发达资本主义国家同时取得胜利的，这种客观差异必然会使现实存在的社会主义（包括正在实践中探索的中国特色社会主义）面临着许多马克思和恩格斯当年所没有预见到的新情况、新问题。

首先，由于经济文化落后，社会主义制度建立后一个长期而艰巨的任务就是发展社会生产力，“尽可能快地增加生产力的总量”（第49页），如果不是这样，就只会有贫穷，极端贫困的普遍化。其次，由于这些在经济文化落后条件下建立起来的社会主义国家，大多带有非常沉重的封建传统的包袱，所以要随时警惕陈腐污浊的东西死灰复燃。最后，由于这些现实存在的社会主义国家不是像马克思和恩格斯所设想的那样是在发达资本主义国家“同时胜利”的，必然长期面临与资本主义共存共处的局面，从而必然有一个如何正确地认识资本主义的问题。

---

① 为了更确切地表述，《资本论》最新的中译本将马克思概括未来社会特征的一句话改译为“以每一个个人的全面而自由的发展为基本原则的社会”。（马克思：《资本论》第1卷，人民出版社，2004，第683页）而在旧的中译本里，这句话是“以每个人的全面而自由的发展为基本原则的社会”。（马克思：《资本论》第1卷，人民出版社，1975，第649页）单就中文表达的精练而言，“每个人”当然比“每一个个人”更好，但我们完全理解并且赞赏译者修改译文的用意。

其实，只要把中国特色社会主义与马克思恩格斯所设想的社会主义加以认真比较研究，我们就必须承认，二者是不能等同的。

按照马克思和恩格斯的设想，在未来的社会主义社会中，资本主义的占有方式将让位于那种同现代生产的本性相适应的占有方式，即一方面由社会直接占有生产资料，另一方面由个人直接占有生活资料。他们还多次明确地指出，一旦社会占有生产资料，商品生产就将被消除，商品交换和价值规律将退出历史舞台；社会生产的无政府状态将让位于按照全社会和每个成员的需要对生产进行的有计划的调节。他们认为，在共产主义社会的低级阶段，实行按劳分配的原则；在共产主义社会高级阶段，则实行按需分配的原则。他们还认为，社会主义社会就是以“自由人联合体”代替以往建立在阶级对立基础上的资产阶级旧社会，人类从此实现了从必然王国向自由王国的飞跃。[①]

如果把中国特色社会主义与马克思和恩格斯当年所设想的社会主义做一番比较，那么可以看到：中国特色社会主义，就其所坚持的公有制为主体、按劳分配原则、工人阶级及其他劳动人民当家作主的政治制度等来看，它坚持了科学社会主义的基本原则。但我们又必须看到，在中国特色社会主义中，就所有制来说，除了公有制外，还存在其他各种所有制经济，所建立的是公有制为主体、多种所有制经济共同发展的基本经济制度；就分配制度来说，按劳分配已经不是唯一的分配原则了，除了按劳分配之外，还存在其他各种分配方式，其实就全社会整体来说，实行的是按生产要素分配的原则和制度，劳动只是作为其中一个要素参与分配；就交换制度来说，它突破了马克思和恩格斯当年的设想，承认在现阶段市场经济还是一个不可超越的历史阶段，经济体制改革的目标就是要建立社会主义市场经济，使市场在国家宏观调控下对资源配置起决定性作用。经过比较，事情变得非常清楚了，我们现在所建设的中国特色社会主义，确实不同于马克思和恩格斯曾经设想的社会主义。

① 参见《马克思恩格斯选集》第3卷，人民出版社，2012，第811~815页。

第二，如何看待中国特色社会主义与苏联模式社会主义的关系。

中国特色社会主义不仅不同于马克思和恩格斯当年所设想的社会主义，也不同于苏联模式的社会主义。

如果将社会主义的苏联模式或斯大林模式与马克思和恩格斯当年设想的社会主义做一番比较的话，就可以看出：就所有制来说，苏联模式中的全民所有制和集体所有制作为社会主义公有制是基本符合马克思和恩格斯当年的设想的；就分配制度来说，苏联模式实行了按劳分配的制度，这也符合马克思恩格斯当年的设想；就交换制度来说，苏联模式没有完全按照马克思和恩格斯当年的设想，而是同时实行了计划经济和商品经济，并且为了和资本主义商品经济划清界限，还明确规定生产资料和劳动力不能进入市场，价值规律只在消费领域中起作用，在生产中起作用的主要是有计划按比例发展规律。苏联模式在政治上层建筑方面也没有按照马克思和恩格斯当年的设想。根据马克思和恩格斯的设想，过渡时期结束后，无产阶级专政的国家机器应当消亡，可是由于内外斗争的需要，苏联的无产阶级专政国家机器不但没有消亡，反而得到了加强。这本来是事出有因的，但是后来发生了对党和国家最高领导人的个人崇拜及党和国家最高领导人破坏民主和法治、肃反扩大化等严重问题，这显然是不符合马克思和恩格斯当年设想的社会主义根本精神的。马克思和恩格斯所设想的“自由人的联合体”在苏联模式中没有真正实现，甚至还形成了一种新的人身依附关系。苏联模式还存在严重的特权和腐败现象，严重背离了马克思和恩格斯关于防止社会公仆变为社会主人的警示。

苏联模式的社会主义已经失败了。之所以失败，一方面是因为俄国社会与马克思和恩格斯所设想的社会主义的历史落差；另一方面是因为它不顾历史条件，教条式地照搬了马克思和恩格斯针对不同历史条件所做出的判断。正在实践中探索的中国特色社会主义，只有彻底走出苏联模式的窠臼，才有前途。

第三，如何看待中国特色社会主义与民主社会主义的关系。

有一点很清楚，中国特色社会主义不能等同于北欧等国家实行的民主社会主义，但是民主社会主义对于我们探索中国特色社会主义具有启发意义。它注重福利和公平的制度设计体现了社会主义的核心价值。实际上，社会主义的魅力主要就来源于它“对争取社会公正的斗争的绝对忠诚”。[①] 这正是我们建设中国特色社会主义绝对不能漠视的根本。

第四，如何认识社会主义初级阶段所属的社会形态。

建设中国特色社会主义，是与认识中国所处的历史发展阶段密不可分的。“中国处于并将长期处于社会主义初级阶段。”[②] 因此，如何认识社会主义初级阶段所属的社会形态就是一个重要的理论和实践问题。对此，原来主要是根据马克思在《〈政治经济学批判〉序言》中的论述概括的五形态理论来解释的，即把社会主义理解为“后资本主义社会”。但是在中国特色社会主义与资本主义并存的时代条件下，这种解释存在许多错位。实际上，我们可以从马克思《1857—1858 年经济学手稿》中关于“三大社会形式”的理论中寻求另一种解释或辩护。

众所周知，马克思在《1857—1858 年经济学手稿》中，对人类社会的历史发展做了如下说明：

> 人的依赖关系（起初完全是自然发生的），是最初的社会形式，在这种形式下，人的生产能力只是在狭小的范围内和孤立的地点上发展着。以物的依赖性为基础的人的独立性，是第二大形式，在这种形式下，才形成普遍的社会物质变换、全面的关系、多方面的需要以及全面的能力的体系。建立在个人全面发展和他们共同的、社会的生产能力成为从属于他们的社会财富这一基础上的自由个性，是第三个阶段。第二个阶段为第三个阶段创造条件。[③]

---

① 参见〔美〕安东尼奥·克拉里《世界新秩序中的马克思主义：危机与可能性》，李朝晖译，载俞可平主编《全球化时代的“马克思主义”》，中央编译出版社，1998，第 47 页。

② 《改革开放三十年重要文献选编》下，中央文献出版社，2008，第 1433 页。

③ 《马克思恩格斯全集》第 30 卷，人民出版社，1995，第 107~108 页。

这就是改革开放以来引起人们普遍重视的三大社会形式理论。但是在对三大社会形式理论的理解中，由于各种因素的影响，人们很容易套用五形态理论来解释，或把五种形态划归到三个阶段当中。按照这种做法，人类社会发展的第一个阶段等同于原始社会、奴隶社会和封建社会，第二个阶段等同于资本主义社会，第三个阶段等同于共产主义社会。乍看起来，这种理解似乎简单明了，但细加审视则是大有问题的。其关键问题是：人类社会发展的第二个阶段就是资本主义社会吗？下面从文本逻辑和社会现实两个角度来进行探讨。

首先，从文本来看，马克思并没有说人类社会发展的第二个阶段就是资本主义社会。虽然他将人类社会发展的第二个阶段直接称为“现实社会”，而“现实社会”在当时就是资本主义社会，但这并不代表第二个阶段就只能是资本主义社会。一方面，就马克思所处的时代而言，资本主义社会确实是第二个阶段的一种，并且也是当时唯一的一种具体表现形式，所以马克思对第二个阶段的论述主要以资本主义社会为对象。应该承认，这是当时的历史条件的局限性所造成的结果。另一方面，从逻辑上说，通常所采取的把五种形态划归到三个阶段中的做法，是把前者的某一种或某几种形态归属于后者的某一个阶段，也就是一种从属关系。按照这种理解方式，严格意义来说应该表述为：“原始社会、奴隶社会和封建社会属于第一个阶段”，“资本主义社会属于第二个阶段”，“共产主义社会属于第三个阶段”。由此观之，封建社会是属于第一个阶段的，但它并不是第一个阶段唯一的一种社会形态。同理我们可以得出，资本主义社会是属于第二个阶段的，但不一定就是第二个阶段唯一的一种社会形态。第二个阶段还可能包含其他的社会形态，只不过在马克思的时代没有出现而已。

其次，从现实来看，资本主义不是人类社会发展的必经阶段。如果我们把人类社会的发展看成三个阶段三步走的话，那么第二个阶段就是必须经过的，但是马克思并没有断言人类社会必须经过资本主义社会才能够达到第三个阶段。100 多年前，马克思研究了俄国农村公社并预测其未来命运，他曾经认为俄国农村公社有可能跨越资本主义的“卡夫丁峡谷”而直接进入共产主义社会。100多年后的今天，社会主义中国巍然屹立在世界的东方。由于我国没有经过完整的资本主义阶段，把人类社会发展的第二个阶段等同于资本主义社会的人便以此为据，认为我国已经跨越了第二个阶段，直接进入了第三个阶段；或者认为第二个阶段是不可跨越的，因此今天需要补资本主义的课。然而，这种论证既不符合马克思的原意，也不符合我国的实际。按照马克思的论述，人类社会发展的第二个阶段是通向第三个阶段的必经之路，并为第三个阶段的到来创造条件。所以，社会发展是无法跨越第二个阶段直接进入第三个阶段的。从目前的情况来看，我国没有进入马克思所描述的生产力发展极高的社会形式，可以说我国还没有完全走出人类社会发展的第二个阶段。

所以，无论是出于逻辑自洽还是出于现实的考虑，我们都应该承认，像我国这样的社会主义初级阶段，也是属于第二个阶段的。在某种意义上，可以说中国特色社会主义初级阶段是一种特殊的社会形态，它属于第二个阶段的除资本主义社会以外的其他社会形态，在当代世界与资本主义同时并存又相互竞争。这有助于我们认识当前的现实，即资本主义与包括中国在内的社会主义初级阶段长期共存和相互竞争的格局。

一般地说，作为取代资本主义的更高级社会形态，马克思和恩格斯所设想的社会主义是建立在资本主义高度发展基础之上的，因此在一定意义上属于后资本主义社会。而现实存在的社会主义大多是在经济文化相对落后的国家建立起来的，二者之间存在巨大的历史落差。因此，不应该把某种社会主义的具体模式一般地等同于社会主义本身。苏联东欧社会主义的失败，只是证明社会主义某种模式的失败，并不意味着社会主义本身的终结。正如日本东京大学教授伊藤诚所说：“遭到失败的是特殊的苏联式的社会体制，不能说是马克思主义的本来的理论和思想，莫不如说，由此而产生了向新的社会主义作尝试的好时机。”①

① 伊藤诚：《新自由主义能拯救东欧吗?》，《经济学人》1990年第10期。

三　如何正确理解“消灭私有制”

《宣言》第二章中有这样一个说法：“共产党人可以把自己的理论概括为一句话：消灭私有制。”（第 42 页）这句话因其异常简洁而具有特别的震撼力。但是长期以来，人们对这句话存在许多误解，在现实生活中成为一个争论不休的问题，马克思主义经典著作研学群里也有热烈的讨论。我谈以下几点看法供参考。

（一）关于 Aufhebung 的翻译问题

“消灭私有制”这句话中“消灭”的德文原文是 Aufhebung，其本来含义是“扬弃”。因此，有人（例如胡德平同志）主张，为了避免误解，应该修改译文，即把“消灭私有制”改译为“扬弃私有制”。

我查过多种《宣言》译本，这个词的翻译不尽相同。例如，在陈望道先生翻译的《宣言》第一个中文全译本（1920 年在上海出版，书名错印为《共党产宣言》）中，这句话被译为：“共产党的理论，一言以蔽之，就是：废止私有财产。”[①] Aufhebung 被翻译为“废止”，“私有制”被译为“私有财产”。

中央编译局编译的现在通行的译本，关于共产主义革命对资产阶级私有制的关系有两种不同的表述——“废除”和“消灭”。在《宣言》第二章中，这两种表述都有体现：“共产主义的特征并不是要废除（Abschaffung）一般的所有制，而是要废除（Abschaffung）资产阶级的所有制。”“从这个意义上说，共产党人可以把自己的理论概括为一句话：消灭（Aufhebung）私有制。”[②]（第 42 页）后一段话的德文原文如下：“In diesem Sinn können die Kommunisten ihre Theorie in dem einen Ausdruck:

---

① 《陈望道文集》第 4 卷，上海人民出版社，1990，第 16 页。

② Aufhebung 和 Abschaffung 是同义词，在马克思和恩格斯的著作中经常通用，这里的表述就是一例。Marx Engels Werke，Band 4. Dietz Verlag Berlin，1959，S. 475.

Aufhebung des Privateigentums, zusammenfassen."[①]

其实，在马克思主义经典著作中，Aufhebung（Aufheben）这个词被翻译为"废止""消灭""扬弃"，这几种情况都曾出现过。例如，在恩格斯的《费尔巴哈论》（《路德维希·费尔巴哈和德国古典哲学的终结》）中，这个词被翻译为"扬弃"；但是在马克思的《〈黑格尔法哲学批判〉导言》中，同一个词又被翻译为"消灭"。这些不同的翻译不能说是错误的，相反有利于我们结合具体语境对于其本来含义给予更确切的理解，统一译名没有必要。事实上，我查对过《〈黑格尔法哲学批判〉导言》英译本，其中 Aufheben 也被翻译为"消灭"（abolish），与中文翻译完全一致。

这里还可以补充一个旁证。2016年，法国学者帕特里克·多莱出版了《革命精神，扬弃，马克思，黑格尔与废除》（*L' Esprit de la révolution. Aufhebung. Marx*, *Hegel et l'abolition*, *Le Temps Des Cerises*, 2016）一书。多莱对《宣言》德文版第二章"无产者和共产党人"中的相关术语作了统计。他发现，共有20余处使用了 Aufhebung 表示"废除"，另有10余处使用了 Abschaffung，此外还有极个别情况使用了其他德文词。在该章中，马克思和恩格斯提到"废除"的地方，总共不超过50处。在这50处"废除"中，马克思恩格斯对 Aufhebung 和 Abschaffung 并没有做严格区分，而是混合使用的，还有一些重复使用的情况。这就更加清晰地表明，这些词语其实具有相同的意义，"废除"或"消灭"，含义并无差别。[②]

所以，这里的关键不是翻译问题，而主要是理解问题。

（二）关于"消灭私有制"的原意

我们必须优先搞清马克思和恩格斯的原意，否则一开始就错了，望文生义，只能错上加错。

---

① Marx Engels Werke, Band 4. Dietz Verlag Berlin, 1959, S. 475.

② 参见周思成《"超越"还是"废除"——关于〈共产党宣言〉中 Aufhebung 的翻译》，中国社会科学网，2018年7月26日。

首先，《宣言》根据唯物史观，提出一个基本观点，即“一切所有制关系都经历了经常的历史更替”（第 42 页），亦即生产关系必然随着生产力的发展而变革。据此，《宣言》推论说：“废除先前存在的所有制关系，并不是共产主义所独具的特征。”（第 42 页）例如，法国革命废除了封建的所有制，而代之以资产阶级的所有制。

其次，《宣言》明确指出：“共产主义的特征并不是要废除一般的所有制，而是要废除资产阶级的所有制。”（第 42 页）也就是说，这里所说的“消灭私有制”并不是指消灭任何其他的私有制，而是特指“消灭现代资产阶级的私有制”，即“消灭那种以社会上的绝大多数人没有财产为必要条件的所有制”。（第 44 页）“现代资产阶级的私有制是建立在阶级对立上面，建立在一些人对另一些人的剥削上面的产品生产和占有的最后而又最完备的表现。”（第 42 页）

这里有三个界限必须划清：第一，它不是指消灭资产阶级私有制以前的那种小生产私有制，因为这种私有制随着资本主义的发展“已经把它消灭了”。第二，它也不是指“消灭个人挣得的、自己劳动得来的财产”（第 42 页），因为这种财产是“构成个人的一切自由、活动和独立的基础”。第三，因此，它尤其不是指消灭雇佣工人的劳动所得。“雇佣工人靠自己的劳动所占有的东西，只够勉强维持他的生命的再生产。我们决不打算消灭这种供直接生命再生产用的劳动产品的个人占有，这种占有并不会留下任何剩余的东西使人们有可能支配别人的劳动。”（第 43 页）

总结起来，马克思和恩格斯的原意主要是两个意思：第一，作为共产党人理论口号的“消灭私有制”，不是指消灭小生产私有制，即以自己劳动为基础的私有制，它是由资本主义的发展所消灭的；第二，这里所说的私有制特指生产资料私有制，确切地说是指“现代的资产阶级的私有制”（这种私有制的本质是凭借对生产资料的占有“支配别人的劳动”），而不是指生活资料的个人占有。在任何历史条件下，作为消费的终极形式，生活资料都只能是个人所有的。“共产主义并不剥夺任何人占有社会产品的权力，它只剥夺利用这种占有去奴役他人劳动的权力。”（第 45 页）

（三）取代“资产阶级私有制”的未来所有制究竟是什么

资本主义生产方式是以资产阶级占有全部生产资料，而工人阶级不占有任何生产资料，除了自己的劳动力之外一无所有，因而不得不靠出卖自己的劳动力谋生为基本特征的。简言之，资本主义的生产关系是建立在劳动者被剥夺的基础之上的。马克思在《资本论》中通过对资本主义经济运动的科学分析，得出了“消灭资产阶级私有制”，即“剥夺者被剥夺”的结论。从形式上看，这个历史过程表现为如下的否定之否定的三段式：

> 劳动者与生产资料直接结合（小生产私有制）——劳动者与生产资料彻底分离（资产阶级私有制）——劳动者与生产资料重新结合（未来社会所有制）。

直白地说，劳动者重新占有生产资料是未来社会所有制的基本特征。但这种所有制究竟是什么，在现实社会主义的探索中，无论在理论和实践上都成为一个极端重要而又充满争论的复杂问题。对于这个问题，马克思和恩格斯在不同著作中也有不同的论述。为了更加准确地理解马克思的思想，我认为更值得重视的是《资本论》中提出的“重建个人所有制”和“社会所有制”。

《资本论》第 1 卷第 24 章第 7 节“资本主义积累的历史趋势”中说：“从资本主义生产方式产生的资本主义占有方式，从而资本主义的私有制，是对以自己劳动为基础的个人的私有制（das individuelles Privateigentum）的第一个否定。但资本主义生产由于自然过程的必然性，造成了对自身的否定。这是否定的否定。这种否定不是重新建立私有制，而是在资本主义时代的成就的基础上，也就是说，在协作和对土地及靠劳动本身生产的生产资料的共同占有（Gemeinbesitz）的基础上，重新建立个人所有制（das individuelle Eigentum）。以个人自己劳动为基础的分散的私有制转化为资本主义私有制，同事实上已经以社会的生产经营为基础的资本主义所有制转化为社会所有制（gesellschaftliches Eigentum）比较起来，自然是一个长久得多、艰苦得多、困难得多的过程。前者是少数掠夺者剥夺人民群众，后者是人民群众剥夺少数掠夺者。"①

马克思的这段文字非常重要，也非常奇妙，值得我们反复体会。一方面，他认为取代资本主义私有制的未来所有制，不是"重新建立私有制"；另一方面，他又把未来的"社会所有制"界定为在资本主义时代的成就的基础上，在对生产资料的共同占有的基础上"重新建立个人所有制"。应该承认，马克思所设想的这种未来所有制，在现实的社会主义国家中都还没有真正实现，它与通常所说的"国家所有制"也不能等量齐观。

诚然，马克思恩格斯在《宣言》中说过："工人革命的第一步就是使无产阶级上升为统治阶级"，"无产阶级将利用自己的政治统治，一步一步地夺取资产阶级的全部资本，把一切生产工具集中在国家即组织成为统治阶级的无产阶级手里"。（第 45 页）这似乎是支持"国家所有制"的论述。但我们必须注意，马克思恩格斯这里所说的国家与历史上的国家和现实中存在的国家都不是一回事。在他们看来，无产阶级"通过革命使自己成为统治阶级，并以统治阶级的资格用暴力消灭旧的生产关系，那么它在消灭这种生产关系的同时，也就消灭了阶级对立的存在条件，消灭了阶级本身的存在条件，从而消灭了它自己这个阶级的统治"（第 50~51 页）。这时作为公共权力的国家就失去了政治性质。

事实上，并非任何形式的"国家所有制"都具有社会主义的性质。恩格斯在《社会主义从空想到科学的发展》第三章的一个注释里，就批判过俾斯麦所实行的国有化。"自从俾斯麦致力于国有化以来，出现了一种冒牌的社会主义，它有时甚至堕落为某种奴才气，无条件地把任何一种国有化，甚至俾斯麦的国有化，都说成社会主义的。……俾斯麦并非考虑经济上的必要，而只是为了使铁路能够更好地适用于战时，只是为了把铁路

---

① Karl Marx, *Das Kapital*, *Kritik der politischen Ökonomie*, Erster band, *MEW*-23, Dietz Verlag Berlin, 1979, S. 791. 马克思：《资本论》第 1 卷，人民出版社，2004，第 874~875 页。译文参照原文有个别改动。

官员训练成政府的投票家畜，主要是为了取得一种不依赖于议会决定的新的收入来源而把普鲁士的铁路干线收归国有，这无论如何不是社会主义的步骤”。[①]

（四）如何认识我国现阶段的所有制形式

马克思和恩格斯所设想的共产主义革命是在发达的资本主义国家同时发生并取得胜利的，因而它是“世界历史性的事业”。他们曾经设想，共产主义革命取得胜利后，资产阶级私有制将被消灭，取代它的未来社会中将实行单一的所有制，商品、货币和价值规律将不再起作用。然而，现实存在的社会主义超出了马克思和恩格斯的预期。俄国十月革命后建立的公有制主要有两种形式：国家所有制和劳动群众集体所有制。中国新民主主义革命和社会主义革命胜利后，也仿效苏联，建立了这两种公有制形式。其中国家所有制（国有经济）在工业化过程中，特别是在发展重工业方面起了巨大作用。改革开放以来，适应中国社会生产力状况和发展要求，建立了以公有制为主体、多种所有制经济共同发展的基本经济制度。在多种所有制经济中，不仅包括劳动者个人私有制（以自己劳动为基础的私有制），而且包括私营企业、中外合资经济等。也就是说，在改革开放过程中，重新恢复了私有制。如何理解这种变革呢?

首先，这是与我国生产力发展的现实状况相适应的。生产关系必须适合生产力状况是人类历史发展的客观规律，也是历史唯物主义最重要的基本原理之一。判断生产关系好坏的标准不在自身，而是要看它是否适合生产力状况，适合的就是好的，不适合的就是坏的。由于中国在历史上没有完整经历资本主义的发展阶段，生产力的发展水平整体上还不高，而且地区之间很不平衡。我国生产力发展存在不同的层级，其中既有先进和高端的产业和技术，也有中端的产业和技术，还有大量低端的产业和技术。适应这样生产力状况的生产关系也必然是多种多样的。生

① 《马克思恩格斯选集》第3卷，人民出版社，2012，第809~810页。

产关系不是越大越公就越好，这一点我们在改革开放初期就有明确认识。

其次，非公有制经济在我国经济社会发展中发挥了巨大作用。我们必须继续坚持“两个毫不动摇”的方针，即“毫不动摇地巩固和发展公有制经济，毫不动摇地鼓励、支持和引导非公有制经济发展”。[①] 正如党的文件中所强调的，“公有制经济和非公有制经济都是社会主义市场经济的重要组成部分，都是我国经济社会发展的重要基础；公有制经济财产权不可侵犯，非公有制经济财产权同样不可侵犯；国家保护各种所有制经济产权和合法利益，坚持权利平等、机会平等、规则平等，废除对非公有制经济各种形式的不合理规定，消除各种隐性壁垒，激发非公有制经济活力和创造力”。[②] “两个毫不动摇”是坚持和完善我国社会主义基本经济制度的核心。在社会主义初级阶段的基本经济制度中，公有制经济和非公有制经济都具有发挥各自作用的领域和优势，都是发展社会生产力不可缺少的基本所有制形式。中国特色社会主义发展实践证明：搞单一的公有制不行，搞纯粹的私有化也不行。只有坚持“两个毫不动摇”，才能既坚持社会主义的性质和方向，又使社会主义充满生机与活力。

在新时代坚持“两个毫不动摇”，进一步阐明公有制经济和非公有制经济在我国经济社会发展中的重要地位和作用，表明了我们党的一贯立场，回应了社会的重大关切，为更好地坚持和完善我国基本经济制度，推动我国经济社会持续健康发展提供了重要保障。这里的道理，从马克思主义理论来讲，就是这样一个命题：劳动并不是财富的唯一源泉。在社会主义初级阶段，必须使创造社会财富的源泉充分涌流。只有使劳动、知识、技术、管理、资本等一切创造财富的生产要素都充分发挥作用，才能不断提高我们的综合国力和国际竞争力，并在此基础上不断提高人民的生活水平。所以，2018 年 11 月，习近平总书记在民营企业座谈会上的重要讲话中再次强调：“任何否定、怀疑、动摇我国基本经济制度

---

① 《十九大以来重要文献选编》（上），中央文献出版社，2019，第 674 页。

② 《十九大以来重要文献选编》（上），中央文献出版社，2019，第 672 页。

的言行都不符合党和国家方针政策，都不要听、不要信！”[①] 我们要避免陷入误区，就必须认识到，“消灭私有制”是一个自然历史过程，是社会经济发展到一定阶段的客观趋势，而不是可以凭借政治权力和主观意志加以“消灭”的。客观的经济规律不能违背，否则必然要遭受惩罚。

① 习近平：《在民营企业座谈会上的讲话》，人民出版社，2018，第6页。

智能工业革命与人类未来生命存在形式之变革*

戴圣鹏**

摘　要： 随着以人工智能为核心的智能科技与智能工业的发展，不仅社会的生产方式与交换方式会发生实质性的变革，人们的生活方式、交往方式与思维方式也会随之发生重大变革，整个人类社会因而也会发生巨大而深远的变化。这种巨大而深远的变化不仅会表现在社会形态的变革上，最终还会表现在人类自身生命存在形式的变革上。以人工智能为核心的智能科技与新材料、生命科学等的结合，将会引发人类生命存在形式的巨大革命。如果说有机的生命是对无机的物质的否定、扬弃与升华的话，那么人类未来的生命存在形式将会借助人工智能为核心的智能科技、新材料与生命科学等先进科技的有机融合与巨大发展而实现对相对短暂性的有机生命形式的超越，从而实现从有机的肉体生命形式向无机的生命存在形式的转变。

关键词： 智能工业革命；人工智能；有机生命形式；无机生命形式

如果说起近些年来，人们关心的核心主题与热点话题有哪些的话，

---

* 本文获得华中师范大学中央高校基本科研业务费项目资助（项目编号：CCNU23CS005）。

** 戴圣鹏，华中师范大学马克思主义学院副教授、马克思主义与人类文明研究中心主任，主要研究方向为马克思哲学、黑格尔哲学、经济哲学与马克思主义文明观。

以人工智能为核心的智能科技是不可不提的。围绕智能科技以及其发展，人们在对待它的态度上是有所不同的，如果简单地做个划分的话，人们的态度大致可以分为三大类：一是积极乐观的态度，二是谨慎的态度，三是消极悲观的态度。在关于智能科技与人的发展的话题中，有一个话题也是经常被人们提及的，这就是人工智能的发展与应用是否会最终喧宾夺主取代人自身。

一　人工智能在何种意义上取代人

人工智能取代人类这个话题，确切地讲，应是基于智能科技所创造的智能机器能否取代人类的问题。从人与人工智能的内在关系来讲，这个命题是存在逻辑上的矛盾的，甚至可以说这是一个理论悖论。从唯物主义历史观的角度来看，人工智能以及智能机器的发展本身就是人的本质力量发展的产物，是人的本质力量不断增强与发展的表征。人工智能以及智能机器的产生与发展，其首要的前提就是人的存在与发展。没有人的存在与发展，就不会有人工智能以及智能机器的产生与发展。因此，人工智能以及智能机器的存在，首先是作为人的劳动产品的存在，因而其本身就是人的存在与人的本质力量发展的见证。故而从这个角度讲，无论是人工智能，还是建立在人工智能基础之上的智能机器，都是无法从本质上取代人的。人工智能只是人的本质力量的延伸与发展，只是人的本质力量在我们这个时代的一种最具代表性的表现形式。相较于以往的技术与机器而言，人工智能是人脑的外在延伸与思维模仿，而以人工智能技术为基础的智能机器人，则不仅是人的四肢的延伸，还是人脑的延伸。正如马克思所认为的那样："工业的历史和工业的已经生成的对象性的存在，是一本打开了的关于人的本质力量的书"，[①] 人工智能以及智能机器只不过是这本打开了的关于人的本质力量的书中的新的一页或

---

① 《马克思恩格斯文集》第1卷，人民出版社，2009，第192页。

新的一章节。作为人的本质力量的发展形式而存在的人工智能以及建立在其基础之上的智能机器，固然是无法撼动人的主体地位，更别说取代人成为社会的主体。无论未来人工智能以及智能机器如何发展，它只要作为人的劳动产品与智力成果出现，它就无法成为一个能独立于人而存在的劳动主体，因而也就无法从根本上取代人，虽然它可以代替人的部分功能，甚至是超越人的部分能力，但它无法全面抑或从根本上取代人。也就是说，作为人的劳动产品而存在的人工智能是无法从根本上取代人的主体地位的。人相对于人工智能而言，其处于第一性的地位。

作为人的劳动产品而存在的人工智能固然无法取代人的主体地位，但这并不意味着人工智能的发展不会给人类社会的个体存在带来焦虑与不安。人工智能为什么会导致个体的焦虑与不安呢？对于这个问题的科学理解与把握，我们需要对人工智能以及智能机器的存在做一个历史的分析。从人类历史的角度讲，人工智能以及智能机器是人类高科技发展的产物，人工智能以及智能机器作为21世纪人类发展史上的重大科技革命，它不是某个个体智慧的产物，而是人类整体智慧长期发展的沉淀与结晶，它代表的是人类的集体智慧与能力，而不是人类某个个体的智慧与能力。正是因为人工智能以及智能机器是人类集体智慧与能力的产物，是人类整体智慧与能力的发展象征，所以个体智慧在面对人类集体智慧的现有最高产物时，特别是与其做智慧竞赛与数据逻辑推理能力大比拼时，处于下风是必然的，也是没有什么悬念的，就像中国的一句谚语所说的那样，“三个臭皮匠赛过诸葛亮”，更何况是一些高智商群体立足于人类整体力量的基础之上所研发的人工智能以及智能机器。也正是因为如此，当某一围棋高手一人迎战阿尔法狗的时候，其实质就是一个人在迎战一群人甚至是人类集体智慧，其输是正常的，不输才不正常。正是因为个体在人类整体面前的弱小，才使得作为人类集体智慧的现有最高产物能够超越个体某些能力甚至是有取代部分个体的趋势，这必然会使得部分个体在面对无法抗拒的人类整体力量现有最高水平时感到焦虑与不安。特别是当这种强大的社会力量不是由社会全体成员所占有，而是被少数人所支配与占有并用来控制与奴役他人时，单个的普通个体必然是难以安然应对的。

在现代社会，部分个体对快速发展的人工智能以及智能机器的焦虑与担心还有这两方面的原因。第一个原因就是个体担心人工智能以及智能机器的发展特别是智能机器人的发展会抢夺他们的工作机会或工作岗位，使他们失去生存的依靠与对自身未来的希望。这是人工智能取代人这一话题的一个重要内容。毋庸置疑，随着人工智能技术的快速发展，人工智能与其他科技的有机融合以及应用已是一种现实，未来这个现实状况还会进一步发展。可以预见，未来很多工作岗位会被以智能机器人为重要代表的智能机器所取代。这既是智能科技革命发展的必然，也是人类社会发展的必然。在既有的现实状况与对未来的悲观判断下，部分个体对人工智能的担心与忧虑，特别是对生产性智能机器人或劳动性智能机器人的担心与忧虑也就十分正常了。随着人工智能及其应用的进一步发展，这种焦虑与担心在未来还可能会进一步加剧与恶化。第二个原因就是一些个体对人类本身命运的担心与忧虑。有些人担心随着人工智能及其应用的快速发展，人类终将会被以智能机器人为重要代表的智能机器所取代，甚至是人类在以智能机器人为重要代表的智能机器的排挤下消亡或被自己所创造的以智能机器人为重要代表的智能机器所消灭。因此，不少人担心与忧虑人工智能以及智能机器的发展会危害人类自身的安全与终结人的历史。毋庸置疑，这种担忧在当前是有价值的，但人类的发展不仅表现为科技的发展，也表现为观念的发展，相信在不久的将来，随着人的观念的改变，人的这类担忧也会逐渐消失。正如马克思恩格斯在《德意志意识形态》中所认为的那样："不是意识决定生活，而是生活决定意识。"[①] 人们的现实生活过程，就是人们的存在，随着人工智能技术的发展以及人工智能技术的普遍应用所带来的人们现实生活的变化，人们的社会存在本身也将会发生巨大变化，而人们的社会存在

---

① 《马克思恩格斯选集》第1卷，人民出版社，2012，第152页。

本身的巨大变化也必然会带来个人的意识观念和社会意识的巨大变化。真到那时，人关于人工智能以及智能机器的意识与观念肯定会有别于当下的人们对它们的理解与认识。

在现有历史条件下，人工智能以及以智能机器人为重要代表的智能机器越是快速发展，部分个体的焦虑感在一段时间内还会比现在表现得更强。当大量的以智能机器人为重要代表的智能机器不断蚕食与抢占雇佣工人的工作岗位时，不断夺走雇佣工人的饭碗的时候，不断使雇佣劳动越来越没有价值的时候，面对强大的甚至是相对于单个的人而言在某种意义上讲无所不能的人工智能，面对比自己更强大的以智能机器人为重要代表的智能机器的时候，大多数个体的生存处境在短时期内是会越来越难的。对于生活在现代私有制社会的个体来讲，大多数个体的工作岗位被以智能机器人为重要代表的智能机器所取代将是历史的必然。在现代私有制社会中，人工智能以及智能机器的发展，它本身就是资本不断追逐利润最大化的必然结果，是资本突破人类肉体极限与道德法律界限而榨取剩余价值最大化的必然发展趋势。因此，在资本主导下的人工智能以及智能机器，其必然会成为资本追求剩余价值最大化的最得力的工具与最好的手段。但我们同时也应看到，智能机器人代替雇佣工人从事劳动生产，是工人阶级从雇佣劳动中解放出来的历史前提与现实基础。只要劳动仍是工人阶级的谋生手段，工人阶级就永远不能从雇佣劳动中解放出来，也不可能有更多的自由时间来发展自己。虽然在智能工业革命时代，工人的雇佣劳动会被以智能机器人为重要代表的智能机器的劳动所取代，给工人阶级造成一种随时可能会失业的残酷现实，但同时也要看到，以智能机器人为重要代表的智能机器取代雇佣工人，也不一定是件坏事。从历史发展的角度讲，以智能机器人为重要代表的智能机器取代雇佣工人，也意味着工人真正开启了从雇佣劳动中解放出来的历史征程。对于雇佣工人而言，其将有条件获得更多的自由时间，但要使雇佣工人获得的自由时间是能够实现自身个性和自由的时间，雇佣工人就应该联合起来一同反抗占有人工智能以及智能机器并利用这种占有来无偿支配他人所创造的剩余价值的资产阶级。在已经到来的智能工业时代，以智能机器人为重要代表的智能机器取代雇佣工人的雇佣劳动是历史发展的必然，但这并不意味着在未来的智能工业时代，以智能机器人为重要代表的智能机器就可以完全取代人。以智能机器人为重要代表的智能机器取代雇佣工人的雇佣劳动，与以智能机器人为重要代表的智能机器完全取代人，这是两个不同质的问题，也是两个不同层面的问题，不能混为一谈，更不能把它们等同起来。

在人工智能以及智能机器快速发展的今天，个体对人工智能以及智能机器的发展有点焦虑与担心是一种很正常的心理现象，但过度就会存在问题，甚至延缓或阻碍人工智能以及智能机器的发展。在人类历史上，任何科技革命的新突破与新进展，都引发了当时一些人的焦虑与担心，但当他们看到新的科技革命给他们生活带来的便利与质的改善时，焦虑与担心也会慢慢地淡化与褪去。今天我们对人工智能以及智能机器的焦虑与担心也是如此。因此，作为个体而言，在当下对未来的人类以及自身或后代感到担心与焦虑是非常正常的，人类也是在类似这样的焦虑与担心中不断地反思自身的行为，从而使自身做到更好。今天，我们对人工智能发展的焦虑与担心，对于人工智能以及智能机器的健康发展是一件好事，它有利于人们看到人工智能以及智能机器的发展可能诱发的社会问题与人类危机，从而提前做好预案与避免可能的危害。对于当前人类发展所取得的巨大革命性成就，作为社会个体与主体的我们，应该以一个更加客观的平常的积极的心态来看待。虽然在人类历史上，科技的每一次革命性突破与发展，都带来了一些社会问题，引发了一些个体的焦虑与担心，但我们应该明白人类发展的进程与必然趋势并不会因为某一个个体或某些个体的忧虑与担心而停止前进的步伐。人工智能以及智能机器是社会历史发展的必然结果，是人类发展与进步的重要象征，也是人的类本质力量获得巨大发展的集中体现，随着人的本质力量的不断发展，人工智能以及智能机器还会有新的发展与新的进步。对于人工智能与智能机器而言，最高的发展水平就是，建立在其基础之上的智能机器人或者说智能机器能够自主劳动与自主发展。获得一定意义上的自我意识与自觉发展意识的智能机器人或智能机器，才是未来社会变革与人自身变革的重要物质基础与现实基石。在未来要想把人工智能以及智能机器的发展所带来的不利因素与负面影响降到最低，要想让人工智能以及智能机器作为使工人摆脱雇佣劳动的手段而不至于演变为消灭雇佣工人的手段，就必须把人工智能与智能机器置于现代公有制的框架下来发展，就必须实现全体人民对人工智能以及智能机器的共同占有。只有这样，我们才能做出通往未来的正确选择与走上通往未来的正确道路。否则，本可以成为人类最大福星的人工智能，将会成为人类最大的灾祸。

二　智能工业革命与社会变革

在唯物主义历史观与马克思主义革命观看来，社会变革是一项系统性工程，不是社会某个方面的变革，而是社会整体性的变革与系统性创新。但要实现社会整体性的变革与系统性创新，首先就要变革整个社会的经济结构或经济基础。而要实现社会的经济结构或经济基础的变革，就必须要实现社会的物质生产与物质交换的变革，也就是要实现社会的生产方式与交换方式的变革。而要引起社会的生产方式与交换方式的变革，就要实现社会生产工具的变革。从社会生产工具的变革历史来看，新石器取代旧石器导致了原始社会内部的大变革，而青铜工具的使用则促使了奴隶社会对原始社会的取代，随着铁质工具的使用，封建社会取代奴隶社会登上了人类历史的大舞台。近代以来，随着大机器的使用，资本主义社会逐渐占据统治地位，从而实现了资本主义社会对封建社会的取代，人类社会也随着进入资本主义时代。生产工具的改进与变革、演化与发展以及生产力与生产关系的矛盾运动构成了社会发展的根本动力。在唯物主义历史观的视域中，人类未来社会也即共产主义社会要取代资本主义社会，从根本上来讲也要建立在生产工具的巨大变革与质的发展和进步上。只要生产工具还实现不了自动化与智能化，或者说只要生产工具还不是自动化与智能化的生产工具，人类就无法从雇佣劳动中解放出来。生产工具的自动化与智能化是社会生产力高度发达的象征，也是人类从雇佣劳动中获得解放的物质条件，因而也是人类实现劳动解放与自由而全面发展的物质条件。没有这个物质条件或这个社会历史条件不成熟，无产阶级领导的社会革命就很难在全世界范围内取得全面胜利。

在现代社会要实现生产工具的变革与生产工具的自动化、智能化，离不开智能科技与智能工业的发展。没有智能科技与智能工业的创新与革命，就很难有生产工具的变革与发展。在人工智能没有诞生以前，生产工具的运行离不开人的劳动，社会的生产效率就建立在生产工具与人的劳动的结合程度和结合方式上。无论是过去手工业时代的生产工具，还是近代工业革命以来机器大生产时代的生产工具，都没有实现真正意义上的自动化与智能化。在生产工具没有实现完全的自动化与智能化之前，生产工具的运行或操作都离不开人的劳动的直接作用，生产工具不与人或人的劳动相结合，就无法自行运行起来。当生产工具的运行或操作无法直接摆脱人或人的劳动的时候，人的劳动就必然受生产工具的制约或支配，人也就很难从异化劳动中解放出来。如果人无法从异化劳动中解放出来，人也就不可能实现自身的解放从而实现自由而全面的发展。因此，人类要获得解放，首要的是人要从异化劳动中解放出来。而人要从异化劳动中解放出来，首先要从生产工具的束缚与制约中解放出来。如果生产工具无法做到自动化生产与运行或者说智能化生产与运行，人就无法从生产工具的束缚与制约中解脱出来，因而也无法从异化劳动的状态中解放出来。也正是因为如此，所以在马克思主义看来，机器或者说生产工具的自动化与智能化，是人类实现劳动解放的重要历史条件与物质前提。当有一天雇佣劳动都被能自主劳动与自主发展的智能机器人所取代时，也就是工人阶级无法再以出卖自身劳动力而谋生的时候，这也意味着人类历史已演进到了全世界工人阶级或无产阶级真正团结一致联合起来推翻资产阶级统治与消灭资产阶级私有制以实现自身以及全人类解放的历史性时刻。因此，智能科技与智能工业的发展，对于那些劳动仍是其谋生手段的个体来说，不应对其过分焦虑与急切担心，更不要有小市民的过度伤感，而应看到其带来的革命性变化对自身劳动解放与实现自由而全面发展的历史性意义，特别是对变革与消灭束缚人的发展的现代私有制的历史性意义。

智能科技革命或智能工业革命，就是要赋予生产工具以人的意识或人工智能的意识，从而实现生产工具的自动化与智能化，也从而实现生产工具的智能革命。而生产工具的智能革命，也必然会带来整个人类社会的巨大变革。在智能工业革命时代或智能科技革命时代，智能科技与智能工业所带来的必定是整个社会领域的系统性变革与全面发展。智能科技革命或智能工业革命所带来的社会变革也必然有别于第一次工业革命以来人类历史上曾经发生过的社会变革。如果在过去的工业革命或科技革命中，社会变革主要表现为社会生产与社会生活的变革之外，那么在智能工业革命时代，社会变革不仅主要表现为社会生产与社会生活的变革，还将突出表现在人本身的变革上。也就是说，在智能工业革命所带来的社会变革时期，人本身的变革将是这次革命的显性特征，也是这次革命不同于过去一切社会变革的重要特征之一。在过去的社会变革中，人本身虽然也发生了变化与实现了发展，但是无论人发生了怎样的变化与实现了怎样的发展，人的生命存在形式在过去的社会变革中都未曾发生过变革。也就是说，在过去的社会变革中，人虽然发展了，但人的肉体的有机的生命存在形式并没有发生变化。而对于人的可持续发展与长远发展而言，如果无法实现人的生命存在形式的变革，人的发展终究会受到自身生命存在形式的严重限制与束缚。这种限制与束缚，在过去可能不是一个问题，但对于必将会走向宇宙与深入探索宇宙的人类而言，这将是一道不得不逾越的门槛。未来人类社会的发展以及人的发展，一个首要的任务就是人要摆脱地球的束缚与限制，而人要摆脱地球的束缚与限制，就需要实现人自身的生命存在形式的变革，否则人的发展只能在空间上限于地球本身，在时间上限于有机生命的相对短暂性。由此可见，人自身生命存在形式的变革，对于人的自由而全面发展以及人类社会的变革而言，将是至关重要的，也是必不可缺的。智能工业革命时代的到来，必然会引发社会变革，而未来的社会变革是否能区别于过去的社会变革，就要看其是否会带来人的生命存在形式的变革。也就是说，智能工业革命是否会在社会变革上实现新的突破，主要是看人的生命存在形式是否能实现革命性的变革与质的飞跃。在未来，智能工业革命如不能实现人的生命存在形式的变革，以肉体形式存在的人类将走向自身发展历程的终点。

三 智能工业革命会引发人的生命存在形式之变革

毋庸置疑，随着人工智能的进一步发展以及人工智能科技的广泛应用，必然会引发社会的大变革，这是人类历史发展的必然趋势，也是人类过去的历史所证明了的人类社会发展的铁的规律和真理。但人的生命存在形式是否因为人工智能的发展与应用而引发变革呢？对于人的有机的肉体生命形式是否会因为人自身本质力量的发展而发生变革，这在过去只是一件想想而已或具有天方夜谭性质的事情，甚至是在智能科技与智能工业刚有起色的当下，在很多人看来，也是一个难以想象的事情。但随着智能科技与新材料、生命科学等先进科技的融合发展与系统发展，这个命题可能不再是一个伪命题与天方夜谭的科幻。在将来的某一天，它或许是一个事实，也必然会是一个事实。可以确信的是，无论未来智能科技与智能工业如何发展，由人所设计和生产的以智能机器人为主要代表的智能机器是无法取代人类的，但这不等于，人不能借助以人工智能为核心的智能科技、新材料和生物科学等实现自身生命存在形式的变革，从而使人可以突破有机的肉体的生命的束缚，也进而导致人类自身生命形式的质的、革命性的发展。最近在《流浪地球2》中所涉及的数字生命，从某种意义上讲也是今天人类依据现有科技对人类未来生命存在形式的一种大胆设想与虚拟构建。但需要指出的是，未来即便出现人类数字生命存在形式，它也不会是人类未来生命存在形式的高阶形式或发达形式，它应该是人类未来生命存在形式的非有机存在形式的低阶形式或初级形式。之所以如此认为，一个很重要的原因就是，数字生命不是真实的生命形式，它只不过是现实生命在虚拟世界的数字延续，其是被囚禁于虚拟世界的人的数字生命，甚至可以说是囚禁于硬盘中的人的数字生命，谈不上实现了人的自由而全面发展。但不可否认，数字生命技术会为人类实现自身的生命存在形式变革提供技术积累与技术支撑。

从生命的进化历史来看，地球上原本就不存在生命，生命在地球上的存在，是地球上一系列偶然性事件所导致的必然性结果。根据已有的科学发现与科学研究，地球上最早的生命是源自无机世界的物质在特定的条件下的相互作用（物理作用与化学作用）的产物。当生命诞生以后，其经历了从单细胞生物向多细胞生物、从低等生物向高等生物演进的历史过程，在地球生命演进的过程中，诞生了人类这种有别于其他生物的高等生物。人类诞生以后，世界也开始了二重化的历史进程，在物质的自然世界的基础之上，衍生了一个人的精神世界。自从生命由于无机世界的物质在特定条件下的相互作用产生以来，生命的生存与发展就离不开无机世界，确切地讲，离不开与无机世界进行物质变换、能量交换与信息交流。生命与无机世界的关系或者说人与自然界的关系就是："自然界，就它自身不是人的身体而言，是人的无机的身体。人靠自然界生活。"[①] 人虽然是一个有机的具有能动性的生命体，但作为有机生命体而存在的人类，一时一刻也不能离开无机的物质世界。这个无机的物质世界可以没有人类，但人类不能没有它。人在与无机世界的互动中，慢慢地实现了自身的发展，也推动了人类文明的不断进步。但不得不说，人的有机的身体或有机的生命形式，也在某种意义上限制了人以及人类文明的进一步发展。在过去科学技术不发达的历史时代，不少人在如何延长人的有机生命或实现人的有机生命的永生上进行了探索，但无一例

① 《马克思恩格斯选集》第1卷，人民出版社，2012，第55页。

外都失败了。这种失败也是有其必然性的。只要人的有机生命形式不发生改变，其失败就是注定的。就算是在未来我们实现了有机生命形式向无机生命形式的转变，永生也是一个伪命题，而不是可以呈现的现实。在马克思主义看来，这个世界上只有物质的运动是绝对的、永恒的，其他一切都不能是绝对的、永恒的。实现人的有机生命形式向无机生命形式的转变或变革，并不意味着人的生命可以永生，对于人的生命而言，无论是有机的生命形式，还是未来无机的生命形式，它都是有时间限度的，只不过人的无机生命形式相对于有机的生命形式而言，其时间限度会更长一些，但就算是如此，也不能做到永生与永恒。

在唯物主义历史观看来，人是怎样的人，取决于人是怎样生产的，也取决于人是怎样生活的。而人是怎样生产的或人是怎样生活的，从归根结底的意义上讲，则是取决于人使用什么样的生产工具。毋庸置疑，随着智能工业革命或智能科技革命的到来，生产工具的革命也必然到来。未来的生产工具必然是自动化与智能化的生产工具，也是能与人有机统一的生产工具。而自动化与智能化的生产工具的出现，以及其在生产与生活中的广泛使用与普遍应用，必然会导致人本身的变化与发展，也必然会决定着在这样的一个历史时代生存与生活的人是怎样的人。正如马克思恩格斯所指出的那样："人创造环境，同样，环境也创造人。"[①] 在不久的未来，随着智能工具或智能机器的广泛使用与普遍应用，人也必然同智能机器一样，成为智能工业时代的产物。人类在智能工业时代的一切发明与进步，不仅会使得机器或生产工具这种物质力量成为有智慧的生命，也会使得人的生命本身相较于过去的一切历史世代而言成为一种更为强大的物质力量，从而使人的生命存在形式发生革命性的变化与实现质的发展。随着智能科技与其他科学的深度融合与快速发展，对于人而言，其所带来的人的发展的质变主要体现在人的生命存在形式的质变。这个质变对于人的发展与人类社会的发展以及人类文明的发展进步

---

① 《马克思恩格斯选集》第1卷，人民出版社，2012，第172~173页。

而言，将是惊天动地与开天辟地的。

生命来源于无机的世界，也依赖于无机的世界，但作为有机的生命形式一定不是人类生命的最终形式与唯一形式。如果否定之否定规律是有效的话，人的生命形式的演进与发展也同样会遵循否定之否定规律，即人的生命形式一定会从有机的生命形式向无机的生命形式演进与发展。而要实现人的有机生命形式向无机生命形式的转变与变革，在过去的历史时代，人类是无法做到的，在当下也只是想一想的事情。但随着智能科技与智能工业的不断发展与在未来可能取得的巨大进步，特别是随着智能科技与新材料、生命科学的有机结合，人的生命形式的变革，也就不是一件想一想的事情，它会成为可以预感的现实，成为具有历史必然性的东西。在马克思主义看来，意识是人脑的机能，是现实的人的意识。无论未来人脑会发生什么样的变化，意识作为人脑的机能的这样一个真理性认识是不会过时的。当人的生命存在形式发生质的、革命性的变化时，人脑也必然会不同于现在的人脑，人脑本身也会从肉体的有机的存在形式变为无机的存在形式。人脑存在形式的变化，并不会否定“意识是人脑的机能”这一真理性认识。人的意识依然来源于人的实践活动，依然是外在的客观世界在人脑中的反映。在未来，由无机的人脑所产生的意识，它的内容在任何时候都是被意识到了的客观存在。

总而言之，智能科技以及智能工业就是人类要不断突破人自身的以及外在因素的限制与束缚的革命性科技，是人类实现最终解放的强大工具与有力手段，也是人类本身获得更高发展的前提基础与历史条件。可以说，智能科技的快速发展以及智能工业时代的到来是人类社会发展的巨大进步与所实现的质的飞跃，也是人类发展史上的革命性变革与历史性突破，其必然会带来人类社会前所未有的变革，也会带来人自身生命存在形式前所未有的变革与演进。可以预见，在未来人的生命形式从有机生命向无机生命转变的过程中，我们将经历一个有机生命与无机生命并存与共生的历史时代。

列宁《论战斗唯物主义的意义》的历史意义及其当代价值

——纪念列宁逝世一百周年*

王　晶　刘怀玉**

摘　要：列宁在《论战斗唯物主义的意义》一文中阐明了“战斗唯物主义”在反击资产阶级的种种哲学偏见中承担的历史任务，指出“战斗唯物主义”必须以辩证唯物主义为哲学论据，才能彻底与资产阶级思想和资产阶级世界观做斗争。该文既是苏俄在哲学领域内反击资产阶级的“战斗宣言”，也是列宁长期探索马克思主义的哲学总结，还是苏联建构辩证唯物主义体系的指南。在21世纪重读列宁的《论战斗唯物主义的意义》一文，有助于揭露和批判历史虚无主义的思想实质，在辩证唯物主义与历史唯物主义的统一中推进马克思主义时代化具体化，彰显历史辩证法与道路自信的统一。

关键词：列宁；《论战斗唯物主义的意义》；哲学党性原则；辩证唯物主义

---

* 本文为国家社会科学基金重大项目“马克思主义社会发展理论的当代重大问题研究”（项目编号：19ZDA020）和南京邮电大学引进人才科研启动基金（人文社科类）“列宁社会发展理论研究”（项目编号：NYY224013）的阶段性成果。

** 王晶，南京邮电大学马克思主义学院讲师，主要研究方向为马克思主义哲学史与列宁哲学思想；刘怀玉，南京大学哲学学院教授，主要研究方向为马克思主义哲学史与西方马克思主义政治社会理论等。

列宁专门论述哲学的著作并不多见，其中最广为人知的哲学著作，莫过于《唯物主义和经验批判主义》和本文要讨论的《论战斗唯物主义的意义》，后者通常被称为列宁的“哲学遗嘱”。列宁在这两个文本中都捍卫了马克思主义的辩证唯物主义。不同的是，在这两个文本之间，列宁的哲学思想得到了不断的深化发展，尤其是在“哲学笔记”中，列宁对辩证唯物主义的认识有了质的飞跃。由于列宁在世时“哲学笔记”没有公开发表，《论战斗唯物主义的意义》由此被看成与“哲学笔记”思想最紧密的文本。正因如此，以往关于《论战斗唯物主义的意义》的研究，更多将注意力放在该文本与“哲学笔记”思想关系的讨论上。本文在以往研究的基础上，通过对《论战斗唯物主义的意义》的核心思想、历史意义以及当代价值的阐述，以期深化对《论战斗唯物主义的意义》一文哲学意义的认识。

一 《论战斗唯物主义的意义》的核心思想

《论战斗唯物主义的意义》论述的核心问题是“战斗唯物主义”的问题。我们知道，列宁在哲学史上首次提出了哲学党性原则，认为哲学党性原则包括两方面的内容：其一，在解决哲学的基本问题上有两条基本路线、两个基本派别，即唯物主义和唯心主义，且二者是两个斗争着的党派；其二，哲学归根结底体现着“阶级的倾向和意识形态”。[①] 列宁在这里所说的“战斗唯物主义”，就是与资产阶级的反动哲学学说“战斗”的唯物主义。列宁指出，盛行于资产阶级国家并受到这些国家的学者和政论家重视的哲学学说，多半是“替资产阶级及其偏见和反动性效劳的不同形式”，“只要回顾一下欧洲各国经常出现的时髦哲学流派中的多数流派，哪怕只回顾一下由于镭的发现而兴起的哲学流派，直到目前正在竭力抓住爱因斯坦学说的哲学流派，就可以知道资产阶级的阶级利

① 《列宁全集》第18卷，人民出版社，2017，第375页。

益、阶级立场及其对各种宗教的扶持同各种时髦哲学流派的思想内容之间的联系了”。[①] “战斗”的唯物主义必须反对哲学上的反动，必须“坚定不移地揭露和追击当今一切‘僧侣主义的有学位的奴仆’，而不管他们是以官方科学界的代表，还是以‘民主主义左派或有社会主义思想的’政论家自命的自由射手的面貌出现”。[②] 此外，宗教宣传与资产阶级的阶级利益也密切相关，“所谓‘现代民主’（孟什维克、社会革命党人和一部分无政府主义者等对这种民主崇拜得五体投地），无非是有宣传对资产阶级有利的东西的自由，而对资产阶级有利的，就是宣传最反动的思想、宗教、蒙昧主义以及为剥削者辩护等等”。[③] 从而，“战斗”的唯物主义还必须同宗教蒙昧主义做斗争，揭露“现代资产阶级的阶级利益、阶级组织同宗教团体、宗教宣传组织之间的关系”。[④]

“战斗唯物主义”要完成这一任务，首先要同非党员的唯物主义者结盟。在社会主义建设的各个方面，共产党员和非共产党员的结盟都是绝对必要的，因为共产党员只是全体劳动群众中的沧海一粟，他们要完成自己的任务，就必须依靠全体劳动群众。在哲学领域内亦是如此。其次，也是更重要的，“战斗唯物主义”要同自然科学家结盟。自然科学家具有唯物主义倾向，能够在实践中捍卫和宣传唯物主义，反对资产阶级的唯心主义和怀疑论。但要注意的是，自然科学的变革往往会产生各种反动的哲学流派。为避免这一现象，自然科学就得和马克思的唯物主义相结合，“任何自然科学，任何唯物主义，如果没有坚实的哲学论据，是无法对资产阶级思想的侵袭和资产阶级世界观的复辟坚持斗争的。为了坚持这个斗争，为了把它进行到底并取得完全胜利，自然科学家就应该做一个现代唯物主义者，做一个以马克思为代表的唯物主义的自觉拥护者，也就是说，应当做一个辩证唯物主义者”。[⑤] 为此，就要“从唯物

---

① 《列宁全集》第43卷，人民出版社，2017，第24页。
② 《列宁全集》第43卷，人民出版社，2017，第25页。
③ 《列宁全集》第43卷，人民出版社，2017，第28页。
④ 《列宁全集》第43卷，人民出版社，2017，第27页。
⑤ 《列宁全集》第43卷，人民出版社，2017，第29页。

主义观点出发对黑格尔辩证法作系统研究，即研究马克思在他的《资本论》及各种历史和政治著作中实际运用的辩证法”。[①]

列宁之所以如此重视辩证唯物主义方法论，与他本人对马克思主义哲学的认识密切相关。在列宁首次阐述辩证唯物主义的哲学文本《唯物主义和经验批判主义》中，针对马赫主义对辩证唯物主义的攻击，列宁重点捍卫了马克思主义哲学的唯物主义基础，从“怎样从不知到知，怎样从不完全的不确切的知到比较完全比较确切的知”[②] 的角度论述了认识发展的辩证法。从列宁哲学思想发展的脉络看，列宁当时确实存在哲学“修养不够”的问题，他更多是从哲学的党性原则出发批判马赫主义和捍卫辩证唯物主义的，缺少对辩证唯物主义更深刻的阐述。列宁后来在反思这场论战时隐晦地进行了自我批判，认为在批判康德主义、马赫主义等问题上，20 世纪初的马克思主义者们“按照费尔巴哈的方式（和按照毕希纳的方式）多于按照黑格尔的方式”。[③] 在研究黑格尔辩证法的过程中，列宁认识到，黑格尔概念的辩证法反映的正是物质的辩证法，“黑格尔探讨客观世界的运动在概念运动中的反映，所以他比康德及其他人深刻得多。”[④] 列宁正是在这里提出了黑格尔逻辑学的真实意义问题。在列宁看来，马克思的政治经济学是对黑格尔辩证法的合理形式的运用，马克思通过唯物主义改造黑格尔辩证法，实现了对资本主义社会这个“自在之物”“自己运动”的发展规律的把握。正因为列宁认识到“辩证法也就是（黑格尔和）马克思主义的认识论”，[⑤] 他才强调自然科学家掌握辩证法的必要性。

列宁认为辩证法也就是（黑格尔和）马克思主义的认识论，是否意味着列宁有黑格尔认识论主义的嫌疑？我们知道，马克思在谈到自己的政治经济学方法时非常自觉地将其区别于黑格尔抽象产生具体的方法，

---

① 《列宁全集》第 43 卷，人民出版社，2017，第 29 页。
② 《列宁全集》第 18 卷，人民出版社，2017，第 101 页。
③ 《列宁全集》第 55 卷，人民出版社，2017，第 150 页。
④ 《列宁全集》第 55 卷，人民出版社，2017，第 149 页。
⑤ 《列宁全集》第 55 卷，人民出版社，2017，第 308 页。

声明政治经济学的概念有其产生的具体历史基础，“这些极其抽象的规定，在对它们作比较精确的考察时，总是表明了更加具体的规定了的历史基础。”[①] 马克思认为，如果把思想产生的具体历史基础撇开，就会产生历史上始终是思想占统治地位的错觉，从而把作为思想生产者的个人看成是历史的真正推动者，这样就把一切唯物主义的因素从历史上消除了，就可以任凭自己的思辨之马自由奔驰了。这种说明历史的方法不过是意识形态家的幻想和曲解。[②] 概言之，马克思主义的认识论是以历史唯物主义为前提的。列宁在解读马克思的《资本论》时自觉地突出了《资本论》逻辑的唯物主义前提，指出《资本论》是对“资本主义的历史和对于概述资本主义历史的那些概念的分析”。[③] 马克思的《资本论》分析的是一定的历史社会形态的社会生产关系体系，即资本主义的商品生产。从此观点出发，列宁认为，要从马克思主义的观点对资本主义形式变化做出科学的分析，就必须分析帝国主义阶段的“经济关系体系的基本特征和趋势”。列宁由此创立了“以资本集中为始基范畴、以垄断为核心范畴”[④] 的帝国主义政治经济学理论体系，开创了马克思主义政治经济学理论和方法的“列宁路径”。正因为列宁对马克思主义辩证法的唯物主义前提有明确的自觉，他才强调从“唯物主义”观点出发研究黑格尔辩证法的必要性。

二 《论战斗唯物主义的意义》的历史意义

《论战斗唯物主义的意义》是列宁在哲学领域内反击资产阶级的最重要的文章，它既规定了苏俄哲学发展的历史任务，也凝结着列宁长期探索马克思主义的哲学总结，同时还对苏联学界的辩证唯物主义研究产

① 《马克思恩格斯文集》第10卷，人民出版社，2009，第160页。

② 《马克思恩格斯选集》第1卷，人民出版社，2012，第181~182页。

③ 《列宁全集》第55卷，人民出版社，2017，第290页。

④ 顾海良：《商品范畴作为〈资本论〉始基范畴的整体阐释及其意义——马克思〈第六章直接生产过程的结果〉手稿研究》，《经济学家》2017年第10期。

生了重要影响。

（一）苏俄社会主义过渡时期反击资产阶级哲学的“战斗宣言”

由于世界历史发展的复杂态势，经济落后的俄国冲破了资本主义体系的樊笼，建立了一个崭新的、前所未有的以农民为主体的社会主义国家。然而，开始革命容易，将革命进行到底却要困难得多。新经济政策作为列宁探索落后国家建设社会主义的伟大创举，在联合农民一起建设社会主义方面发挥了积极作用，但它的实施也给苏维埃国家带来了生死攸关的考验：掌握政权的共产党员因普遍缺少文化，缺少管理经济的能力，使整个国家的发展没有按照无产阶级的意志来行动，“不是他们在领导，而是他们被领导”。[①] 无产阶级政党如果意识不到新经济政策实质上是资产阶级与无产阶级在新形势下的斗争，意识不到必须从政治上总结新经济政策带来的经验教训，苏维埃政权将岌岌可危。新的政治形势迫使列宁提出停止退却、向资本家进攻的策略。在哲学领域，列宁将无产阶级国家同资产阶级各种反动哲学的斗争提上了日程。

自“二月革命”推翻沙皇制度后，俄国人民在政治上和思想上获得了空前的自由，以前各种不敢公开宣传自己观点的许多秘密小团体以及知识分子有了表达自己思想观点的机会，受到专制政府秘密警察的追捕而长期流亡国外的许多革命志士也纷纷回国，组织各种工农团体集会，创办大量报纸杂志，发表演说与政论文章，表达自己的政治主张。“十月革命”后，由于布尔什维克党集中力量镇压国内外的反动力量，无暇顾及思想文化方面的问题，且列宁出于对俄国文化普遍落后的考虑，对广大旧知识分子实行了宽松的争取政策，除了直接政治论敌的活动受到控制外，一般学术活动无任何限制。在这样自由的学术氛围下，俄国知识界可谓百家争鸣、百花齐放。[②] 此外，“新经济政策”的实施使城乡资本主义势力重新抬

① 《列宁全集》第 43 卷，人民出版社，2017，第 98 页。

② 李尚德编著《20 世纪马克思主义哲学在苏联》，社会科学文献出版社，2009，第 113～114 页。

头，文化领域的资产阶级分子也更加活跃起来。这种自由的学术环境助长了资本主义思想文化的传播，不利于社会主义事业的发展。

在苏俄摆脱了国内外战争，国内社会经济形势好转的情势下，列宁开始对哲学领域活跃的资产阶级反动哲学展开猛烈的反攻，《论战斗唯物主义的意义》就是“一篇宣告在哲学领域实行无产阶级专政的战斗宣言”。[①] 在《论战斗唯物主义的意义》一文中，列宁特别强调了唯物主义的“战斗”性，指出“战斗唯物主义”必须捍卫唯物主义和马克思主义，同各种形式的资产阶级哲学作斗争。列宁指出，俄国工人阶级虽然夺取了政权，但还没有学会用无产阶级政权同资产阶级的思想文化作斗争，而无产阶级一旦学会这一点，就会把资产阶级的“教员和学术团体的成员客客气气地送到资产阶级‘民主’国家里去了”。[②] 列宁的这一指示“无异于发出了运用无产阶级专政这一锐利武器向哲学以及思想文化其他领域的资产阶级发动进攻的动员令”。[③] 在此之后，苏维埃政府采取了一系列措施，对资产阶级的思想文化进行了打击和限制，取得了思想文化领域内同资产阶级斗争的彻底胜利。

（二）列宁长期探索马克思主义的哲学总结

在《论战斗唯物主义的意义》一文中，列宁突出强调了研究辩证法的重要性。列宁对辩证法研究的重视，是他本人长期探索马克思主义的重要哲学总结。

早期列宁在与民粹派的理论代表人物米海洛夫斯基论战时，首次阐明了他对马克思主义辩证法的认识。在列宁看来，辩证法“把社会看作处在不断发展中的活的机体（而不是机械地结合起来因而可以把各种社会要素随便配搭起来的一种什么东西），要研究这个机体，就必须客观地分析组成该社会形态的生产关系，研究该社会形态的活动规律和发展

---

① 安启念：《苏联哲学70年》，重庆出版社，1990，第11页。

② 《列宁全集》第43卷，人民出版社，2017，第32页。

③ 安启念：《苏联哲学70年》，重庆出版社，1990，第12页。

规律”，其实质“不过是把社会演进看做是社会经济形态发展的自然历史过程”。[①] 列宁划清了马克思的辩证法与黑格尔的辩证法之间的关系，认为即使二者有联系，那也“不过是科学社会主义由以长成的那个黑格尔主义的遗迹”。阿尔都塞由此将列宁论及辩证法“三段论”的讨论，视为列宁“反黑格尔的明确宣言”。[②]

但列宁后来不得不承认黑格尔辩证法确实对马克思产生了重要影响，尤其在列宁阅读完《马克思恩格斯通信集》后，他认识到辩证法对整个马克思主义来说具有核心意义，“如果我们试图用一个词来表明整部通信集的焦点，即其中所抒发所探讨的错综复杂的思想汇合的中心点，那么这个词就是辩证法。运用唯物主义辩证法从根本上来修改整个政治经济学，把唯物主义辩证法运用于历史、自然科学、哲学以及工人阶级的政治和策略——这就是马克思和恩格斯最为关注的事情，这就是他们作出最重要、最新的贡献的领域，这就是他们在革命思想史上迈出的天才的一步”。[③] 由于马克思主义没有详细阐述唯物辩证法的著作，列宁便从马克思和恩格斯重点提到的黑格尔的《逻辑学》入手，展开了对辩证法的研究。

在伯尔尼图书馆，列宁研究了黑格尔的《逻辑学》和《哲学史讲演录》以及相关论述辩证法的文本。在列宁看来，黑格尔的逻辑学、认识论、辩证法是统一的，但要将其“倒过来”解读。也就是说，黑格尔实则探讨了“万物之间的世界性的、全面的、活生生的联系，以及这种联系在人的概念中的反映”。[④] 尽管马克思没有像黑格尔那样遗留下大写字母的“逻辑”，但他遗留下了《资本论》“三统一”的逻辑。列宁由此点明了马克思主义的辩证法、历史唯物主义及其政治经济学批判之间的高度统一性。对列宁来说，“对立面的统一”就是辩证法的实质，它意味着“承认（发现）自然界的（也包括精神的和社会的）一切现象和过程

① 《列宁全集》第 1 卷，人民出版社，2013，第 135 页。
② 〔法〕阿尔都塞：《列宁和哲学》，杜章智译，远流出版社，1990，第 135 页。
③ 《列宁全集》第 24 卷，人民出版社，2017，第 279 页。
④ 《列宁全集》第 55 卷，人民出版社，2017，第 122 页。

具有矛盾着的、相互排斥的、对立的倾向。要认识在‘自己运动’中、自生发展中和蓬勃生活中的世界一切过程，就要把这些过程当作对立面的统一来认识。发展是对立面的‘斗争’”。[①]

可见，正是通过黑格尔，列宁洞悟了马克思主义辩证法的博大深邃。对领会了辩证法的列宁而言，以费尔巴哈为代表的“庸俗的”唯物主义不再是理解马克思主义辩证唯物主义的正确之道，黑格尔式的“聪明的”唯心主义才是理解马克思主义哲学的钥匙。总之，正是基于自己长期探索马克思主义的哲学总结，列宁才在《论战斗唯物主义的意义》中特别强调了从唯物主义观点出发对黑格尔辩证法作系统研究、研究马克思各种著作中运用的辩证法的必要性。

（三）苏联建构辩证唯物主义体系的指南

《论战斗唯物主义的意义》发表后，苏联哲学界将马克思主义研究的重点转向辩证唯物主义，开启了建构辩证唯物主义体系的道路。

（1）德波林学派对作为一般方法论的唯物辩证法的捍卫。列宁在《论战斗唯物主义的意义》中强调了自然科学家掌握辩证唯物主义方法论的必要性，但后来的机械论派却否认哲学有存在的必要，他们在反对哲学独立存在的同时也将辩证方法否定了。德波林学派在与机械论派论战的过程中，捍卫了作为一般方法论的唯物辩证法。德波林认为，“辩证唯物主义，是一个完整的世界观”，其主要构成部分如下：“1. 作为关于合乎规律的联系的科学的唯物辩证法……它是方法论，是关于运动的普遍规律的抽象的科学。2. 自然辩证法（数学、力学、物理学、化学、生物学，研究的是不同等级的自然界）。3. 唯物主义辩证法在社会中的运用——历史唯物主义。”[②] 德波林在列宁思想的基础上进一步突出了作为一般方法论的唯物辩证法，并将其提升为一门独立的科学。也就是说，

---

① 《列宁全集》第55卷，人民出版社，2017，第306页。

② 转引自安启念《新编马克思主义哲学发展史》（第3版），中国人民大学出版社，2015，第132页。

德波林认为马克思主义哲学是科学的科学，将马克思的辩证法与黑格尔的辩证法等量齐观了。经过这次论战，德波林学派使唯物辩证法作为唯一正确的思维方法确立了自己的地位，为斯大林体系提供了重要的思想资源。

（2）斯大林对辩证唯物主义哲学教科书体系的建构。在《论战斗唯物主义的意义》的推动下，苏联出版了一系列辩证唯物主义哲学教科书，其中斯大林对辩证唯物主义哲学教科书体系的建构影响最大。但斯大林教科书体系更多吸收了列宁前期《唯物主义和经验批判主义》中的思想，对列宁的“哲学笔记”以及“哲学遗嘱”没有给予足够的重视。在《联共（布）党史简明教程》中，斯大林直接将辩证唯物主义视为自然观，指出辩证唯物主义包括唯物论、辩证法和认识论三个部分的内容，历史唯物主义是辩证唯物主义在社会生活领域的推广与运用。总之，斯大林体系主要吸收了“哲学笔记”之前的列宁哲学思想，对马克思主义辩证法的科学性认识不足。

（3）本体论派与认识论派关于马克思主义哲学对象的争论。本体论派与认识论派是苏联官方要求建立唯物主义辩证法体系形成的两派。本体论派认为马克思主义哲学的对象说到底是物质运动的规律，马克思主义哲学可以直面客体，当它以不同的客体为对象时就产生了自身的不同组成部分。以物质自身的存在特点为对象产生了唯物论，以物质的运动发展为对象产生了辩证法，以人类社会历史为对象产生了历史唯物主义等。认识论派则认为人不可能直面自在的物质本体，哲学只能以人的认识为对象，因此只有辩证法才是哲学的对象。马克思主义的结构性只在于唯物辩证法这一马克思主义哲学的唯一对象在被用于解决不同问题时表现出不同的方面、色调。辩证唯物主义就等于辩证法，不包含本体论。主观辩证法与客观辩证法一致，人们对人的认识发展的辩证法的认识，也就是对一般的客观辩证法的认识，人们只能通过对认识史加以概括和总结，从中揭示认识发展的辩证法进而认识一般的辩证法。[①] 显然，相

① 安启念：《苏联哲学70年》，重庆出版社，1990，第158~162页。

较于本体论派，认识论派的讨论更为深刻，不过后者较容易掉进黑格尔认识论逻辑的陷阱。

三 《论战斗唯物主义的意义》的当代价值

《论战斗唯物主义的意义》自发表一个多世纪以来，不仅对苏联哲学的发展产生了重要影响，而且在21世纪仍具有重要的思想价值。它有助于揭露和批判历史虚无主义的思想实质，在历史唯物主义与辩证唯物主义的统一中推进马克思主义时代化，彰显历史辩证法与道路自信的统一。

（一）揭露和批判历史虚无主义的思想实质

哲学党性原则自列宁在《唯物主义和经验批判主义》中明确提出并作出阐述之后，在后来的著作中一直没有放弃这个原则。在《论战斗唯物主义的意义》一文中，列宁再次从哲学党性原则出发，强调了“战斗唯物主义”在反击资产阶级的种种哲学偏见中不可推诿的责任。列宁提出的哲学党性原则对新时代揭露和批判历史虚无主义仍具有重要的现实意义。

历史虚无主义的形成有着深刻的社会历史背景。从国际层面讲，历史虚无主义的形成与世界历史发展的形势有重大关系。20世纪90年代苏联解体，东欧社会主义国家纷纷改旗易帜，中国也实行了改革开放和社会主义市场经济，世界社会主义运动从表面上看开始沉没于资本主义的发展大潮之中。正是在这样的世界历史背景下，以福山的“历史终结论”为代表的资产阶级意识形态开始盛行。福山认为现代资本主义终结了人类历史，除资本主义以外世界历史并无其他可能性而言。这种错误的历史论调逐渐渗入我国，形成了否定中国革命史、否定中国社会主义发展道路的历史虚无主义思潮。从国内形势看，改革开放后各种西方学术思潮得以传播，西方人文社会科学中的主观主义、唯心主义和形而上学的研究方法对我国史学研究产生了恶劣影响。国内学者效仿西方学者的研究方法，对中国近现代史进行了重新“编码”，形成了否定革命、鼓吹改良的历史虚无主义思潮。“苏联为什么解体？苏共为什么垮台？一个重要原因就是意识形态领域的斗争十分激烈，全面否定苏联历史、苏共历史，否定列宁，否定斯大林，搞历史虚无主义，思想搞乱了，各级党组织几乎没任何作用了，军队都不在党的领导之下了。最后，苏联共产党偌大一个党就作鸟兽散了，苏联偌大一个社会主义国家就分崩离析了。这是前车之鉴啊！”①

因此，21 世纪“战斗唯物主义”必须揭露和批判作为资产阶级意识形态的历史虚无主义。首先，从哲学基本问题来看，历史虚无主义就是一种历史唯心主义。历史虚无主义通过从历史事实中筛选出一些实例，达到否定中国革命史和社会主义的目的，甚至为此不惜歪曲、诋毁、攻击、丑化历史。在它看来，历史发展并没有规律可言，只是偶然事件的堆积。从这种观点出发，结果自然是依据情感和主观意见来评判历史，对历史事实之间的关系加以主观解读。问题是，被历史虚无主义挑选出来的历史事实并不是坚不可摧，“这些事实是任意挑选出来的，而把说明相反情况的事实剔除了”。② 只有辩证法才是说明历史的科学方法。辩证法要求考察事物的客观性，这种客观性“不是实例，不是枝节之论，而是自在之物本身”，③ 它是活生生的、多方面的认识。其次，就历史虚无主义的阶级性来说，其背后的核心利益诉求无非是通过造成严重的思想混乱，达到改变中国的政治颜色，推翻中国共产党的领导和我国社会主义制度的政治目的，“作为政治问题的虚无主义，无论它以何种形式现身，在根本上都是阶级斗争的征兆”。④ 坚持从马克思主义的立场、观点和方法出发，揭穿历史虚无主义的思想实质，是新时代赋予我们的重

① 《十八大以来重要文献选编》（上），中央文献出版社，2014，第 113 页。

② 《列宁全集》第 3 卷，人民出版社，2013，第 5 页。

③ 《列宁全集》第 55 卷，人民出版社，2017，第 190 页。

④ 胡大平：《走出现代中国青春期的躁动——关于虚无主义的笔记》，《常州大学学报（社会科学版）》2016 年第 5 期。

要历史任务。

（二）在辩证唯物主义与历史唯物主义的统一中推进马克思主义时代化具体化

在马克思那里，辩证唯物主义和历史唯物主义本身是一体的，然而第二国际的理论家却忽视了这一点，列宁通过对黑格尔辩证法的研究，恢复了辩证法在马克思主义中的理论地位，将辩证唯物主义和历史唯物主义再一次统一了起来。列宁的这一理论贡献对我们今天认识和发展马克思主义仍具有重要的意义。

首先，如果辩证唯物主义缺失了历史现实的基础，那就意味着辩证唯物主义成了被囚禁起来的思想。斯大林时期辩证唯物主义的历史遭遇就是明证。在斯大林时期，唯物辩证法沦为一般的方法论图式，它不再是对具体历史现实本身的考察，而是成为一种“用原理解释实例”“用实例证明原理”的僵化思想形式。唯物辩证法丧失了其本应具有的批判的、革命的意义。苏联辩证唯物主义哲学教科书体系的没落，必然要求我们在新时代赋予辩证唯物主义以新的时代内容，使辩证唯物主义重新回到当代“历史性”现实。也就是说，我们必须对辩证唯物主义的历史前提有明确的自觉。

辩证唯物主义要把握的现实并不是囊括一切的现实，而是历史唯物主义视域中的现实。这意味着，21世纪关于辩证唯物主义的探讨必须和当下的具体历史现实相结合，更进一步地说，必须和当代中国特色社会主义历史性实践前提相结合。因为在“世界百年未有之大变局”与“中华民族伟大复兴的战略全局”的交汇点上，后者相较于前者具有更重要的意义，后者是前者最重要的“自变量”，中国特色社会主义历史性实践的当代发展，已开始呈现出它的“世界历史意义”。[①] 因此，中国特色社会主义历史性实践是21世纪辩证唯物主义的根本立足点。

---

① 吴晓明：《构建中国特色哲学社会科学的时代任务》，《社会科学》2022年第5期。

其次，如果将历史唯物主义与辩证唯物主义的思维方法割裂开来，就会使历史唯物主义沦为机械决定论，从而为其他哲学补充马克思主义打开方便之门。马克思主义在第二国际时期的历史遭遇就说明了这一点。在第二国际那里，历史唯物主义退化为一种实证的历史科学方法，达尔文与马克思的关系要远胜于黑格尔与马克思的关系。这种哲学上的缺陷使第二国际在一战时彻底破产。而列宁正是因为有了唯物辩证法的利器，才能揭穿第二国际的诡辩论，运用唯物辩证法开辟社会主义前进的道路。21世纪人类历史的复杂态势已经远远超过列宁所处的帝国主义时代，因此更需要用唯物辩证法来把握复杂多变的资本主义与社会主义现实。只有唯物辩证法能提供对事物的全面性认识，能够从事物自身的运动、发展、变化中来考察事物，“辩证法是活生生的、多方面的（方面的数目永远增加着的）认识，其中包含着无数的各式各样观察现实、接近现实的成分（包含着从每个成分发展成整体的哲学体系），——这就是它比起‘形而上学的’唯物主义来所具有的无比丰富的内容，而形而上学的唯物主义的根本缺陷就是不能把辩证法应用于反映论，应用于认识的过程和发展”。[①]

（三）彰显历史辩证法与道路自信的统一

列宁在《论战斗唯物主义的意义》中特别强调了研究马克思各种著作中运用的辩证法的必要性。在列宁看来，辩证法之于整个马克思主义具有核心意义，而马克思主义辩证法的精髓，在于“对具体情况作具体分析”。[②] 列宁对马克思主义辩证法的认识，为我们认识中国社会主义实践道路提供了重要的方法论启示。

在社会主义革命初期，由于教条主义者对中国社会的内在矛盾缺乏深刻认识，照搬了俄国革命道路，结果给中国人民造成了巨大损失。为避免革命再次误入歧途，毛泽东同志从中国具体历史实际出发，总结中

---

① 《列宁全集》第55卷，人民出版社，2017，第308~311页。
② 《列宁全集》第39卷，人民出版社，2017，第128页。

国革命斗争的经验，以矛盾概念作为社会分析的方法，通过对矛盾普遍性与特殊性的把握，深刻洞悉了中国革命与俄国革命的不同，清除了教条主义和主观主义的理论错误，为独立自主探索中国社会主义实践道路提供了重要的方法论原则。在社会主义建设问题上，我国也经历了从照搬苏联道路到独立自主搞建设的曲折历程。历史证明，照搬别国经验只会造成深重的历史灾难，“科学的态度是‘实事求是’，‘自以为是’和‘好为人师’那样狂妄的态度是决不能解决问题的。我们民族的灾难深重极了，惟有科学的态度和负责的精神，能够引导我们民族到解放之路。真理只有一个，而究竟谁发现了真理，不依靠主观的夸张，而依靠客观的实践。只有千百万人民的革命实践，才是检验真理的尺度”。[①]

100 余年来，在马克思主义与中国实际相结合的过程中，中国走出了一条不同于资本主义的新型现代化道路，即中国特色社会主义现代化道路。中国特色社会主义现代化道路的成功，在 21 世纪彰显了自身的理论意义：既动摇了西方主流现代化理论的话语霸权，又回答了人类文明向何处去的时代之问，为人类文明的发展带来了新的曙光。这是我们坚定中国道路自信的底气。

① 《毛泽东选集》第 2 卷，人民出版社，1991，第 662~663 页。

专题评论

焦虑的启蒙
刘森林 著
走进哲学丛书
焦虑的启蒙
刘森林 著
以《启蒙辩证法》为核心的
启蒙反思
INTO THE PHILOSOPHY

理性的情感基础

——评刘森林《焦虑的启蒙：以〈启蒙辩证法〉为核心的启蒙反思》

谢永康*

摘　要： 刘森林著《焦虑的启蒙：以〈启蒙辩证法〉为核心的启蒙反思》一书代表着解释霍克海默和阿多诺的启蒙辩证法的一条独特进路，即试图通过与早期浪漫派、尼采、海德格尔和福柯等哲学家的关联，发掘启蒙理性的情感性基础，即以焦虑为索引的非对象性领域。该书在指出霍克海默和阿多诺在论证方式上诸多不足的同时，试图参照德国早期浪漫派、尼采、福柯等哲学诉诸古典的模式，从启蒙辩证法中阐释出一种作为更高的综合的"合理的启蒙"。这一阐释进路若要贯彻到底，还有诸多理论问题需要继续探讨，例如浪漫主义不同时期的区别和一致的问题以及如何与批判理论第一代核心观点的兼容性问题。

关键词： 启蒙理性；焦虑的启蒙；合理的启蒙

进入 21 世纪以来，学界的批判理论研究不断走向深入，随着研究资料的不断丰富和思考成果的不断积累，不仅围绕某个概念或者问题的深度分析成为可能，而且集中于某部重要著作的探讨也逐渐增多。就法兰克福学派"第一代"而言，在关于《否定辩证法》的文本学解读出版十

---

* 谢永康，哲学博士，南开大学哲学院教授，南开大学社会政治哲学研究中心主任，主要研究方向为马克思主义哲学基础理论、国外马克思主义哲学和德国近现代哲学。

余年之后，刘森林教授近二十年来专注于《启蒙辩证法》以及相关问题的深入思考终于2021年结集出版，[①] 这是批判理论研究界的又一个标志性成果。尽管该书主题集中在《启蒙辩证法》，内容却十分开放和发散，辐射到作者的几乎所有研究领域，例如马克思哲学、早期浪漫派、虚无主义、尼采和青年黑格尔派等；而且，该书也并不仅限于《启蒙辩证法》的文本和问题的分析，也将其中的问题逻辑延伸到启蒙的本质、主体的结构、神话与启蒙的关系，等等。具体而言，作者赞同德国早期浪漫派和20世纪各家基于焦虑等基本情感对启蒙理性的批判，将这种情感视为理性形而上学的基础，并视早期浪漫派的启蒙批判为启蒙辩证法的“先声”，把弗洛伊德、海德格尔、福柯等人的立场融入一种合理的启蒙之中。[②] 该著洞见了启蒙本质的辩证结构，并深刻地指出了哈贝马斯对《启蒙辩证法》的批评和范式转型中所存在的问题，主张拯救主体，推进主体理论，导出未来合理的启蒙与和解的主体。可以说，该著突出了人类基本情感相对于启蒙理性的基础性作用，并基于此展开一系列关于启蒙辩证法的新看法，代表着批判理论研究的一个独特路径。

一　启蒙辩证法与早期浪漫派

该书的主要意图之一是探讨启蒙辩证法与德国早期浪漫派的启蒙批判之间的内在联系，这个联系又从属于马克思哲学与早期浪漫派的内在联系。[③] 然而，对启蒙辩证法的主流解释却极少提到德国早期浪漫派，未将其视为启蒙辩证法的思想史前提。而鉴于德国早期浪漫派与马克思主义的社会批判理论之间的诸多相似和接近，揭示并阐释二者之间的内

---

① 参见刘森林《焦虑的启蒙：以〈启蒙辩证法〉为核心的启蒙反思》，北京师范大学出版社，2021。

② 刘森林：《焦虑的启蒙：以〈启蒙辩证法〉为核心的启蒙反思》，北京师范大学出版社，2021，第8页。

③ 刘森林：《焦虑的启蒙：以〈启蒙辩证法〉为核心的启蒙反思》，北京师范大学出版社，2021，第3页。

在关联甚至继承性，就成为一个迫切的历史性理论课题。具体而言，浪漫主义者 A. 施勒格尔的“启蒙运动批判”一文与《启蒙辩证法》“之间的类似性是显而易见的”，后者“至少一半的思想内容”都可以在前者中找到；“如此多的类似和一致，这绝非一个偶然的例外”，从“内容来看，《启蒙辩证法》与德国浪漫派的承续关系是明显的”；不仅二者对批判对象的判断是一致的，而且这种承续关系还“集中体现为：为个体，为那些被边缘化、遭受压制的个体争取坦然生存于世的资格和能力；为特殊、个别争取在普遍性秩序的缝隙和框架内生存的权利。启蒙辩证法的研究者忽视了，至少是低估了早期浪漫派的启蒙批判对启蒙辩证法的影响。”[①] 作者对两者关系的阐述逐步递进，从它们的“相似”，到“一致”，再到“承续”，最终主张学界不应再忽视和低估早期浪漫派对启蒙辩证法的内在影响。

由于并未找到《启蒙辩证法》或两位著者对早期浪漫派明确支持的直接表述，所以该著将更多的论证努力放在其内容的实质性连接上。除了前面提到的对启蒙运动效果的诊断之外，还深挖到了启蒙的内在机制，并从中提炼出启蒙辩证法与早期浪漫派之间的共同主题，即焦虑（Angst）和恐惧（Furcht）。“将焦虑变成哲学问题是浪漫主义的一个贡献”，[②] 这种焦虑和恐惧来自浪漫派对他者和异在物的敏感：“他者、异质性对于德国早期浪漫派来说总是一个麻烦或问题。富有个性的自我是一种自立自决的、原动的、固有的、独特的、有原创力的源头，他在谋求自我实现的过程中不断遭遇众多他者。过去人们总批评浪漫派过于强调和迷恋内在自我，但没有看到这种迷恋同时也产生了一个积极效果：对内在自我的强调和迷恋，使得浪漫主义对他者、异在异常敏感。”[③] 尽

① 刘森林：《焦虑的启蒙：以〈启蒙辩证法〉为核心的启蒙反思》，北京师范大学出版社，2021，第33~34页。

② 刘森林：《焦虑的启蒙：以〈启蒙辩证法〉为核心的启蒙反思》，北京师范大学出版社，2021，第35页。

③ 刘森林：《焦虑的启蒙：以〈启蒙辩证法〉为核心的启蒙反思》，北京师范大学出版社，2021，第36页。

管这种情绪最早是由早期浪漫派带入哲学的，但是要揭示其完整的立体结构则不得不求助于20世纪的存在哲学和精神分析学说。例如海德格尔认为，“恐惧针对具体对象，而焦虑没有具体对象”。[①] 这种区分在海德格尔哲学和存在主义中扮演着基础性的角色，焦虑就生存论上来说是本真性的，而恐惧作为对象性关系则是非本真的。“畏”（即焦虑）之对象“不是具体的‘这个’或‘那个’。然而要解除畏，还必须在生存中确定具体的‘这个’或‘那个’。在解除此在不确定性并寻求确定性的生存努力中，本源地具有一种畏惧的基础性境遇，即面对广袤世界，茫然无措。”[②] 如果我们没理解错的话，那么作者试图将潜在的危险置于从非对象性过渡到对象性的过程之中。对危险的应对，也就是消除对象性的恐惧，必须要回溯到这个本源性的境遇之中。这无疑是非常基础性的形而上学工作。

然而，“霍克海默和阿多诺根本来不及做这些基础性的探讨，来不及区分‘畏’与‘怕’，就直接遭遇到了无法完全躲避的令人畏惧、惧怕的法西斯主义”，这种威胁“已经从确定得不能再确定的发现中袭来”，已经是“当下在手的‘这个’了”，从而，“海德格尔那儿呈现出的可能性变成了霍克海默和阿多诺直接的现实性；无法名状的焦虑或畏转化成了直接得不能再直接的可怕与恐惧；富有弹性的可能性空间变成了塞得满满甚至还要进一步膨胀的实心体”。[③] 相较于启蒙辩证法面对的恐惧来源的“确定”，早期浪漫派焦虑的对象则是不够确定的，从而也更加接近海德格尔那个本源性的“畏”。尽管该书没有对德国早期浪漫派与海德格尔生存论之间的关系展开探讨，我们也不难看出其对二者间某种亲和性的期待。依据该著的论述可以读出，从启蒙的牢笼中获得解

---

① 刘森林：《焦虑的启蒙：以〈启蒙辩证法〉为核心的启蒙反思》，北京师范大学出版社，2021，第46页。

② 刘森林：《焦虑的启蒙：以〈启蒙辩证法〉为核心的启蒙反思》，北京师范大学出版社，2021，第46页。

③ 刘森林：《焦虑的启蒙：以〈启蒙辩证法〉为核心的启蒙反思》，北京师范大学出版社，2021，第46~47页。

救的一个关键点是“自觉到”焦虑或者畏，启蒙辩证法是“来不及”自觉，早期浪漫派和海德格尔的生存论则是自觉的或可以自觉的。所以作者主张“对启蒙的深层分析，需要高度重视对人的基本情绪的分析”，因为复杂的基本情绪乃是理性主体的基础，而“焦虑与恐惧（及其应对策略）构成了《启蒙辩证法》的第一个隐秘主题”,[①] 启蒙辩证法致力于发现和揭示理性主体的阴暗、虚弱的一面。[②] 该著洞见到了启蒙辩证法与德国早期浪漫派在启蒙批判上的相似性，并指出焦虑与恐惧这个《启蒙辩证法》的“隐秘主题”，其理论眼光是相当敏锐的。

二 奥德修斯的神话与启蒙

德国早期浪漫派对启蒙辩证法的影响，不仅在于其对启蒙运动的时代诊断上，还在于其“诉诸古典”这一路径上。与德国早期浪漫派热衷于研究神话，热衷于构建新的神话学类似，启蒙辩证法也将启蒙运动和启蒙精神扩展到了古代，扩展到了奥德修斯的神话之中。这样我们就不难剖析出启蒙理性的起源，也可以在神话中发现启蒙精神发展过程中被压制和清除了的东西，而这些东西正是批判启蒙的绝佳立足点。所以尽管启蒙辩证法与德国早期浪漫派对神话的研究动机不尽相同，但是二者实现目标的方式是高度相似的。

《启蒙辩证法》的神话研究是服务于其基本论断的，即“神话已然是启蒙，而启蒙却又倒退成了神话”，严格来说是服务于这个论断的前半部分。作为这个研究的核心文本，荷马史诗中的《奥德赛》被阐释为资产阶级主体的原型奥德修斯的返乡故事，这也意味着将我们通常理解的近代启蒙主体扩展到了遥远的史前时代。该著也跟随霍克海默和阿多

---

① 刘森林：《焦虑的启蒙：以〈启蒙辩证法〉为核心的启蒙反思》，北京师范大学出版社，2021，第32页。

② 刘森林：《焦虑的启蒙：以〈启蒙辩证法〉为核心的启蒙反思》，北京师范大学出版社，2021，第93页。

诺对这个主体做了“古典溯源”：“实际上，奥林匹斯山的诸神才是荷马史诗的主角。这种更接近于‘东方’舶来文化的观念，与占据现代主导地位的主体性原则多有隔阂。《启蒙辩证法》却有意识地淡化、隐匿与奥德修斯须臾不可分的各种神灵及其作用，不提及这些各司其职的神灵对奥德修斯返乡事业至关重要的帮助和导向，给人一种似乎返乡事业的关键不是神灵的帮助而是奥德修斯自我的努力，是奥德修斯的狡诈、理智、聪明发挥主导作用，并战胜自然诱惑、自然破坏力量以及各种艰难险阻的结果的印象。”[①] 在该著看来，这种无视古今“隔阂”的努力是“别具一格”的，而且《启蒙辩证法》的两位作者也知道这一点。

这无异于挑战其他古典研究者的常识，因为按照普通的研究，正如该著援引的格里芬所说，“在痛苦与灾难之中，人类的本性仍然可以是高贵的，甚至几乎是神样的”。[②] 这种高贵代表着“人性的光辉”，“象征着可以进一步普遍化的人性潜力”。[③] 在《奥德赛》中还找不到“《启蒙辩证法》的两位作者解读出来的逻辑。奥德修斯是现代资产阶级的原型这个观点，荷马想必是无法接受的”，这种解释“无疑是一种过度的解释”。[④] 而这种过度解释正是普通古典研究者所极力避免的，同时也是他们“批评《启蒙辩证法》的把柄”。[⑤] 这个把柄就是“根本不同于原始基督徒的奥德修斯，经过《启蒙辩证法》的现代阐释，成了出于恐惧、愤怒而大肆杀戮的蛮勇之士，没了高贵的品质与气度，甚至比尼采批评的原始基督徒更为暴虐。《启蒙辩证法》为了增强批判效果，超越了尼

---

① 刘森林：《焦虑的启蒙：以〈启蒙辩证法〉为核心的启蒙反思》，北京师范大学出版社，2021，第199页。

② 刘森林：《焦虑的启蒙：以〈启蒙辩证法〉为核心的启蒙反思》，北京师范大学出版社，2021，第203页。

③ 刘森林：《焦虑的启蒙：以〈启蒙辩证法〉为核心的启蒙反思》，北京师范大学出版社，2021，第203页。

④ 刘森林：《焦虑的启蒙：以〈启蒙辩证法〉为核心的启蒙反思》，北京师范大学出版社，2021，第204页。

⑤ 刘森林：《焦虑的启蒙：以〈启蒙辩证法〉为核心的启蒙反思》，北京师范大学出版社，2021，第205页。

采和马克思，不惜把荷马笔下的大英雄矮化”。[①] 在奥德修斯返乡这个启蒙故事里，“神的因素被隐匿、降低，奥德修斯的理性、谋略等理性启蒙因素被放大”，“这样的解释过于简单、片面，甚至有些失真”。[②] 作者对《启蒙辩证法》的这个判断甚为公允，同时这也是古典学界的一般看法。可想而知，在古典研究界，尤其是在荷马研究者中间，霍克海默和阿多诺的解读显然是一个“别具一格”的异类，尽管其思想富于启发性，但这又是以挑战学术规范为代价的，而恰恰是这一点又为学界理解两位作者的思想造成了限制。

当然，该著并不认为这就是《启蒙辩证法》的全部，至少不应该是奥德修斯人格特征的全部，因为“从情感角度反思西方启蒙，是《启蒙辩证法》的一大特色。这一特色也反映在作者对古代启蒙的分析上。如果说现代启蒙拼命隐藏自身的情感秘密，那么，最早的古代启蒙则对自身的情感根基毫不掩饰。即使奥德修斯展示的是悲愁、恐惧这些‘不良’的情感，也在所不辞。丰富的情感表达，是奥德修斯式启蒙主体的另一个特点。”[③] 也就是说，《启蒙辩证法》之中也不时会透露出奥德修斯的另一面。该著区分了启蒙的两种形态，一种是古代启蒙或者是奥德修斯式的启蒙，另一种则是现代启蒙。显然，早期浪漫派和启蒙辩证法所批判的主要是已然成为触目惊心的问题，并造成了恶劣后果的现代启蒙，可以被归结为韦伯的目的合理性或工具理性，而古代的启蒙就要复杂得多，至少正如古典学家在奥德修斯身上看到的那样，它是可以高贵的。除了崇尚古典的浪漫派之外，作者又强调了《启蒙辩证法》与尼采之间的“继承”关系：“在古典原型与现代后生的对比中，霍克海默与阿多诺无疑继承了尼采向往前苏格拉底古典精神的传统。即使《启蒙辩

① 刘森林：《焦虑的启蒙：以〈启蒙辩证法〉为核心的启蒙反思》，北京师范大学出版社，2021，第215页。

② 刘森林：《焦虑的启蒙：以〈启蒙辩证法〉为核心的启蒙反思》，北京师范大学出版社，2021，第229~230页。

③ 刘森林：《焦虑的启蒙：以〈启蒙辩证法〉为核心的启蒙反思》，北京师范大学出版社，2021，第210页。

证法》的作者没有那么肯定前苏格拉底文化，即使他们比尼采更具有批判精神，把批判对象向前推了一大时段，仍然可以发现奥德修斯这种‘古典资产阶级’身上的优点所在。”[①] 如果补全奥德修斯的丰富形象，那么他就堪称古典的启蒙主体，相较于此，后来的现代启蒙主体便是一种堕落的形态。相对于后者，本真的主体在于其与自然之间可能的和解，即使和解还未得实现，主体与自然之间也不会发生尖锐的冲突，这种和解的状态也就是该著所说的一种“合理的启蒙”的状态。

三　启蒙主体的内在结构

《启蒙辩证法》将启蒙运动前推到古希腊神话之中，甚至也前推到人类历史的开端处，前推到人类语言的发生之所。其中，包含两位作者的一种人类学预设，也可以被理解为一种特定形式的主体理论设定。该著作者敏锐地看出了这一点，并基于此提出了对哈贝马斯范式转型的批评：“哈贝马斯生成霍克海默与阿多诺的思路仍然停滞于意识哲学的困境之中，由此两位前辈的思路不但可以替代，在主体性问题上也基本上可以取消其研讨价值。哈贝马斯的交往理性方案革除了沿着基本情绪之路探究启蒙主体性的希望之路，某种意义上说是一种退步，并封闭和消解了《启蒙辩证法》打开的洞见天地。”[②] 这一评价与笔者的思路高度契合，尤其是主张在所谓后形而上学语境下明确地坚持和发展主体理论，为此寻找启蒙辩证法的出路，认为替代传统启蒙主体的是一种“更高的综合”、一种和解的主体，这些主张笔者都甚为赞同。

该著指出，关于如何拯救主体的问题，“霍克海默与阿多诺并非没有提供解决思路，只是没有提供具体的方案而已”，除了这种“解决现

---

① 刘森林：《焦虑的启蒙：以〈启蒙辩证法〉为核心的启蒙反思》，北京师范大学出版社，2021，第211页。

② 刘森林：《焦虑的启蒙：以〈启蒙辩证法〉为核心的启蒙反思》，北京师范大学出版社，2021，第113、96页。

代主体性问题的基本原则、思路”之外，还有后来哈贝马斯提出的“一种交往主体性的方案”，再就是作为霍克海默和阿多诺“同路人”的福柯提出的主体解释学方案，并且认为福柯的方案最为深刻。[①] 除了“非常轻率”的交往主体性方案之外，该著试图基于主体性内部的情感与理性的关系，参照福柯的主题解释学来为霍克海默和阿多诺的基本原则提出一个具体的方案：启蒙理性发生的前提是一种源于不明所以的焦虑具体化之后的对某种异在物的恐惧，或者说，为了消除恐惧，启蒙主体采取了“把陌生物推远，也就是设置足够的距离”，“主动出击，对那些触手可及的异在他者予以猎取或掌控”，或者“把陌生物秩序化，使之呈现为符合可以预见的规律，按照可以知晓的规则存在和运行的东西，也就是自我主体可以间接地把握、掌控的东西”，[②] 而这些策略中“都隐含着一种支配和权力”，[③] 并渗透到了主体性之中。近代启蒙主体在这条权力之路上已经走得很远，而在这种前提下要拯救主体性，霍克海默和阿多诺就要从对“他者的支配转向与他者的和解”。[④]

《启蒙辩证法》对和解这一主题“着墨不多”，该著对此做了两方面推进，一方面，描述和解状态下的主客体关系，即“放任他者的自然行为，就是有足够的办法和自信对待他者，把它们按照自己逻辑运作的状态与结果综合进一个共态中，并相信自己完全有能力在这样的状态与结果面前保持和发展自身，而不是伤害和阻滞他者来实现自己”。[⑤] 这一描述正契合阿多诺对“星丛”所代表的状态的设想，而这一设想正与浪漫主义者埃兴多夫密切相关。阿多诺设想在“星丛”之中，不同的星星相

---

① 刘森林：《焦虑的启蒙：以〈启蒙辩证法〉为核心的启蒙反思》，北京师范大学出版社，2021，第113页。

② 刘森林：《焦虑的启蒙：以〈启蒙辩证法〉为核心的启蒙反思》，北京师范大学出版社，2021，第105~107页。

③ 刘森林：《焦虑的启蒙：以〈启蒙辩证法〉为核心的启蒙反思》，北京师范大学出版社，2021，第110页。

④ 刘森林：《焦虑的启蒙：以〈启蒙辩证法〉为核心的启蒙反思》，北京师范大学出版社，2021，第115页。

⑤ 刘森林：《焦虑的启蒙：以〈启蒙辩证法〉为核心的启蒙反思》，北京师范大学出版社，2021，第115页。

对独立，它们维持着某种相对稳定的局面而又不会导致吞噬另一方。当然，该著作者的思考并未停留在这个诗意的画面上，而是试图揭开其内部的机制。所以，另一方面，晚期福柯就被认为提供了一套“更为深刻”的拯救方案，即“到笛卡尔之前的主体性前史中试图发现并纠正支配性主体的方案”，“展现出一种调试和纠正现代支配性主体弊端的宝贵思路”。[①] 福柯的这一思路与德国早期浪漫派类似，要到启蒙主体发生之前的历史阶段中去寻找更加完整的、未被启蒙理性伤害过的主体的原型，这个原型也是未来合理的启蒙演进的方向、合理的启蒙主体的典范。

四　若干进一步的问题

确如刘森林教授所述，尽管启蒙辩证法与德国早期浪漫派的启蒙批判之间存在显而易见的相似，却很少引起研究者的注意，更未有学者正面主张二者之间的内在“承续”关系。这或许是研究界的一个严重失误。一般而言，要主张某种继承关系，最直接的方式便是寻求原作者在文本上的支持，尤其是找到原作者能够直接支持这种主张的文字，例如马克思不仅曾是青年黑格尔派的成员，也对黑格尔哲学有着深入和丰富的研究，而且还明确自认是黑格尔的“小学生”。所以我们主张马克思与黑格尔哲学继承关系就是毫无问题的。而若无法获得这一层次上的直接支持，则只能从思想内容上来寻找相似性或亲和性，在理论逻辑上进行关联，辅以原作者零散的倾向性表达，以这两方面来支持“继承”的主张。例如，主张马克思与康德的内在关联就采取后一种方式，它意味着更多也更复杂的理论工作。我们不难发现，本书对《启蒙辩证法》与德国早期浪漫派之间继承关系的主张，属于后者。应该说，后一种论证方式因为缺少直接的论据，所以难度要远大于第一种论证方式，需要面临的挑战也更多。尽管如此，该著已经在一个开阔的理论视野下迈出了

① 刘森林：《焦虑的启蒙：以〈启蒙辩证法〉为核心的启蒙反思》，北京师范大学出版社，2021，第117~118页。

关键性一步，为这一阐释方向提供了诸多可能性。在笔者看来，若要进一步强化启蒙辩证法与德国早期浪漫派之间的连续性和继承性的论证，要让这个论证具有更强大的说服力，那么至少还有如下几个问题需要继续探讨。

首先，德国浪漫派的复杂性问题，重点是德国早期浪漫派与晚期浪漫派以及新浪漫派之间的关系问题。后两者在该著中几乎没有出现，但在《启蒙辩证法》以及阿多诺的其他文本中则是一个重要的对立面和批判对象。甚至我们可以推测，《启蒙辩证法》的两位作者将启蒙运动前推到古希腊神话，与晚期浪漫派对古代秩序和贵族人格的崇拜密切相关，他们是以解构后者为目的的。无论浪漫派的早期和晚期有何不同，它们诉诸古人的思路大概是其共同的基本规定之一。该著若要将启蒙辩证法与德国早期浪漫派之间的继承关系这一思路贯彻到底，接下来需要正面澄清的或许便是浪漫派内部的复杂性问题，以及各种将启蒙前推，回溯启蒙发生历史的动机的异同问题。

其次，《启蒙辩证法》的作者将启蒙前推的终点问题，或者说启蒙的起点问题。按照该著的论述，似乎这个终点是荷马史诗中的《奥德赛》，而奥德修斯式的自我代表了古代启蒙主体的典范。然而从《启蒙辩证法》中我们也不难看出，霍克海默和阿多诺主张神话已然是启蒙，这个神话甚至包含了人类文明发生之初的巫术和魔法，包含了语言产生之前的图像时代。在他们看来，启蒙的过程每一步都同时包含着进步和堕落，神话本身也是一个逐步启蒙的过程，例如奥德修斯所面对的神话世界就处于代表“过去”的波塞冬神族和代表当下和未来的宙斯神族之间更替和变迁之际。因此，任何“典范”都是值得怀疑的，都只具有相对的价值，或者只对未来的合理的主体性具有启发意义，正如空想社会主义对科学社会主义的价值那样。

最后，启蒙辩证法与否定辩证法的兼容性问题。按照该著的论述，主体哲学尚未终结，而下一步工作便是主体的拯救。这种“更高的综合”不仅有赖于对诸如“烦”（Angst）或者“焦虑”这类基本情感的自觉，而且还需要到古代启蒙主体那里找到未被近代启蒙伤害过的状态。这与霍克海默和阿多诺主张的启蒙主体“自我克制”，借助概念超越概念的主张是不尽相同的。笔者认为，如果该著的这个阐释思路贯彻到底，最终仍需要解决辩证的批判理论内部核心观点之间的一致性问题。

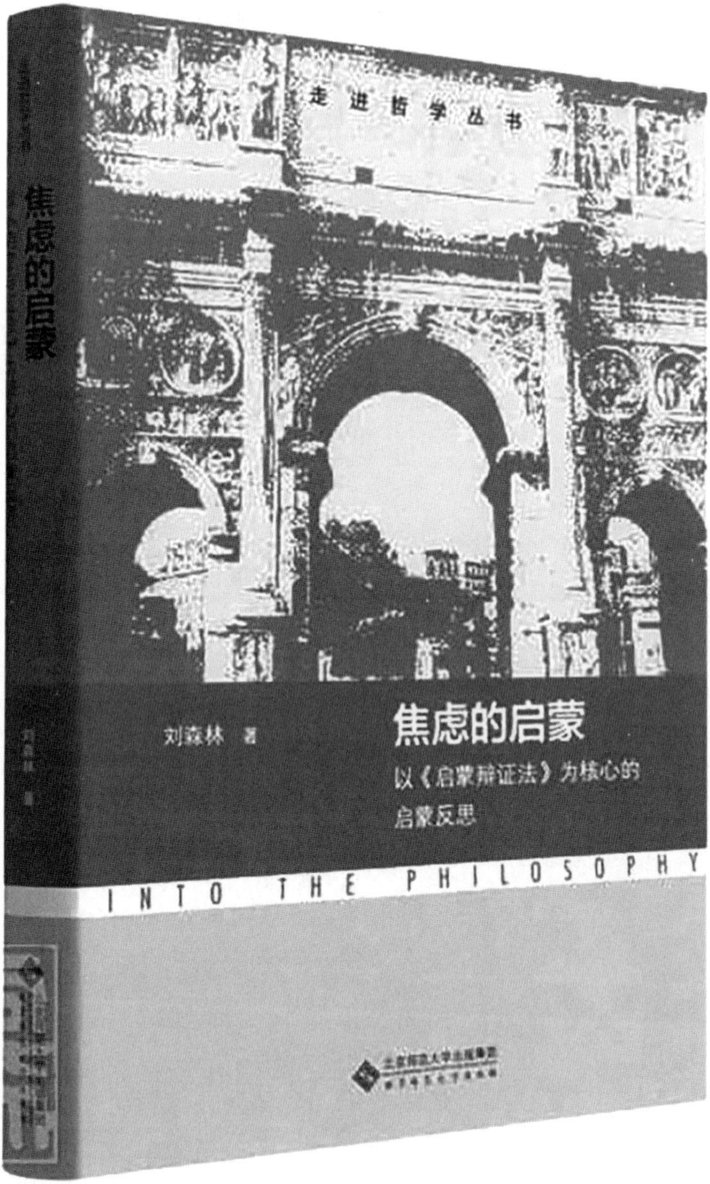
走进哲学丛书
焦虑的启蒙
刘森林 著
以《启蒙辩证法》为核心的
启蒙反思
INTO THE PHILOSOPHY
焦虑的启蒙
刘森林 著

启蒙的自我纠偏

——评刘森林《焦虑的启蒙：以〈启蒙辩证法〉为核心的启蒙反思》*

罗松涛　赵　乾**

摘　要：刘森林教授的《焦虑的启蒙：以〈启蒙辩证法〉为核心的启蒙反思》一书以法兰克福学派代表作《启蒙辩证法》为中心，对启蒙进行了深刻的反思。在该书中，作者从主体生成史的角度指出了理性启蒙的情感基础，深刻剖析了走向偏执的焦虑的启蒙造成的种种异化现象。同时，作者也通过解析《启蒙辩证法》对启蒙主体同一性的批判，揭示了启蒙经由反思可能通向的和解维度。最后，作者将关于启蒙的理论思考同关于现代虚无主义问题的讨论相结合，赋予了启蒙反思更多的现实意义，体现出启蒙自我纠偏的能力。这些创见对我们深化启蒙反思，推进启蒙事业，为启蒙设置合理的界限有重要意义。

关键词：《启蒙辩证法》；焦虑；同一性批判；虚无主义；合理的启蒙

一般认为，启蒙运动张扬了理性主体的自立自主，进而塑造了现代

* 项目信息：教育部人文社会科学重点研究基地重大项目“中国道路的价值观基础理论研究”（课题编号：22JJD720009）。

** 罗松涛，北京师范大学哲学学院教授，主要研究方向为人的哲学、西方马克思主义哲学、现当代德国哲学；赵乾，北京师范大学哲学学院硕士研究生。

西方文明。然而，对启蒙的反思可以说伴随着启蒙而生——卢梭在18世纪50年代所著的《论科学与艺术》一书可谓其先声。在法兰克福学派第一代核心成员霍克海默与阿多诺看来，20世纪欧洲法西斯主义的猖獗及其挑起的第二次世界大战正是启蒙走向极端与反噬的结果。两位思想家在《启蒙辩证法》中明确指出，恰恰是渴望自我保存的启蒙自身遗忘了个体的自然性，由此也戕害了个人；盲目的启蒙追求极致的同一性，进而导致了法西斯主义的暴政。山东大学刘森林教授《焦虑的启蒙：以〈启蒙辩证法〉为核心的启蒙反思》（以下简称《焦虑的启蒙》）一书继承了《启蒙辩证法》的启蒙反思旨趣，并且在多个方向上深化了对启蒙的反思。

笔者将从该书的三大创新之处入手进行评论。首先，刘森林教授从历史哲学层面对《启蒙辩证法》进行解读，深入挖掘了启蒙理性的情感基础，以焦虑为根基对启蒙的一系列症候进行了分析。其次，作者通过对霍克海默与阿多诺的同一性批判进行深化与纠偏，凸显了《启蒙辩证法》中尚未充分彰显的和解维度。最后，经由对现代文明中所蕴含的虚无主义问题进行反思，作者从政治哲学角度为启蒙设立了合理的界限。

一 焦虑：启蒙主体生成的情感基础

作为一部集中讨论《启蒙辩证法》的著作，《焦虑的启蒙》开篇探讨的却是浪漫主义的启蒙反思。浪漫主义往往被视为是启蒙的对立面：启蒙运动高扬概念的普遍性，认为世界总体上来说是合乎理性的，因而可以被理性主体完全把握；浪漫主义则坚持个体情感、差异的不可通约性。作者认为，《启蒙辩证法》中的启蒙反思强调的对差异性、个体性的尊重、对和解的追求早就蕴藏在早期浪漫派的主张中。[①] 由此出发，作者揭示出启蒙的一个重大盲点，那就是启蒙遗忘乃至割裂了启蒙的情感基础。“在启蒙主体性的确立史中，认识论意义上的意识自主性是与

---

① 刘森林：《焦虑的启蒙：以〈启蒙辩证法〉为核心的启蒙反思》，北京师范大学出版社，2021，第29页。

实践哲学意义上自我保存原则所取得的优先地位同时发生的。”[①] 启蒙将理性降低为一种自我保存的手段，而不再是实现人生境界圆满必须追求的目的。这里便出现了人的自然性，即情感、激情、欲望等因素成为了人类孜孜以求的正当目的，胜过了形而上的、超越性的真理与价值诉求，理性本身也就如霍克海默所说，从客观理性降格为服务于人感性自然存在的主观理性。理性不再关注作为目的的至高“善”，而是服务于人的自然性的手段。[②] 通过将浪漫主义高扬的自然性情感因素引入启蒙反思中，作者引出了《启蒙辩证法》的第一个主题：焦虑。

“将焦虑变成哲学问题是浪漫主义的一个贡献。”[③] 通过对“焦虑”（Angst）一词的词源剖析，作者将焦虑揭示为贯穿了弗洛伊德、海德格尔、霍克海默与阿多诺等现代思想家的思想暗线，是启蒙了的主体面对世界时的基本心态。从《启蒙辩证法》中的独特的主体生成史的角度来看，焦虑是理性自我出现之前就存在的个体的情绪，正是这种情绪构成了“我”的生存论基础。这个情绪性的、自然的、芦苇一般脆弱的“我”，面对未知的外界的种种威胁，想要赢得生存的权利，这便是焦虑的自然起源。而正如在弗洛伊德和海德格尔那里呈现的，不同于有明确对象的“恐惧”（Furcht），焦虑是一种无对象性的情感，是对随时可能到来却又未知的威胁的一种预期，这便使得人生在世永远要承受这种“不确定性之痛”与“茫然不知所居”的苦楚。在霍克海默与阿多诺看来，恰恰是这种焦虑的情感构成了现代资产阶级主体的历史哲学起源，并且作为自诩理性自主的主体背后的傀儡师操纵着主体的行为方式——甚至西方理性文化追求绝对知识的冲动都仅仅是出于主体的焦虑。而在作者看来，《启蒙辩证法》中的启蒙批判，皆围绕着克服焦虑的策略及其后果这一主旨而展开，《焦虑的启蒙》一书便塑造了一条以“焦虑”

① 刘森林：《焦虑的启蒙：以〈启蒙辩证法〉为核心的启蒙反思》，北京师范大学出版社，2021，第10~11页。

② 〔德〕马克斯·霍克海默：《理性之蚀》，郑兴译，上海人民出版社，2024，第1~6页。

③ 刘森林：《焦虑的启蒙：以〈启蒙辩证法〉为核心的启蒙反思》，北京师范大学出版社，2021，第35页。

为名的贯穿《启蒙辩证法》碎片化写作的主线。

在霍克海默与阿多诺看来，“摆脱恐惧，树立自主”是启蒙的目的。[①]为了对抗无定形的非同一状态，强调自我同一性的启蒙主体才产生出来，而启蒙主体的理性首先服务于对主体焦虑的安抚、缓解、克服的目的。正如阿多诺所说，主体诞生于对“深渊般张开的无意义状态的畏惧”，[②]主体区分了自我与异在世界，拉开了自我与非我的距离，原本的生存焦虑就转移成为自我对陌生的他者的焦虑，也就是对未知的恐惧。在这里便产生了启蒙的一个误区：主体误以为自己是内在自足、自我立法的主体，却遗忘了一个能动主体首先是受动的、处于同他者的关系中的客体。顺理成章地，启蒙还遗忘了主体化乃是一个以对抗焦虑和恐惧为目的的历史进程，并且在无意识中转化为一个压抑焦虑，而非从根源上正视、解决焦虑的装置。由此，启蒙的逻辑便演化为从主体的角度出发，塑造异在，与他者拉开距离，并通过赋予意义来克服未知的恐惧。正是在这重意义上，霍克海默和阿多诺拓展了“启蒙”的概念，将启蒙运动的敌人，如原始社会的巫术、神话和封建时代的宗教都视作是历史上不同形态的启蒙，也就是说它们本质上都是消除主体焦虑的策略，是不同历史阶段上主体建立一个稳固、必然、充满确定性的世界的努力。宗教通过承认外部世界的支配性力量的崇拜心理克服焦虑，巫术通过把人打扮成鬼神而对世界施加力量，神话则通过将客体世界分解为异质、多元的力量来认识世界。启蒙理性则意味着这种策略走向高峰，即“用理性之光照亮那令人焦虑与恐惧的世界，使这个世界呈现为秩序井然、规则严密的世界，祛除其偶然、随机的诗性特质，塑造其严密的逻各斯性质”。[③]

正是在上述的意义上，霍克海默与阿多诺宣称的启蒙与神话之间的

---

① 〔德〕马克斯·霍克海默、西奥多·阿多诺：《启蒙辩证法——哲学断片》，渠敬东等译，上海人民出版社，2020，第1页。

② 〔德〕阿多诺：《批判模式》，林南译，上海人民出版社，2023，第263页。

③ 刘森林：《焦虑的启蒙：以〈启蒙辩证法〉为核心的启蒙反思》，北京师范大学出版社，2021，第80页。

互相转化得以可能，“科学”的启蒙与“迷信”的神话本质上都是建立外在世界秩序、克服焦虑的策略：“由于启蒙的这两个方面被展现为一种历史动机，所以，它不仅有可能把启蒙的观念刻画成进步的思想，也有可能使它延伸到传说时代的开始。”[①] 这也暗示了，科学作为一种将外在世界合理化、秩序化的方案，仍然是塑造可预见性、确定性以压抑焦虑的主体化进程的成果，科学的兴盛并不意味着客观世界的本质已经被启蒙理性穷尽了。这也就引向了意图克服焦虑的启蒙异化为制造焦虑并使应对焦虑的手段极端化的法西斯主义的根源的讨论。作者借尼采之口指出，启蒙理性归根结底要实现的是建立起人的统治的秩序化归置，这种意志为了建立统治的目的来解释事实，“在这种解释中，我们把主体意志强加给了解释对象”。[②] 启蒙主体理解世界的倾向导向了它塑造世界以符合理性的冲动。而由于主客体分化进程本身固有的造成主体恐惧、敌视他者、敌视异在世界的特质，理性追求的所谓“无所不知”，“不是导向对细节、差异、多样性的尊重和探究，而是以概念、逻辑来抹杀它们，视之为建立普遍知识或舍勒所谓统治性知识的障碍”。[③] 启蒙理性利用概念完成对异在他者的知识化，而这种知识化是以差异、多样性被概念同一性所排斥为代价的，也就是说概念化塑造了一个以主体为中心的“第二自然”。焦虑情绪便从一开始的导向自保行为，走向了侵略性，即以主体为中心消解他者。但是这种方案终究有其限度，正如霍克海默和阿多诺指出的，主体是在冒险与历练中炼成的，主体总要接触到异在他者。为此作者指出，统治性的主体应对异在他者采用的三种策略，第一种是秩序化归置，第二种是疏远、推远、漠视与遗忘，第三种便是厌憎

① 〔德〕马克斯·霍克海默、西奥多·阿多诺：《启蒙辩证法——哲学断片》，渠敬东等译，上海人民出版社，2020，第 37 页。

② 刘森林：《焦虑的启蒙：以〈启蒙辩证法〉为核心的启蒙反思》，北京师范大学出版社，2021，第 130 页。

③ 刘森林：《焦虑的启蒙：以〈启蒙辩证法〉为核心的启蒙反思》，北京师范大学出版社，2021，第 135 页。

招致的消解、消灭。[①] 而第三种便导致了法西斯主义的灾难。

在刘森林教授看来，走向极端启蒙反过来伤害了启蒙的目的。在风平浪静时，启蒙主体往往还能自制，一旦遭遇困难，启蒙主体内在的焦虑与恐惧就会被调动出来，从而使得启蒙主体的理性不再可靠，变得残暴。而这种病态的焦虑只会带来更加病态、偏激的认识，带来更多的焦虑。“这种排斥他者的绝对主体越是要摆脱盲目外在性，就越是茫然无措，恐惧越是无法彻底摆脱。”[②] 在这一情况下，理性堕落为把一切都当作手段的工具理性，本来利用理性自保的个体本身在支配性的理性面前也不再安全。渴望生存的主体为了取得全部的权力，不惜展开对非主流的一切他者的大屠杀，纳粹德国排犹的悲剧就源于这种对于他者病态的焦虑。当启蒙主体在焦虑和恐惧的促使下发展到取消他者主体性乃至取消自我持存——法西斯主义发动世界大战可为一例——的程度，启蒙也就走向了其反面，堕落为神话，是为启蒙的辩证法。

笔者认为，虽然在《焦虑的启蒙》中，焦虑和恐惧与启蒙、主体的关系往往表述得不够清晰，前后内容常常重复，甚至偶尔自相矛盾，但是可以确定的是，焦虑、恐惧依其程度和主体生成的不同历史阶段呈现出多个层次。首先是自然性、生存性的焦虑，这是前主体时期就从属于人的自然属性，也是不可否认的、正常的焦虑。其次是个体主体形成后的焦虑，这是因为人面对着不确定的外在世界（自然、神明、他者），呈现为对他者的焦虑。最后是一种超出了个体主体的焦虑，这种焦虑是异化了的启蒙主体无法实现完全的同一性和普遍性的焦虑，是概念化遭遇阻碍时的一种极端的、完全负面的焦虑。在这三个层次上，同一性依次不断加强，绝对主体的出现就是对不确定性的错误药方，而且意味着走向极端的启蒙追求的同一性是自我否定、自我瓦解的。在作者看来，

---

① 刘森林：《焦虑的启蒙：以〈启蒙辩证法〉为核心的启蒙反思》，北京师范大学出版社，2021，第137页。

② 刘森林：《焦虑的启蒙：以〈启蒙辩证法〉为核心的启蒙反思》，北京师范大学出版社，2021，第141页。

想要真正实现对焦虑的克服，纠正启蒙的种种弊端，就必须促使启蒙的原则从同一与支配走向差异与和解。

二　通向和解的同一性批判

在刘森林教授看来，要使启蒙的原则走向差异与和解的时候，这首先意味着对于世界的实然状态与应然状态的重新审视与估计。遵从启蒙原则的现代主体认为世界是一个能够为主体的认识所穷尽的、合乎理性的有秩序的场所。同一性由此成为现代主体的理想，即寻求一种完全排除了外界干预、情感波动的内在理性主体性，并且采取以同一、同样的方式对待他者的方案。作者认为，《启蒙辩证法》通过“嫁接”马克思与尼采两位思想家的思想，对启蒙的理性同一性逻辑进行了严厉批判，张扬其忽视的世界的差异性维度。也正是在这个意义上，霍克海默与阿多诺继承了浪漫主义追求和解的精神，对启蒙的同一与支配的逻辑进行了纠正。

但是也正如作者指出的那样，《启蒙辩证法》虽然明确地提出了和解的目标，却很少直接谈论和解的可行性及其可能途径。笔者认为，《焦虑的启蒙》一书的一大亮点就是，刘森林教授并没有亦步亦趋地遵循《启蒙辩证法》的论述逻辑推进分析，而是通过指出霍克海默和阿多诺同一性批判的偏颇之处来探讨《启蒙辩证法》错失的和解向度。笔者认为，作者不厌其烦地澄清《启蒙辩证法》的理论来源，目的不全是进行“注经”式的解析，更是要在对比中评价《启蒙辩证法》的得失。我们或许可以说，霍克海默与阿多诺希求的差异者间的和解恰恰被掩盖在了全书过强的同一性批判逻辑中。① 作者以霍克海默与阿多诺对“奥德修斯是现代启蒙主体原型”的判断为中心，以尼采和马克思最原本的思

---

① 正如巴克-莫斯在评论阿多诺的“否定辩证法”时指出的，坚持否定同一性的反体系原则本身也可能构成一种体系。参见 Susan Buck-Morss, *The Origin of Negative Dialectics*, New York: The Free Press, 1977, p. 189。

想纠正了《启蒙辩证法》过激的同一性批判逻辑，展示了启蒙主体从支配走向和解的可能。

霍克海默和阿多诺正确地看到，《奥德赛》带有反对神话和启蒙的特征，其中的主人公奥德修斯正是利用工具理性战胜了自然、欺骗了众神，实现了归乡的目的。在这个冒险进程中，奥德修斯在同自然、诸神的博弈之中确证了自己的理性主体地位，极大地强化了自我同一性。“现代主体的诞生是一个把神隐藏起来，使之退居幕后的主体的诞生……他所面对的世界只有客体自然，最多还有他人，但没有神灵发挥作用了。”① 在霍克海默和阿多诺看来，奥德修斯的形象意味着，现代资产阶级主体的根本特性早已蕴藏在古希腊史诗中：“之所以认定奥德修斯是资产阶级主体，具有追求自我利益最大化的经济理性，是由于有目的地诈骗正是自我意识和经济理性的显著表征。”②《启蒙辩证法》中的奥德修斯自觉地用谋略来将他者、诸神工具化，从而对抗异在的威胁，在霍克海默和阿多诺看来，这证明哪怕在西方史前时代，理性也已经从神话中破土而出，开始争取在世界中争取支配的地位。这意味着主体在恐惧和焦虑的促使下走向了蔑视他者、支配他者的同一性主体的启蒙道路，由此构成了现代法西斯主义主体的史前史。

作者指出，霍克海默和阿多诺过分凸显了奥德修斯身上的现代主体特征，这并不符合《奥德赛》的主题和主体内容。“我们不能套用后来‘理性-非理性’的二元模式来分析荷马，不能用以身体-灵魂的二分法为前提以及发展起来的现代理论为基本框架分析奥德修斯。”③《奥德赛》毕竟是一个人类意识尚未脱离神话的故事，奥德修斯也并未体现出其作为现代启蒙主体原型的逻辑必然性。这里有几个重要区别：①奥德修斯

① 刘森林：《焦虑的启蒙：以〈启蒙辩证法〉为核心的启蒙反思》，北京师范大学出版社，2021，第209页。

② 刘森林：《焦虑的启蒙：以〈启蒙辩证法〉为核心的启蒙反思》，北京师范大学出版社，2021，第208页。

③ 刘森林：《焦虑的启蒙：以〈启蒙辩证法〉为核心的启蒙反思》，北京师范大学出版社，2021，第200页。

式主体会感到痛苦、愤懑，并且会为此流泪，而这样的奥德修斯仍然被荷马称之为英雄，这不符合现代主体蔑视情感、高扬理性的理想状态；②奥德修斯式主体为了求生会利用他人、牺牲他人来满足自己的生存，这种近乎野蛮的自然性不符合现代启蒙主体追求人人平等的理想；③奥德修斯式主体生存于同诸神、自然的关联之中，并且清晰地认识到这种生存所必要的关联，认识到并接受自身的局限性不符合现代启蒙主体割断关联、将理性原则普遍化的理想。

作者对霍克海默和阿多诺错失了和解可能的原因作出了很精当的分析。在建构同一性批判逻辑时，霍克海默和阿多诺综合了两种思想资源，一个是尼采对启蒙的情感基础的批判，另一个是马克思的资本主义同一性批判。在《启蒙辩证法》的逻辑中，出于极度的焦虑和恐惧，主体走向了以同一性原则支配世界的道路，而这种焦虑和恐惧又导致主体必然在支配外在世界的过程中走向残酷。但是这种理论嫁接虽然极大地提升了批判理论的激进性，却不见得符合事实，也同时曲解了两位思想家的本意。

先从尼采说起。尼采确实认为现代道德、价值体系是弱者基于抱团取暖的恐惧而提出的，以虚假的形而上学为基础。[①] 尼采一方面正确地指出了焦虑与恐惧乃是启蒙的基础，另一方面指出，平庸大众的恐惧“不仅仅是指恐惧外物，更是指恐惧对秩序、安定构成可能性伤害的那些品质与本能，恐惧它们受到赞扬”。[②] 从某种角度上说，残酷比道德更接近自然。但是这并不意味着尼采就像《启蒙辩证法》中所说的：“尼采的理论就是弱者有罪，因为他们依靠狡诈来逃避自然法则。”[③] 也并不意味着尼采主张废除一切道德，蔑视人的价值。因为在尼采那里，强者

① 刘森林：《焦虑的启蒙：以〈启蒙辩证法〉为核心的启蒙反思》，北京师范大学出版社，2021，第 155 页。

② 刘森林：《焦虑的启蒙：以〈启蒙辩证法〉为核心的启蒙反思》，北京师范大学出版社，2021，第 125 页。

③ 〔德〕马克斯·霍克海默、西奥多·阿多诺：《启蒙辩证法——哲学断片》，渠敬东等译，上海人民出版社，2020，第 86 页。

作为有更高能力和更高认识水平的人，并不是掌握暴力且对弱者使用暴力的人，反而是对弱者负有责任、能承担痛苦与责任的人；同时，尼采主张的是更新我们对道德的看法，并不是一概废除旧道德的全部要素。换句话说，尼采并没有堵塞一种直面自然之残酷的人文道德关怀的可能性，反而是这种关怀的倡导者。就此，作者认为霍克海默和阿多诺将尼采那里自然性的残酷——本质上意味着对人人平等意识形态的清算——同出于焦虑与恐惧而恶意实施的暴力的法西斯的残酷混淆了，这也就导致《启蒙辩证法》中的主体似乎只能陷入焦虑—消灭—安心（空虚）的怪圈中无法自拔了。

与此同时，在马克思那里，同一性首先表现为经济事实，在现代社会的交换行为中，“每个参与者都把自己抽象为一般的、普遍的、无差别的人类劳动的等量所有者和提供者，在这样的意义上是同一的”。[①] 在作者看来，这种意义上的同一性是现代社会生活的必需，亦可以被称作社会性，作为现代个体生存的基础，绝无可指摘之处。在同一性（社会性）的基础上，个体才能提升自己，从而获得个性发展的空间：“社会的个人与个性、独立人格并不矛盾，是继承和交叉的关系。社会的个人能够为个性和独立人格奠定根基。”[②] 作者认为，马克思与恩格斯区分了抽象的同一性与具体的同一性，前者无视同一内部的差异，后者进一步看到了同一性内部的矛盾与发展的可能性。虽说具体的同一性是辩证法的要求，抽象的同一性在日常使用和初等教育的意义上仍然得到了恩格斯的认可。区别于马克思与恩格斯更具现实性的视角，霍克海默与阿多诺认为启蒙带来的同一性本质是主体化进程造成的意识形态幻象，并且必然蔑视异质性他者，进而导致了对他者的抹杀。

这种把同一性（马克思）和焦虑（尼采）结合起来的批判策略一方

---

① 刘森林：《焦虑的启蒙：以〈启蒙辩证法〉为核心的启蒙反思》，北京师范大学出版社，2021，第178页。

② 刘森林：《焦虑的启蒙：以〈启蒙辩证法〉为核心的启蒙反思》，北京师范大学出版社，2021，第180页。

面揭示了同一性的情感本质，另一方面则越过了批判的合理边界，使得启蒙批判转化成为一种“悲观主义文明论”，[①] 将启蒙塑造为由焦虑驱动的同一性战车，反而阻塞了在启蒙带来的现代文明内部探求和解的理论可能。而在和解问题上，马克思的社会性论述和尼采对差异的论述意味着，主体不仅仅是一个具有压抑性的意识形态概念，还是个体自我实现、社会发展进步的承载者。启蒙主体不必然在焦虑、恐惧的驱动下转化为肆意扩张同一性的暴力装置，它还可以在反思中承认自然差异，并同样渴求在差异中寻求和解的契机。作者认为奥德修斯的形象在《启蒙辩证法》中具有两面性：首先是被霍克海默与阿多诺过分强调了的启蒙理性和同一性维度，这是误读的层面；其次是同样被霍克海默与阿多诺注意到，但是被掩盖在同一性批判中的主体通过自我限制达到同他者和解的一面。“既然现实的主体自我无法摆脱他性存在的约束性关联，那就势必要求这种主体必须与无法扯断的关联性因素建立起一种合理的和解性关系”。[②] 也就是说，奥德修斯身上既有启蒙的同一性原则，也保存着“闪烁着原始光辉、具有救赎性潜力”的一面。[③]

笔者认为，如果我们将神话中的诸神理解为世间不以人的意愿为转移的偶然性和影响人情绪的种种偶然因素，并且能够克服其中的暴力因素，那么奥德修斯式的主体不仅是现代资产阶级主体的原型，同样近乎《启蒙辩证法》所追求的差异与和解的主体原型。这就不仅仅是主体间的和解，更是差异性与同一性在更高维度上的对立统一，意味着一种更新了的启蒙必然是同时兼顾二者的合理的启蒙。这向我们展现了一种可能，即启蒙为自身设置界限，克服现代文明的虚无主义问题的可能。

---

① 参见王凤才《批判与重建——法兰克福学派文明论》，社会科学文献出版社，2004。

② 刘森林：《焦虑的启蒙：以〈启蒙辩证法〉为核心的启蒙反思》，北京师范大学出版社，2021，第238~239页。

③ 刘森林：《焦虑的启蒙：以〈启蒙辩证法〉为核心的启蒙反思》，北京师范大学出版社，2021，第225页。

三 虚无主义反思与合理的启蒙

如果说《焦虑的启蒙》也存在一个作者设置的“隐秘主题”，那么这个主题就是反思现代文明的虚无主义问题。从这里开始，本书的主题从文化的哲学反思推进到了政治哲学领域，这同样意味着作者为启蒙设置了一种政治哲学的合理界限。作者对虚无主义问题的思考与研究是长期的。调动多种思想资源对现代启蒙主体进行分析、界定，探索一种超越资本主义文明的全新的价值理性与伦理规范也是作者本人一以贯之的追求。[①] 虚无主义作为一种价值理性丧失的现象，是现代文明独有的问题，也是在德国、俄国、中国等后发现代化国家格外突出的问题。正如作者在其著作《物与无》中指出的，现代虚无主义与物化逻辑是启蒙的必然结果，在启蒙主体成为意义世界和物的世界的桥梁，进而演化成为自我设定的绝对主体（德国唯心主义）之后，就不再存在客观可靠的形而上学，一切意义都系于主体：施蒂纳式的对现实的物与精神性事物的全部否定，就是启蒙走向极致的结果。[②] 在法西斯主义肆虐的20世纪三四十年代，这种价值领域的虚无从崇高价值（“上帝已死”）蔓延到了基本价值，人的生存权利遭到了蔑视。在《启蒙辩证法》中就出现过将启蒙视作虚无主义源头的论述：尼采认识到启蒙存在破坏生命的虚无力量，而“超自然存在的被拔高和自然性存在的贬黜是虚无主义的主要原因”。[③] 这种虚无力量在法西斯主义中转化为意识形态，“这种意识形态是对一种盲目生活的盲目颂扬，而这样的生活中不断重复的只有一种实践，那就是压制一切生命。”[④] 虚无主义从消灭崇高进一步转变为主体出

---

① 参见刘森林《追寻主体》，社会科学文献出版社，2008；刘森林《物与无：物化逻辑与虚无主义》，江苏人民出版社，2013。

② 刘森林：《物与无：物化逻辑与虚无主义》，江苏人民出版社，2013，第92~96页。

③ 〔荷〕诺伦·格尔茨：《虚无主义》，张红军译，商务印书馆，2022，第53~54页。

④ 〔德〕马克斯·霍克海默、西奥多·阿多诺：《启蒙辩证法——哲学断片》，渠敬东等译，上海人民出版社，2020，第37页。

于生存的焦虑和恐惧开始扼杀一切威胁，完全无视任何客观道德规范，在消灭了先前的威胁后又不停地制造敌人，进而以完全异化了的“进步”“文明”的名义展开了血腥的种族灭绝。[①] 霍克海默和阿多诺在《启蒙辩证法》中想要表达的就是：正是走向极端的启蒙带来了完全蔑视一切基本道德和价值规范的深度虚无主义。

霍克海默和阿多诺认为，深度虚无主义的问题来自极端的启蒙对个性的否定。苏格拉底以来的理性主义、科学主义文化为了克服不确定性带来的焦虑，孜孜以求的是世界的普遍规律，也就是在偶然的世界中探索必然。同一性于是取代了差异性和个性，成为主体理解自然、塑造自然的基本出发点，这一个环节中发生的对自然的误解就是一种对自然本貌的虚无化，同一性（物化）和虚无主义的逻辑就由此产生了内在关联。[②] 强求同一性的理性极易走向对差异性乃至个体个性的泯灭，而个体生命恰恰是一切道德、一切人类文明形式得以可能的根本。当社会的经济部门、伦理规范将个体的个性彻底泯灭，那么在启蒙理性宰制下个体的生存权力被否定似乎就是顺理成章的。在《启蒙辩证法》中特别突出的“概念—知识—权力—集体”的关联链条就充分体现了霍克海默与阿多诺对“被宰制的世界”的成因的认识：自然的现实被颠倒为概念的（同一性的）现实，从而拥有了可被主体把握的普遍性、规律性；权力集团以这种虚假的普遍知识统治充满差异的人群——正如马克思所说，统治阶级将特殊利益说成普遍利益——从而把人们捏造成了毫无个性，甚至敌视任何个性的集体。[③] 这个基于启蒙的抽象同一性的思维体系成为现代统治的基础，逃离自然、渴求自由的主体反而更深刻地陷入了暴力的威胁与实证性的牢笼之中，这深刻地体现了启蒙辩证法的自否性。

---

① 刘森林：《焦虑的启蒙：以〈启蒙辩证法〉为核心的启蒙反思》，北京师范大学出版社，2021，第 336 页。

② 刘森林：《焦虑的启蒙：以〈启蒙辩证法〉为核心的启蒙反思》，北京师范大学出版社，2021，第 345 页。

③ 刘森林：《焦虑的启蒙：以〈启蒙辩证法〉为核心的启蒙反思》，北京师范大学出版社，2021，第 346~348 页。

需要注意的是，作者同样指出，虽然启蒙根据其内在的辩证法走向了支配，但是辩证法同样为自由、和解保留了希望。在这里，“启蒙辩证法”便不仅仅意指反对神话的启蒙转化为神话、启蒙内在的野蛮因素（焦虑、恐惧、恐怖）喧宾夺主的反讽性状况，也暗示了启蒙的自救之路，那便是通过积极的辩证法实现自我设限，走向和解。作者反复强调《启蒙辩证法》在分析问题成因时往往借重尼采，而解决问题时往往倾向于马克思的辩证法，但是客观地说，《启蒙辩证法》对辩证法问题缺少进一步的分析。作者认为霍克海默和阿多诺借助尼采对西方文明的批判，否定了理性主义推崇的总体性和进步主义——在起源于对不确定性的恐惧，承认理性、承认总体性和进步的角度上，辩证法也只是一种更高级的形而上学。[①] 霍克海默和阿多诺一方面解除了辩证法同总体性和进步的关联，另一方面发掘了辩证法的开放性本质。他们认为黑格尔的辩证法自认能通过历史抵达绝对者的想法乃是一种幻觉，这种辩证法构成的封闭体系仍然存在于概念的同一性而非现实之中。马克思将辩证法从一个封闭的、已然抵达至善的体系转化为基于实践的唯物主义研究方法，关键就是注意概念指向的事物、事件和历史，将其视为唯物主义辩证法的存在论基础。[②]《启蒙辩证法》对辩证法问题的一大推进就是使辩证法“从恐惧的基础和消极的自否定转向积极的希望和目标”。[③] 总结起来就是两点：一是辩证法应当永远保有一种批判性，唤醒启蒙内在的自由精神和质疑精神，永远向被忽视的、被排挤的他者开放，阻止启蒙走向固化和异化；二是辩证法内在具有自我调整的力量，客观上遵循“物极必反”的道理，一旦启蒙走向极致因而产生了自否定的恶果，就会由

① 刘森林：《焦虑的启蒙：以〈启蒙辩证法〉为核心的启蒙反思》，北京师范大学出版社，2021，第 278、304 页。

② 刘森林：《焦虑的启蒙：以〈启蒙辩证法〉为核心的启蒙反思》，北京师范大学出版社，2021，第 308~310 页。

③ 刘森林：《焦虑的启蒙：以〈启蒙辩证法〉为核心的启蒙反思》，北京师范大学出版社，2021，第 322 页。

于内在力量牵扯而进行回调。[①]

值得一提的是，虽然作者更多强调的是启蒙辩证法内在的客观规律，但无论是辩证法的自否性还是自我设限，都只是为历史打开了一个转圜的空间。我们可以说，在这里，坚守着启蒙初心的活生生的人对启蒙后果的反思与相应的实践仍然起着至关重要的作用。而在作者的笔下，促使启蒙克服极致化的倾向、避免走向虚无主义的努力需要的是秉持一种中庸之道。作者认为，启蒙如果要强硬地贯彻其认定的普遍真理，贬低过去的一切传统，那么它很容易把一切差异性、个性当作不合理的东西加以否认，从而导致基础价值的虚无主义。而极致的启蒙又与虚假的启蒙难解难分：虚假的启蒙自以为占据了普遍真理，实际上只是以专制贯彻自私的特殊利益。笔者看来，就这二者同样是出于极度的焦虑而对外扩张的启蒙来说，它们并没有看上去那样区别很大，它们是启蒙辩证法的同一个环节的不同方面。作者认为，真正的合理的启蒙是深刻认识到自身局限性、反躬自省的启蒙。它看到了启蒙的自否性，从中看到走向极致的启蒙带来的基础价值的虚无，同时也因此更对人与自然、人与他者间的和解有所期待，并愿意为此自我约束——而这里讲到的约束，主要是指拒绝宣称自身看透了一切真相、发现了唯一正确的普遍规律的诱惑。[②]

在为启蒙设限以通往和解的问题上，我们可以将刘森林教授的观点归纳为以下的亮点。一是通向和解的合理启蒙是反躬自省的，是时时反省自身缺憾与不足、尊重他者、尊重差异的，不是傲慢地宣称普遍真理、强推同一性的伪启蒙。二是深入的哲学反思必然触及对旧形而上学的解构、危及共同体的价值基础，在这个意义上，极致的启蒙无法避免，但是这种哲学反思应该局限于哲学家的范畴内，不应该推向大众。在作者

---

① 刘森林：《焦虑的启蒙：以〈启蒙辩证法〉为核心的启蒙反思》，北京师范大学出版社，2021，第323~325页。

② 刘森林：《焦虑的启蒙：以〈启蒙辩证法〉为核心的启蒙反思》，北京师范大学出版社，2021，第382页。

这里，“尊重差异”并不意味着在社会生活中取消同一性。如果说极致的启蒙因为普遍性否定了个性而走向虚无主义，以差异性完全否定普遍性、否定同一性积极意义和必要性的“发狂的启蒙”也会导致虚无主义：“对唯一性、独特自我的不顾一切地推崇，不但会严重销蚀公共世界……（还会）不断突破行为的价值底线”。[①] 这也就要求合理的启蒙必须不能脱离实际、脱离实践，不能从纯粹理性的角度设计实践。同时，“尊重差异”也不意味着将所有差异者等量齐观，在现实中，不同的主体之间不仅有着无伤大雅的个性差异，还有尼采指出的根本性的智识上的差异：“要求把启蒙付诸所有人的普遍启蒙是走错了路——并不是所有人都能到达足够高水平的启蒙”。[②] “伪士当去，迷信可存”（鲁迅语），在大众反思水平有限的情况下，共同体的价值追求不得不系于批判理论反对的意识形态：“问题不在于意识形态的有无……关键是变成意识形态的思想是先进的还是落后的。”[③]

需要指出的是，作者这里提出的和解方案同霍克海默与阿多诺追求的和解并不相同。阿多诺所说的“星丛”式和解带有的神学救赎与美学的色彩，这一层作者并未论及；霍克海默与阿多诺也不太可能同意以意识形态作为大众启蒙的方案。同时，《焦虑的启蒙》虽然对启蒙的情感基础作出了精彩的分析，但是合理的启蒙是否能够免于“焦虑—制造焦虑”的循环，还是说它仍只是这一循环的一个环节的问题有待进一步探讨。换言之，霍克海默与阿多诺讨论和解时采取的乌托邦视角被作者替换为了政治哲学视角，这恰恰体现了作者鲜明的问题意识和时代意识：启蒙是否适度、合理，归根结底是要看这种启蒙能否促进共同体的生活，是消解共同价值还是促进共同价值，是有助于维持良好的社会秩序还是

---

① 刘森林：《焦虑的启蒙：以〈启蒙辩证法〉为核心的启蒙反思》，北京师范大学出版社，2021，第395页。

② 刘森林：《焦虑的启蒙：以〈启蒙辩证法〉为核心的启蒙反思》，北京师范大学出版社，2021，第156页。

③ 刘森林：《焦虑的启蒙：以〈启蒙辩证法〉为核心的启蒙反思》，北京师范大学出版社，2021，第272页。

瓦解社会秩序——更确切地讲，是否有利于当代中国社会的现代化事业，有利于建设一种超越资本主义的新文明形态。

笔者认为，刘森林教授将关于启蒙的理论省思同启蒙后的实际情况有机结合，为这本80年前写就的哲学文本（“哲学断片”）引入了现实的活水。作者实事求是、大胆创新的治学态度，身体力行地践行了启蒙的自我反思精神，这对我们在当代重申启蒙反思，理性看待启蒙的历史与未来有着重要的启示意义。

吉林大学哲学社会学院一流学科建设丛书

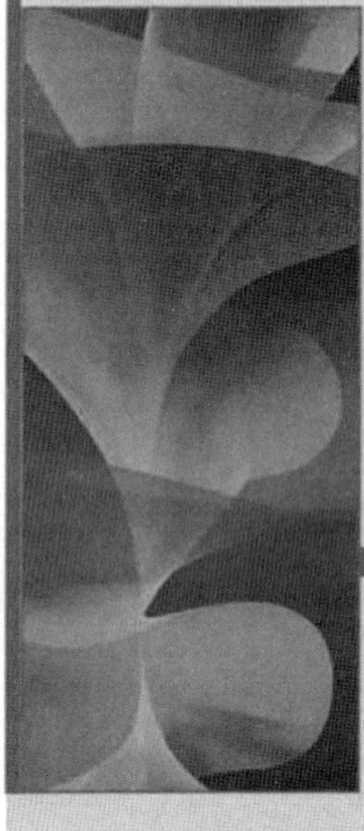

辩证法的政治空间

THE POLITICAL SPACE OF DIALECTICS

白刚 著

中国社会科学出版社

马克思辩证法的政治哲学阐释

——评白刚《辩证法的政治空间》

程远航*

摘　要： 如何将马克思的辩证法与政治哲学进行有效联结，是关切马克思辩证法探究的重要议题。白刚教授的《辩证法的政治空间》一书以辩证法为研究对象，围绕辩证法与政治哲学的内在关系，从马克思辩证法的批判本质出发，以追求和构建人的自由解放的社会新秩序为理论旨趣，展开对马克思辩证法的政治哲学研究和政治哲学叙事。该书在《资本论》的政治经济学批判中推进马克思辩证法的资本表达空间，在历史唯物主义的探索中呈现马克思辩证法的政治哲学空间。该著对马克思辩证法的政治哲学阐释，既凸显了马克思辩证法的批判本质，也拓展了马克思辩证法的"自由和革命"空间。

关键词： 辩证法；政治哲学；政治空间；资本逻辑；历史唯物主义

辩证法作为哲学的灵魂，并非僵死的刻板公式，而是一种谈话（叙事）的艺术。在一定意义上，辩证法在古希腊城邦的论辩对话中就是一种"政治的"叙事。进入 21 世纪，随着政治哲学逐渐成为一门显学，马克思主义政治哲学也愈发得到关注。从政治哲学的视角阐释辩证法，

---

* 程远航，吉林大学哲学社会学院博士研究生，主要研究方向为马克思主义政治哲学。

成为探究马克思辩证法的一个新的理论路径。那么，从政治哲学的视角该如何理解辩证法？马克思辩证法的政治叙事与其《资本论》的政治经济学批判以及历史唯物主义是何关系？白刚教授的《辩证法的政治空间》（中国社会科学出版社，2022）一书就是以政治哲学的视野，从理论问题、经典文本以及历史意义三个维度，实现了对辩证法的政治哲学阐释。该书以政治哲学的解读方式，开拓了马克思辩证法研究的新视域，深化了马克思辩证法政治叙事的资本表达，同时架起历史唯物主义通向政治哲学的桥梁，彰显了马克思辩证法的独特的“政治空间”。

一 辩证法的政治哲学叙事

辩证法的政治哲学阐释，首要之务便是说明对辩证法进行政治哲学解读的合理性。辩证法具有何种政治哲学意义？如何在政治哲学中解读和打开辩证法的理论空间？辩证法在政治哲学中具有怎样的合理形态？这些都是展开辩证法的政治哲学研究的基本问题。该书的上篇“辩证法与政治哲学”部分，结合辩证法的历史发展，探索了辩证法的政治哲学叙事，凸显了马克思革命辩证法所具有的批判本质。

辩证法作为哲学的核心概念，不仅具有广袤的理性思辨空间；在现实生活的发展中也具有丰富的政治实践空间。在开篇，作者便以“辩证法的政治空间”的同名为题，挖掘了自古希腊辩证法诞生以来所具有的政治意蕴，阐释辩证法的多样形态，在对自由的追寻中规定了辩证法政治叙事的基本向度。古希腊以平等自由的对话辩证法，在对城邦生活秩序的讨论中寻求政治正义，奠定了辩证法的政治基础。德国古典哲学以理性自由的思辨辩证法，注重辩证法的理性思考，压缩了表达市民社会自由的现实的政治空间。黑格尔秉承康德道德实践辩证法的思辨理性，以市民社会辩证法将康德的先验自由经验化，同时架起马克思从市民社会走向人类社会的桥梁。马克思吸收黑格尔辩证法中“作为推动原则和创造原则的否定性”，[①]

① 《马克思恩格斯全集》第3卷，人民出版社，2002，第320页。

通过对市民社会的现实批判，以革命辩证法为追求人类社会的自由解放提供可能，完成对否定性辩证法的实践超越。此时，辩证法的理论形态已从理性思辨转变为现实的革命实践，革命辩证法赋予自由现实的政治力量。革命与自由共同构成辩证法的政治价值，体现了辩证法所具有的政治哲学意义。“马克思的革命辩证法正是在德国古典哲学理性自由辩证法的基础上，推进了辩证法从古希腊的平等对话和德国古典哲学理性思辨的思想自由转向了人类社会革命的和批判的实践与现实的自由。”[①] 作者将马克思的革命辩证法概括为“现实的政治的革命行动”，揭开马克思直面市民社会中的现实矛盾，以政治哲学的解读方式展开辩证法追求人类自由解放的政治叙事，为辩证法开辟了广阔的理论空间。

从古希腊带有批判性对话的辩证法到德国古典哲学中带有否定性的理性思辨辩证法，否定性的批判特征一直是辩证法的内在本性。马克思延续辩证法否定性的基本特质，通过革命辩证法彰显辩证法的批判本性，在对资本主义社会的现实批判中发挥辩证法的革命精神，进一步打开了辩证法政治哲学叙事的理论空间。在《资本论》第一卷第二版的跋中，马克思对辩证法的批判本质做了具体描述：“辩证法在对现存事物的肯定的理解中同时包含对现存事物的否定的理解，即对现存事物的必然灭亡的理解。”[②] 马克思的辩证法是在肯定资本主义社会现实的适宜性与否定资本主义社会制度的永恒性中追求更为合理的社会形式，其革命辩证法的本质是批判。马克思以辩证法的批判本质延展辩证法的政治空间，在理论与现实中敞开了辩证法的政治哲学叙事。一方面，马克思的辩证法批判“传统形而上学的同一性思维方式”，通过阐释社会现实与形而上学的内在关联，实现对形而上学的现实改造。另一方面，马克思的辩证法批判资本主义社会的非正义，通过揭示社会历史生活的发展规律，实现对资本主义社会的现实否定。“马克思辩证法的批判性和革命性，绝不是对传统形而上学的一种纯粹理论拒斥，而是彻底瓦解和摧毁一切

---

① 白刚：《辩证法的政治空间》，中国社会科学出版社，2022，第 15 页。

② 《马克思恩格斯全集》第 44 卷，人民出版社，2001，第 22 页。

形而上学得以立足的现实根基。”[①] 作者看到马克思的辩证法将理性形而上学与资本的批判逻辑结合，克服传统形而上学的抽象弊端，在政治哲学的叙事中凸显辩证法的批判本质。

辩证法从来不是简单的实例总和，也并非直观的抽象概念形式。辩证法不是简单地对客观世界变化发展的规律的认识，更是作为一种思维方式去探究世间万物中的各种联系。列宁曾说，“辩证法也就是（黑格尔和）马克思主义的认识论”。[②] 马克思本身没有系统的辩证法理论，将辩证法视为一种“建立在通晓思维历史及其成就的基础上的理论思维形式”。[③] 在马克思的视野中，辩证法没有固定的理论形式或概念定义，从不同角度针对不同事物概念的辩证法理解，具有不同的理论形式。马克思的辩证法从现实的人的历史活动出发，以批判本质为核心，以革命辩证法为主线，在政治哲学中延伸出多样的合理形态。作者从资本批判的辩证法、劳动辩证法以及自由的辩证法等多种角度，说明马克思对人类现实存在意义的关注，说明马克思辩证法的革命性在于“人的解放”。作者对马克思的辩证法在政治哲学中合理形态的阐释，进一步展现辩证法的批判本质和革命精神。从资产阶级单纯的“政治解放”到马克思追求普遍的“人的解放”，作者看到了政治哲学中从“政治革命”到“革命政治”的根本转向，发现了马克思辩证法所开辟的“革命政治”的新道路。正是在辩证法的批判性、革命性阐释中，作者为辩证法的政治哲学叙事提供了新的可能。

二 辩证法政治哲学叙事的资本批判空间

如果说作者在该书的上篇，以辩证法的批判本质和革命精神阐释了马克思辩证法的政治哲学意蕴，说明对辩证法的政治哲学解读进行前提

---

① 白刚：《辩证法的政治空间》，中国社会科学出版社，2022，第29页。

② 《列宁全集》第55卷，人民出版社，2017，第308页。

③ 《马克思恩格斯全集》第26卷，人民出版社，2014，第528页。

性思考的隐性逻辑，奠定了马克思辩证法政治哲学叙事的理论基调；那么在该书的中篇“辩证法与《资本论》”部分，便是以“资本现象学”在《资本论》的文本话语中阐释马克思辩证法的显性逻辑。作者通过对《资本论》中辩证法的阐释，将辩证法的批判本质与资本逻辑联系起来，以资本批判进一步展开马克思辩证法的政治哲学叙事。

马克思认为，辩证法需要到政治经济学中去探究资本主义生产方式中资本内在矛盾的辩证运动规律，从而在《资本论》中形成资本的批判逻辑。黑格尔的概念辩证法在概念的自我运动发展中，表达对表象思维和形式推理的双重否定，但这种概念游戏是脱离现实的神秘形式，成为近代资产阶级的哲学代言。古典政治经济学借助实证方法，运用经济学的概念范畴将社会现实进行整理概括，构成对零散经济现象普遍、本质联系的整体理解。古典政治经济学虽对社会现实进行了实证分析，但“非批判的实证主义”逐渐忽略辩证法否定性和批判性的根本特质，成为维护资产阶级利益的经济学代言。“作为包括精神发展在内的一切发展的动力的辩证法，其真正的根源不应到抽象的精神中、而应到现实的生活中去寻找、去发现。”① 马克思在《资本论》中要做的就是运用辩证法展开资本逻辑批判，通过政治经济学批判中现实的资本话语，实现对“哲学—经济学”的双重革命。马克思将资本逻辑与辩证法融合，将反映资本主义社会生产关系的现实的经济范畴，按照现存事物自身的历史发展进行改造。作者看到马克思对黑格尔否定性辩证法的借鉴和对古典政治经济学生理学解剖实证分析的吸收，发现在《资本论》中通过政治经济学批判，揭示现代社会的发展规律，建构起批判的革命性的辩证法。因此，作者认为“《资本论》就是马克思的辩证法”，② 可以说《资本论》是马克思辩证法资本逻辑批判的现实表达。

那么，辩证法的资本逻辑批判在《资本论》中是如何展现的呢？在

① 〔苏〕马·莫·罗森塔尔主编《马克思主义辩证法史——从马克思主义产生到列宁主义阶段之前》，汤侠声译，人民出版社，1982，第10页。

② 白刚：《辩证法的政治空间》，中国社会科学出版社，2022，第93页。

该书看来，《资本论》与辩证法具有相互拱卫的内生关系。“《资本论》是‘应用’辩证法和‘构建’辩证法的革命性统一。”① 首先，马克思在《资本论》中应用辩证法，使其区别于古典政治经济学，提出政治经济学批判的现实的革命性道路。作者通过对马克思在《资本论》进行整理材料、叙述问题和解决问题的过程中应用了黑格尔辩证法的阐释，说明马克思对辩证法的应用在于揭示资产阶级政治经济学的实质。其次，马克思在《资本论》中也构建了一种资本逻辑批判的辩证法。一方面，马克思对资本主义实际的经济关系进行解剖，吸收黑格尔辩证法的否定性原则并加以改造，摆脱辩证法的唯心主义外壳，构建了一种唯物主义的辩证法。另一方面，马克思以政治经济学批判的方式，变革政治经济学，破除了政治经济学范畴的永恒性，构建了一种资本批判的辩证法。作者认为，《资本论》不仅变革了政治经济学的研究对象——从商品的实体物转变为探究资产者与劳动者的关系；还在对政治经济学范畴的批判中实现了对政治经济学“术语的革命”。作者通过揭示从劳动价值论到剩余价值论的逻辑转换，使资本主义社会的劳动、价值、资本等经济范畴得到合理的历史性阐释。正如恩格斯所说：“资本和劳动的关系，是我们全部现代社会体系所围绕旋转的轴心”，② 在《资本论》中得到科学的说明。马克思批判的革命的辩证法就是区别于“抽象实在论”和“抽象思辨论”的认识方法——即抽象力。马克思运用具体的抽象力的方法，使得抽象的规定在现实中得到具体的再现。“《资本论》的辩证法又是一种‘资本现象学’——历史唯物主义地剥离资本的‘现象’（假象）而呈现其真正本质。”③ 作者看到《资本论》中的辩证法作为逻辑、辩证法和认识论三者一致的“抽象力”，使得资本主义的现实社会关系得到完整的再现。

作者通过对资本逻辑批判的阐释，指明马克思从政治经济学形而上

---

① 白刚：《辩证法的政治空间》，中国社会科学出版社，2022，第106页。

② 参见《马克思恩格斯全集》第21卷，人民出版社，2003，第362页。

③ 白刚：《辩证法的政治空间》，中国社会科学出版社，2022，第124页。

学的批判、劳动价值论的批判必然走向拜物教的意识形态批判，破除了资产阶级意识形态的幻象。在作者看来，辩证法的资本话语，其根本要义在于唤醒无产阶级的革命意识。辩证法被用于剖析资本主义社会现实的内部结构，揭示资本主义社会存在的经济矛盾和社会制度间的联系，从而唤醒工人阶级的阶级意识。在《资本论》中，辩证法成为追求无产阶级解放的社会实践和革命理论，为人自由本性的实现提供可能，辩证法转变成了追求人的本质的目的性的实践活动过程。在《资本论》的资本逻辑批判中，辩证法的革命本性得到真正的显现，即从论证历史的必然性逻辑转变为追求人的自由的可能性逻辑。作者通过呈现辩证法在《资本论》中的资本话语，说明辩证法的资本逻辑批判对推动工人阶级形成自由解放的意识形态的理论作用，展现了马克思辩证法政治叙事中的资本批判空间。正如阿瑟所说，“如果说《资本论》是辩证法的真正财富，那么这并不是由于某种抽象普遍方法的应用，而是因为物质自身的运动要求相应逻辑范畴的表达。”[①]《资本论》中辩证法不仅仅体现为作为方法论的应用，更重要的是，资本逻辑的辩证运动需要辩证法的批判本性去实现政治话语的资本表达——《资本论》就是马克思的“空间辩证法”。[②]

三　辩证法政治哲学叙事的历史唯物主义空间

历史唯物主义与政治哲学之间的关系是探究马克思的辩证法不可回避的重要问题。马克思的辩证法具有批判的、革命的理论特质，不仅以“资本现象学”批判资本主义社会的现实关系，唤醒无产阶级的革命意识，其理论本身所具有的辩证的内在张力，能够让我们发现历史唯物主义与政治哲学的内在会通。在该书的下篇“辩证法与历史唯物主义”部

① 〔英〕克里斯多夫·约翰·阿瑟：《新辩证法与马克思的〈资本论〉》，高飞等译，北京师范大学出版社，2018，第5页。

② 白刚：《辩证法的政治空间》，中国社会科学出版社，2022，第138页。

分，作者以辩证法在历史唯物主义中的运用，阐释马克思政治叙事的历史唯物主义空间。

探究马克思在历史唯物主义中的辩证法，首先需要我们了解马克思是如何构建历史唯物主义的？历史唯物主义是在阐释资本主义社会特殊运动规律基础上，揭示人类历史发展的一般规律。正如卢卡奇所说，“历史唯物主义首先是资产阶级社会及其经济结构的一种理论”。[①] 作者立足于《德意志意识形态》与《资本论》的文本阐释，展现马克思建构历史唯物主义的过程。马克思在《德意志意识形态》中通过批判意识形态，使历史唯物主义在观念上得到完整说明；在《资本论》中通过资本批判，确立历史唯物主义的现实基础。“正是通过对资本主义现存的一切进行无情的批判，才‘在批判旧世界中发现新世界’，从而建立了‘关于现实的人及其历史发展的科学’。”[②] 马克思是在破解“意识形态之谜”和“资本之谜”的过程中，揭开了“历史之谜”，完成对历史唯物主义的构建。

那么，马克思的历史唯物主义是如何通向了政治哲学？这其中辩证法又承担了什么样的角色呢？作者通过阐释历史唯物主义和政治哲学的理论性质和理论旨趣的一致性，说明在追求人的自由和解放这一意义上，历史唯物主义与政治哲学的内在统一。首先，作为“现实的人及其历史发展的科学”[③] 的历史唯物主义是政治经济学批判。马克思的历史唯物主义既超越了黑格尔超历史的抽象思辨，也批判了古典政治经济学非历史的经济现实，实现了事实与价值的辩证统一。历史唯物主义在政治经济学批判中显现了马克思政治叙事的“历史性”和“批判性”。其次，作为对市民社会进行解剖的政治经济学批判是马克思的政治哲学。政治哲学的实质是“批判的实证科学”，是以政治实践剖析社会现实追求最

---

① 〔匈〕卢卡奇：《历史与阶级意识——关于马克思主义辩证法的研究》，杜章智等译，商务印书馆，1992，第323页。

② 白刚：《辩证法的政治空间》，中国社会科学出版社，2022，第230页。

③ 《马克思恩格斯文集》第4卷，人民出版社，2009，第295页。

佳制度和美好生活。作者这样定义政治哲学："政治哲学就是对人们如何建构好的社会制度和获得幸福生活的理论反思。"[①] 马克思在政治经济学批判中对资本主义社会的现实分析，成为政治哲学叙事的集中体现。马克思的历史唯物主义与政治哲学都是在政治经济学批判中寻求实现人的自由解放的可能性，政治经济学批判架起马克思历史唯物主义通向政治哲学的桥梁，而带有批判的、革命本性的辩证法犹如从历史唯物主义到政治哲学这条道路中的"领路人"，引领政治经济学批判实现对资本主义社会现实的政治经济学解剖。"根据辩证法运动的逻辑，马克思能把自然与历史、物质与人类结合起来。"[②] 辩证法推动历史唯物主义通向政治哲学，辩证法作为批判武器的理论作用便凸显了出来。由此，我们能够看到辩证法在历史唯物主义通向政治哲学过程中的理论价值。如阿伦特所说，"马克思从哲学跳跃到政治的时候，把辩证法理论搬进活动中去了"。[③] 从历史唯物主义到政治哲学，辩证法早已植根于政治经济学批判中，以"人的自由解放"为理论旨趣将二者联结起来，推动马克思政治哲学的内在会通。

历史唯物主义是以历史为解释原则，以辩证法为批判武器的新唯物主义。马克思在历史唯物主义的构建过程中，完成了辩证法的政治哲学转向。首先，作为认识方法的辩证法，在历史唯物主义中实现了政治哲学的新唯物主义叙事。在作者对"生产的辩证法""劳动的张力""启蒙的政治经济学转向"的阐释中，我们能够感受到辩证法作为一种带有否定性、批判性本质的认识方法，马克思运用辩证法呈现出区别于古典政治经济学，超越古典哲学的新唯物主义的叙事图景。其次，在历史唯物主义中的辩证法，运用资本逻辑的批判话语实现了政治哲学的现实表达。马克思在《资本论》的"拜物教批判"中，消解人的异化，实现启蒙的

---

① 白刚：《辩证法的政治空间》，中国社会科学出版社，2022，第 271 页。

② 〔美〕汉娜·阿伦特：《马克思与西方政治思想传统》，孙传钊译，江苏人民出版社，2007，第 43 页。

③ 〔美〕汉娜·阿伦特：《马克思与西方政治思想传统》，孙传钊译，江苏人民出版社，2007，第 98 页。

政治经济学转向。作者进一步提出“资本现象学”，阐释在历史唯物主义中的辩证法。马克思的资本现象学是以现象学的方式，还原资本的现实生活关系，颠覆资本主体性的“抽象统治”，破除普遍的永恒的“资本幻象”，是最为彻底的革命世界观的逻辑，也“充分体现了作为资产阶级政治经济学批判的历史唯物主义的基本内涵”。[①] 最后，辩证法在历史唯物主义的最终目标中，实现了马克思政治哲学的价值追求。马克思无论是从生产理论批判的角度走上“扬弃生产而超越生产”的“生产辩证法”之路；[②] 还是从劳动观的历史性理解角度，开辟出一条从“异化劳动”到“自由劳动”的“劳动解放”之路；马克思的最终目的都是追求人的自由个性，实现“人的解放”。马克思的历史唯物主义作为一种“批判的实证主义”，在批判性与革命性的统一中实现了从“解释世界”到“改变世界”的政治哲学转向。作者在辩证法与历史唯物主义的阐释中，呈现了马克思政治哲学叙事中的历史唯物主义空间。

“辩证法是一种关注世界上所发生的一切变化和相互作用的思维方式。”[③] 作者在该书中对辩证法的阐释充分发挥了马克思主义哲学历史与逻辑相统一的理论特色。面向历史，该书结合古希腊的对话辩证法、德国古典哲学的思辨辩证法以及古典政治经济学的实证分析，对马克思辩证法的基本理论问题进行政治哲学的解读；面向文本，该书以“资本现象学”显现辩证法在《资本论》中的政治话语；面向现实，以马克思追求现实的人的解放为根本基点，说明马克思的辩证法在历史唯物主义中实现政治哲学转向的重要价值。对马克思辩证法的政治哲学阐释，既凸显了辩证法的批判本质，也能够展现其追求自由的理论旨趣和革命精神。由此观之，由论文汇集而成的《辩证法的政治空间》，并不是对相关概念的简单列举，也不是抽象空洞的理论想象，而是以“在批判旧世界中

① 白刚：《辩证法的政治空间》，中国社会科学出版社，2022，第257页。

② 白刚：《辩证法的政治空间》，中国社会科学出版社，2022，第205页。

③ 〔美〕奥尔曼：《辩证法的舞蹈——马克思方法的步骤》，田世锭等译，高等教育出版社，2006，第5页。

发现新世界"[①] 为理论底色，深入辩证法与政治哲学的相关问题本身，对辩证法进行历史性的追问。正是在政治哲学、《资本论》与历史唯物主义的三维解读中，作者深化了对马克思辩证法的政治哲学理解，澄明马克思辩证法所独有的理论特色，彰显马克思辩证法的思想内涵、时代内涵和文明内涵，构成了对马克思辩证法进行政治哲学阐释的完整历史唯物主义空间。

① 《马克思恩格斯全集》第1卷，人民出版社，1956，第416页。

Karl Heinrich Marx
马克思政治哲学视域中的
分配正义问题研究
Makesi Zhengzhi Zhexue Shiyu Zhong De
Fenpei Zhengyi Wenti Yanjiu

“平等权利”的不平等分配与“不平等权利”的平等分配

——评涂良川《马克思政治哲学视域中的分配正义问题研究》

董键铭*

摘　要： 近现代西方政治哲学研究持有一种非历史性的、抽象的、还原论的世界观和思维方式，马克思则以其哲学革命超越了近现代西方政治哲学的思想地平。以历史唯物主义为基础，涂良川教授的《马克思政治哲学视域中的分配正义问题研究》揭露了资本主义分配正义的内在矛盾本性，揭露了资本主义“平等权利”背后的实质性不平等及其逻辑根源，指出马克思的分配正义以“不平等权利”的平等分配为基本内容，通过“按劳分配”和“按需分配”的历史性进展重建个人所有制。与此同时，该著也进一步在事实与价值相统一的基础上探讨了马克思分配正义走向现实的实践路径，构成一次建构合理形态的马克思主义政治哲学理论的重要尝试，对于推进马克思主义政治哲学研究具有重要的理论和现实意义。

关键词： 历史唯物主义；“平等权利”；“不平等权利”；分配正义

近年来，关于马克思主义政治哲学的研究正受到国内外学者的广泛

* 董键铭，中国社会科学院哲学研究所副研究员，主要研究方向为马克思主义政治哲学、《资本论》的哲学解读。

关注。在研究马克思的政治哲学及马克思主义政治哲学的时候，我们所必须面对的一个前提问题就是，马克思的政治哲学并不是一套现成的理论体系，而是处在尚待生成、有待被合理建构出来的状态之中。综观整个西方思想史我们可以看到，政治哲学研究有着悠久的历史和思想传统，早在古希腊时期，政治哲学就得到了哲学家们的广泛关注；在中世纪，如何在基督教神学的背景之下、在“神—人”关系之中思考人类社会的政治秩序，也是中世纪神学家和经院哲学家们所关注的重要问题；随着文艺复兴、宗教改革和启蒙运动的不断推进，在近代哲学兴起的过程中，政治哲学也作为哲学研究中的一个重要领域受到了近代思想家们的广泛关注，并且我们今天所熟悉的现代文明、现代国家和现代社会秩序在很大程度上也是奠定在近代政治哲学的研究成果基础之上的；自《正义论》的发表以来，罗尔斯复兴了政治哲学的契约论研究传统，推动了以平等主义为主要表现形式、以分配正义为核心关注问题、以探究正义原则为基本研究内容的当代西方政治哲学研究的兴起和发展，并引发了学界的长期、广泛、持续关注。

然而，与这些典型性的政治哲学研究相比，马克思本人在其思想形成和发展过程中则并没有直接建构一套典型性的、体系化的政治哲学理论，在一定程度上来说，马克思主义政治哲学研究的兴起并不完全是马克思主义哲学沿着自身的发展逻辑前进而形成的“原生性”发展结果，而是在回应来自理论与现实的双重挑战的过程中被激发起来的。从现实的角度来说，人类社会发展所面临的一系列现实问题迫切需要政治哲学研究的进一步发展来为其提供理论指引，尤其是日益加剧的社会不平等问题需要我们从分配正义的角度出发来予以理论观照，这就形成了推动马克思主义政治哲学发展的现实需要；而从理论的角度来说，部分学者则将以罗尔斯为代表的当代西方政治哲学研究视为政治哲学研究的典型形态，并以之来反思、考证乃至批评马克思所持有的是一种既无分配也无正义的理论，这也需要从马克思的角度出发予以恰当的理论回应。因此，就马克思主义政治哲学研究这一领域而言，摆在学者们面前最为直接而紧迫的问题，就是如何从马克思的立场、观点、方法出发，建构一种合理形态的马克思主义政治哲学理论，并以之回应来自理论和现实的双重挑战。正是在这一背景之下，涂良川教授的《马克思政治哲学视域中的分配正义问题研究》（人民出版社，2023，以下简称《研究》）一书构成一次建构合理形态的马克思主义政治哲学理论的重要尝试，以马克思所实现的哲学革命和所创立的历史唯物主义理论为基础，该著超越了当代资本主义社会及当代西方政治哲学的思想地平，在“平等权利”的不平等分配与“不平等权利”的平等分配的辩证关系中把握马克思的分配正义理论的核心观念和基本原则。该著的研究对于推动马克思主义政治哲学研究的进一步发展，反思和批判资本文明的政治哲学理论基础，以及进一步探索人类文明新形态的哲学基础而言，都具有重要的理论和现实意义。

一　以历史唯物主义为基础的政治哲学研究

在探究如何建构一种合理形态的马克思主义政治哲学以回应理论和现实的双重挑战时，我们首先需要回答一个前提性问题，那就是我们究竟应该以何种方式来开展政治哲学研究？事实上，当代西方主流政治哲学之所以会对马克思主义观点提出批评和质疑，在很大程度上也与其背后的世界观和思维方式前提密切相关。政治哲学虽然是一种面向人的政治生活和社会生活，与人的社会实践及历史活动密切相关的理论研究，但正如列宁所指出的那样，“问题不在于有没有运动，而在于如何用概念的逻辑来表达它”。[①] 政治哲学研究涉及同样的前提性问题，在这里成问题的并不仅仅是能否捕捉到人类社会所面临的现实问题，而是能否在思维和概念的意义上，以一种历史性的思维方式来形成对现实问题的具体把握。而正是在这里我们可以发现，尽管在西方哲学中有着悠久的政

① 列宁：《哲学笔记》，人民出版社，1993，第216页。

治哲学研究传统，很多政治哲学家似乎也重视以人类社会的历史与现实为出发点来思考政治哲学问题，但很多时候隐藏在具体观点背后的实际上是一种非历史性的、抽象的、还原论的世界观和思维方式。

西方近代政治哲学的兴起为我们今天所熟悉的现代文明、现代国家和现代社会秩序奠定了理论根基，而也正是在近代政治哲学的形成和发展过程中，我们可以清晰地把握到这种非历史性的、抽象的、还原论的世界观和思维方式所发挥的重要作用。在西方社会文明形态由传统到现代的变革过程中，宗教神学的理论体系不断受到逐渐兴起的新科学的挑战，指向城邦、共同体或基督教信仰等以外在性最高目的的社会秩序解释原则已无法满足把握逐渐形成的市民社会的理论需要。在这种情况下，政治哲学研究必然会逐渐转向以人自身为解释原则，以人的天性与人所处的自然环境为出发点来探寻人类社会的应然性秩序。所以我们可以看到，由霍布斯、洛克等思想家所奠定的政治哲学研究思路往往呈现出自然论证的主要特征，即社会状态来源于自然状态，为了克服自然状态中的不便，人们通过订立契约的方式让渡自己的自然权利、同意约束自己的行为并接受主权者的管理，从而从自然状态进入社会状态之中。

虽然从表面上来说，这种研究方式关注到了人类由原始到现代的历史发展过程，但通过深入分析我们就会发现，这里所谓的自然状态实际上并不是通过对社会的历史性回溯所得出的，其也不要求自然状态必须是某种历史上真实存在过的具体状态，自然状态实际上来源于近代思想家们对其所身处其中的现实社会的理论抽象。正如阿尔都塞所指出的那样，“他们反思的不是具体事实的总体，而是某些事实，或者是社会一般”“他们没有建立一种关于现实历史的理论，而是建立了一种关于社会的本质论”。[①] 在这里，最为重要的不是人们的现实生活本身，而是超越于人们的现实生活之上，充当着人们的现实生活的根据、标准和尺度的抽象本质。当罗尔斯复兴近代以来的契约论思想传统，以建构其当代

---

① 〔法〕路易·阿尔都塞：《孟德斯鸠：政治与历史》，霍炬、陈越译，西北大学出版社，2020，第12页。

政治哲学思想体系的时候，他也进一步延续了这一思维方式，并试图以康德主义的方式探寻一种"上升到一个更高的抽象水平"[①] 的正义观。因而总的来说，近现代西方政治哲学都在以非历史性、超历史性的视角解读人类历史，将社会现实还原为社会本质，并将政治哲学的最终目标设定为对抽象观念的研究与探讨。在这一思路之下，政治哲学虽然与人们的现实生活息息相关，但现实的人及其历史发展过程实际上则处在政治哲学研究的视野之外，观念、本质优先于现实。

马克思所实现的哲学革命则为我们超越这种非历史性的、抽象的、还原论的思维方式，为我们超越近现代西方政治哲学的思想地平提供了可能。马克思意识到，当人们试图以抽象观念来解释人类社会的时候，其所把握到的并不是现实的人，而是观念中的、想象中的个人。然而事实上，"事情是这样的：以一定的方式进行生产活动的一定的个人，发生一定的社会关系和政治关系"。[②] 并不是某种超历史性的关于政治和社会的观念决定了人类社会基本秩序，而是人们的物质生产方式归根到底决定着人们的社会交往方式与社会组织方式，生产力的发展推动了分工与交往的发展，推动了所有制形式的不断变化以及政治观念和正义原则的不断发展。马克思所创立的历史唯物主义理论与唯物史观意味着，要"从直接生活的物质生产出发阐述现实的生产过程，把同这种生产方式相联系的、它所产生的交往形式即各个不同阶段上的市民社会理解为整个历史的基础，从市民社会作为国家的活动描述市民社会，同时从市民社会出发阐明意识的所有各种不同的理论产物和形式，如宗教、哲学、道德等等，而且追溯它们产生的过程"。[③]

从历史唯物主义的角度出发，我们就会发现近代政治哲学所形成的一系列政治哲学观念，实际上构成近代以来所逐渐形成的市民社会的理

---

① 〔美〕约翰·罗尔斯：《正义论》（修订版），何怀宏、何包钢、廖申白译，中国社会科学出版社，2009，第 9 页。

② 《马克思恩格斯文集》第 1 卷，人民出版社，2009，第 523~524 页。

③ 《马克思恩格斯文集》第 1 卷，人民出版社，2009，第 544 页。

论表征，而罗尔斯对正义原则的当代探索，实际上也立足于对当代资本主义社会的理论抽象，但它们都将这些人类历史发展的某一特殊阶段的基本原则上升为了理解人类社会政治生活的永恒性本质，因而最终都只能实现对人类社会的抽象性把握。而要想真正形成对分配正义问题的具体的、历史的把握，我们就必须以马克思的历史唯物主义为基础来开展政治哲学研究。事实上，这也是《研究》的基本出发点。《研究》指出："反思资本主义生产的逻辑前提，是把握资本主义分配正义本质的理论前提；缺乏政治经济学—哲学反思的、直观反映经济事实的分配正义，只是对资产阶级政治经济学的抽象还原，而非对社会生产和社会分配的价值引导。"①

因此，《研究》一书的首要特点就在于，其超越了近现代西方政治哲学研究的思想地平，并以马克思所实现的哲学革命和所创立的历史唯物主义为基础开展政治哲学研究，这不仅为揭示资本主义分配正义存在形式上强调"平等权利"与实质上的分配不平等之间的内在矛盾奠定了理论基础，同时也为超越资本主义所建构的以所谓"平等权利"为核心的实质性分配不平等，实现基于对"不平等权利"的把握而达致对分配正义问题的具体的、历史的理解奠定了思想前提。

二 "平等权利"的不平等分配与资本主义分配正义的内在矛盾

以历史唯物主义为基础，《研究》揭示了资本主义分配正义的内在矛盾本性，即资本主义分配正义虽然强调"平等权利"的公平分配、平等分配，然而这种"平等权利"所导向的则是一种实质性的不平等关系。通过对近现代西方政治哲学的理论反思我们可以发现，人与人之间具有平等关系，人人都享有天赋的"平等权利"，这既构成政治制度建

① 涂良川：《马克思政治哲学视域中的分配正义问题研究》，人民出版社，2023，第67页。

构的基本前提，也构成探究分配正义原则的基本落脚点。然而，基于历史唯物主义的研究视域，马克思发现这种所谓的“平等权利”实际上是奠基在资本主义生产方式的基础之上的，是从近代以来所逐渐形成的市民社会中所抽象出来的基本原则，这种“平等权利”实际上掩盖了资本主义社会中的实质性不平等。以此为基础，《研究》建构了一种合理形态的马克思主义政治哲学的批判性向度。

这里的关键点在于，由于未能历史性地理解现实的人及其历史发展过程，很多近现代政治哲学家们没有意识到，他们所把握到的所谓人性的基本前提，实际上并不是人类与生俱来的、永恒不变的超历史性前提，而仅仅是随着资本主义生产方式的形成和近代市民社会的发展才逐渐确立起来的历史性前提。因而和古典政治经济学家对社会经济规律的把握一样，他们都没有意识到，“一些公式本来在额上写着，它们是属于生产过程支配人而人还没有支配生产过程的那种社会形态的，但在政治经济学的资产阶级意识中，它们竟像生产劳动本身一样，成了不言而喻的自然必然性。因此，政治经济学对待资产阶级以前的社会生产有机体形式，就像教父对待基督教以前的宗教一样”。[①] 在这一视域中，生产、分配、交换、消费等环节是相互分离的，生产作为人与自然界之间的物质交换过程，遵循永恒不变的自然规律，不是政治哲学所要关注的对象；交换领域按照市场规律，遵循等价交换原则运行，这是和人与人之间天赋的平等地位、“平等权利”最为相称的交换方式。所以，分配正义所应关注的核心内容，也就是如何以公平的方式，遵循等价交换原则，尊重人的“平等权利”，实现每个人都能获得其劳动所得。《研究》指出，“资本主义生产方式中的‘劳动所得’，是资产者断言的‘公平’分配，是资本主义生产方式基础上唯一‘公平的’分配”。[②]

而马克思则进一步发现，生产和分配之间是辩证统一的，既没有脱离生产、单纯接受生产结果的纯粹分配，也没有脱离分配、只与自然界

① 《马克思恩格斯文集》第5卷，人民出版社，2009，第98~99页。
② 涂良川：《马克思政治哲学视域中的分配正义问题研究》，人民出版社，2023，第109页。

打交道的纯粹生产。分配不仅仅意味着对生产出来的产品的分配，而且同时也是“（1）生产工具的分配，（2）社会成员在各类生产之间的分配”。[①] 而当分配与生产资料直接相关的时候，“分配所体现的社会历史特性也就是生产的社会历史特性。分配不仅具体地体现为人们获得产品的经济方式，更是体现出生产力与生产关系的特质”。[②] 正是在这一思路的引领之下，马克思没有停留在分配领域研究分配问题，而是将研究深入了生产领域，并进而发现剩余价值产生的秘密在生产领域之中。如果我们停留在生产领域之外，那么“这个领域确实是天赋人权的真正伊甸园。那里占统治地位的只是自由、平等、所有权和边沁”，[③] 然而一旦进入生产领域我们就会发现，资本家实际上无偿占有了工人的剩余劳动所生产出来的剩余价值。所以《研究》指出，当以资本主义的方式考虑分配正义问题的时候，其所面对的分配对象本身就已不再是人的劳动本身了，而是在资本主义的物性计量原则之下被均一化的、已被剥夺了剩余价值的“对象化的社会劳动”。[④]“资本主义的分配对象：‘对象化的社会劳动’，不过是维持工人劳动和生产这个劳动的最低总和而已。”[⑤]

更进一步来说，“在资本主义生产逻辑中，资本所有权、土地所有权和劳动力所有权是确立分配对象并进而确立分配份额的根据与前提”[⑥]。以资本主义生产方式为基础，资本主义分配正义所视为前提的“平等权利”，实际上所保障的也不仅是人的权利，而且也是物的权利；既是资本家拥有死劳动的权利，也是以死劳动支配活劳动的权利，因而资本主义分配正义越是强调“平等权利”的重要性，实际上也就越是在保障资产阶级私有制的合法性，以及保障剩余价值的生产与剥削的前提。它以承认人人平等、致力于消除人与人之间的差异性的方式，实际上通

① 《马克思恩格斯文集》第8卷，人民出版社，2009，第20页。
② 涂良川：《马克思政治哲学视域中的分配正义问题研究》，人民出版社，2023，第71页。
③ 《马克思恩格斯文集》第5卷，人民出版社，2009，第204页。
④ 《马克思恩格斯文集》第8卷，人民出版社，2009，第492页。
⑤ 涂良川：《马克思政治哲学视域中的分配正义问题研究》，人民出版社，2023，第94页。
⑥ 涂良川：《马克思政治哲学视域中的分配正义问题研究》，人民出版社，2023，第95页。

过资本的强制力固定化、永恒化了人与人之间的实质差异和不平等。就像马克思在《论犹太人问题》中对政治解放的内在限度的揭示一样，在完成了的政治国家中，人的生活被分裂为天国的生活和尘世的生活，政治上的平等地位掩盖了人们在社会生活中的实质性不平等，与之相类似，资本主义分配正义所强调的“平等权利”也以一种平等的外观不断地创造实质性的不平等。“剩余价值是资本主义发财致富的科学，剩余价值的积累在资本主义的初次分配中就自然地完成了。也就是说，当工人生产出产品的那一刻开始，生产资料的私有权就开始行使其政治特权，实现了价值的转换，形成不平等的分配。”① 只有基于资本主义自身的视域来看的时候，这种分配才是公平的、平等的。一旦从历史唯物主义的角度来考察人们的实际生活过程，这种平等与不平等之间的背反就清晰地呈现出来了。

沿着这一思路出发，我们可以发现不仅近代政治哲学和政治经济学家们无法实现社会的实质平等，而且处在资本主义整体框架之下的当代西方政治哲学研究同样也难以根本性地解决这一分配正义问题。可以看到，以罗尔斯为代表的平等主义政治哲学研究确实关注到了资本主义社会中普遍存在的实质性不平等问题，并希望通过分配正义研究以改变这一现状，但是由于没有深入生产领域中去，没有从现实的人及其历史发展的角度来理解分配问题，这些当代西方政治哲学研究最终只能走向在不颠覆资本主义生产方式的基础上关注再分配问题，以各种具体手段来调节不平等的分配结果，以求能够最大限度地减轻不平等问题的严重程度。然而，由于未能抓住现实不平等问题的社会历史根源，因而这些尝试至多只能构成一种资本主义社会内部的自我调节，而无法真正解决不平等问题、实现分配正义。所以，《研究》指出：“‘形式的平等’与‘实质的不平等’是资本主义最真实的政治写照。资本主义在其制度设计上，以政治的形式平等来论证经济不平等的合法性，以福利平等的方

① 涂良川：《马克思政治哲学视域中的分配正义问题研究》，人民出版社，2023，第158页。

式来缓冲不平等的破坏性后果，以机会平等或运气平等来转移制度不平等后果的政治责任”。①

因此，总的来说，《研究》从历史唯物主义的角度揭露了资本主义“平等权利”背后的实质性不平等及其逻辑根源。“资本主义以自由、平等的交换作为经济运行的原则，产生了一种符合经济理性的平等分配；同时又以生产资料占有权和劳动力支配为基础建构了剩余价值生产的剥削过程，形成一种平等分配下的非正义分配。”②

三 “不平等权利”的平等分配与马克思的分配正义

马克思对资本主义社会所展开的批判性反省，其理论旨趣并不在于简单放弃现存社会的基本原则及其现实表现，而是要在“批判旧世界”中“发现新世界”。就分配正义问题来说，对资本主义分配正义的“平等权利”的不平等分配之本质的揭露，也同样不仅为我们深入理解当代资本主义社会提供了重要的理论窗口，同时也为具体地、历史地解决分配正义问题敞开了理论空间。正是在这一背景之下，《研究》指出，马克思的历史唯物主义的“分配正义就是以‘人的方式’来处理人与人、人与社会关系的分配，它要在现实的分配活动中将‘人的关系和人的世界还给人自身’，是融涵道德判断的制度建制。它不是当下生产力、生产方式与生产关系的理论‘翻版’，而是人对自身关系的科学分析、实践批判与理想规划。它不以抽象的自由设准为前提，而以具体的、现实的自由个性解放为结果”。③ 因此，探究这种以具体的、现实的个人为基本前提，以现实的人的自由解放和全面发展为理论旨归的分配正义理论，也是《研究》建构一种合理形态的马克思主义政治哲学的一个重要方面。

在《哥达纲领批判》中，马克思通过对资本主义权利理论的批判，

---

① 涂良川：《马克思政治哲学视域中的分配正义问题研究》，人民出版社，2023，第151页。

② 涂良川：《马克思政治哲学视域中的分配正义问题研究》，人民出版社，2023，第104页。

③ 涂良川：《马克思政治哲学视域中的分配正义问题研究》，人民出版社，2023，第7页。

提出了“权利就不应当是平等的，而应当是不平等的”① 这一重要论断。《研究》认为：“不平等权利”的平等分配构成马克思的分配正义观的集中表达，“不平等权利”也构成《研究》用以切中马克思的分配正义的核心概念。事实上，正如前文中所分析过的那样，资本主义分配正义所坚持的“平等权利”是建立在市民社会中抽象的原子个人之上的，是一种在理论前提下预先设定出来的先天平等关系，虽然这看似达到了对人类的普遍性把握，但实际上，这里所确立的“平等权利”是一种具有排他性内涵的权利，首先意味着主体拥有排他性的自我所有权和私有财产权，意味着在自我与他者的严格对立中设定主体权利。而“不平等权利”则并不要求将现实生活中的不平等抽象为一种先天的平等关系，而是立足于现实社会的实际情况和历史发展过程，对人与人之间的现实差异性形成具体把握。事实上，这就超越了市民社会永恒化的理论地基，形成了一种在“人类社会或社会化的人类”② 基础上的政治哲学把握。“不平等权利”意味着在人的社会性存在中、在自我与他者的交互关系中所形成的对人的差异性的具体把握，以对这种差异性的把握为基础，我们就不会在抽象同一性的意义上以物的尺度将现实的人齐一化，而是会进一步从人的自由个性的角度出发理解人的自由解放和全面发展。从这一角度来说，实现分配正义也就不是要以“平等权利”来抹杀人的社会性的“不平等权利”，而是以“不平等权利”为基础追寻“不平等权利”的平等分配，从而否定和超越私有财产制度，以具体的、历史的方式实现分配正义。

具体而言，《研究》认为马克思不仅揭示了“不平等权利”的平等分配这一分配正义的基本内涵，而且在关于“按劳分配”和“按需分配”原则的讨论中，马克思也进一步展现了实现分配正义的历史性过程。一方面，“按劳分配”作为刚刚脱胎于资本主义社会的社会阶段的分配原则，虽然其还不可避免地带有资产阶级法权的影子，但是它已经超越了资本主义社会中劳动与资本之间的颠倒关系，超越了资本主义私

---

① 《马克思恩格斯文集》第3卷，人民出版社，2009，第435页。

② 《马克思恩格斯文集》第1卷，人民出版社，2009，第506页。

有制条件下劳动所必然面临的被物化和被异化的基本处境，使劳动、劳动时间和劳动产品都能重新属于劳动者。在根据劳动量进行分配，并在分配过程中充分考虑人的现实差异和不平等状况的条件下，“按劳分配”将不再使劳动成果凝结为可以对他人的劳动进行支配的支配权，资本家通过死劳动所拥有的对活劳动的支配得到扬弃，这就为实现“不平等权利”的平等分配、实现人的自由全面发展奠定了基本前提。另一方面，“按需分配”所指向的首先是人类社会的充分发展，而不是简单地以“按需分配”为具体操作原则来直接改造现存社会。“并不是要以分配原则来实现共产主义，而是要以生产的发展与社会制度的革命来实现达到这一分配原则的前提。”① 当劳动分工及其所造成的人被奴役的状态消失之后，当劳动成为生活的第一需要之后，尤其是在实现社会财富的“一切源泉都充分涌流”的前提之下，以“各尽所能”为前提的“按需分配”必然会成为社会的最高分配原则，这是“财富真正成为人自由与发展基础的分配正义，是超越直观功利与权力逻辑的分配正义，是马克思‘不平等权利的平等分配’的高级形式”。② 事实上，这同时也就意味着马克思所指明的“重建个人所有制”得以充分实现。“重建个人所有制是肯定生活资料个体占有、生产资料的社会公有；肯定个体独立性、社会整体性；关照现实需要、未来发展的物质享有方式。”③ 这就实现了社会占有和个人所有的辩证统一。

更进一步来说，政治哲学研究不仅需要通过保持与日常生活之间的“间距”以实现对现实社会的理论反省，同时政治哲学也需要与具体的社会实践相内在关联，以使哲学层面上的理论和价值能够具体落实到生活中来。《研究》同样也对政治哲学的这一重要特征有明确的理论自觉，其不仅对马克思思想中的分配正义内涵及其如何实现的历史性过程进行了全面把握，而且也从事实与价值相统一的角度出发，探讨了马克思分

① 涂良川：《马克思政治哲学视域中的分配正义问题研究》，人民出版社，2023，第 192 页。
② 涂良川：《马克思政治哲学视域中的分配正义问题研究》，人民出版社，2023，第 203 页。
③ 涂良川：《马克思政治哲学视域中的分配正义问题研究》，人民出版社，2023，第 204 页。

配正义走向现实的具体实践路径。《研究》强调，实践马克思的分配正义需要从以下各方面进行具体关注：要在初次分配中实现生产正义，并在此基础上在再分配领域中实现社会平等；在分配正义的实践过程中要重视人所面对的非选择性不利条件，以互惠和共享的方式尽量消除非选择性不利条件在分配中所造成的影响；要从内外部相协调的角度妥善处理公平与效率之间的矛盾；要保障社会阶层的流动性和机会平等。在这里，这些探讨在一定程度上与当代西方平等主义政治哲学诸思想流派——如关系平等、能力平等、机会平等、运气平等——的探讨之间有重叠之处，事实上，这正体现了一种合理形态的马克思主义政治哲学所具有的一个重要特点，那就是虽然马克思的分配正义从理论基础上超越了近现代西方政治哲学的理论地平，但这种超越并不是一种简单的放弃，而是辩证性的扬弃。“马克思分配正义的理论旨趣不再简单是维护某种特定阶级的经济与政治利益，而是实现人的实质自由与实质平等，使人真正获得社会发展的现实成果，享受能实现自由个性的基本物质保障。或者说，在马克思看来，分配正义既需要具体还原社会个体自然的差异、社会的处境、自我的努力，又需要现实地观照社会总体发展与个性实现之间的冲突与协调。”①

所以，马克思的分配正义首先意味着以一种变革后的世界观和思维方式重新展开对人类社会所面对的不平等问题的历史性审视，在由理论通往实践的过程中，其既不意味着对西方理论的全盘放弃，也不意味着对现有基础的无差别继承，而是以解释原则和概念框架的变革为基础，在直面现实的人及其历史发展过程的同时，充分占有人类思想史上的各种优秀成果，从而开显具体地、历史地解决分配正义问题的现实空间。事实上，这就为我们思考如何回应当代西方政治哲学对马克思观点的批评和质疑，如何处理好马克思主义政治哲学研究与当代西方政治哲学研究之间的关系，进而以马克思的立场、观点、方法为基础思考和解决分配正义问题，提供了可资借鉴的理论思路。

---

① 涂良川：《马克思政治哲学视域中的分配正义问题研究》，人民出版社，2023，第164页。

学术书评

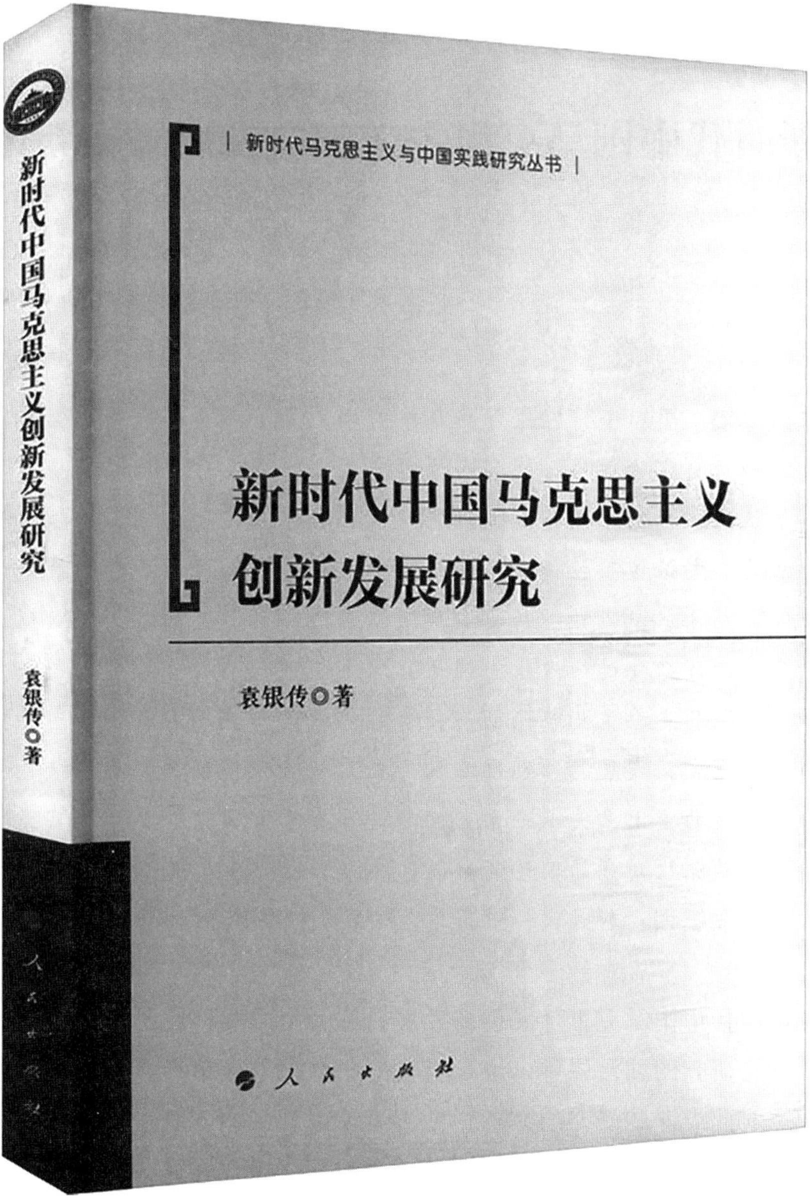
新时代中国马克思主义创新发展研究
袁银传◎著
人民出版社
新时代马克思主义与中国实践研究丛书
新时代中国马克思主义
创新发展研究
袁银传◎著
人民出版社

新时代中国马克思主义创新发展研究新论

——评袁银传《新时代中国马克思主义创新发展研究》

朱传棨*

摘　要：坚持理论创新是中国共产党百年奋斗取得重大成就的历史经验之一。只有通过不断深化对党的理论创新的规律性认识，我们才能在新时代新征程上取得更丰硕的创新性理论成果。袁银传教授著的《新时代中国马克思主义创新发展研究》一书，从理论、历史、现实三者统一的整体维度，深入研究了为什么要进行当代中国马克思主义理论创新、怎样进行当代中国马克思主义理论创新、新时代中国马克思主义创新对于马克思主义发展的原创性贡献何在、新时代中国马克思主义创新发展的重大意义等一系列问题，具有重大理论意义和现实意义，是深化对党的理论创新规律性认识的精品力作。

关键词：新时代；中国马克思主义；整体性

新时代中国马克思主义创新发展研究，是当前马克思主义中国化时代化理论研究的前沿课题，也是当代中国式现代化建设实践要求的热点问题。对此类课题研究的文章，见于诸种报刊为数不算少，但多数文章是以某一个维度或某一个层面对新时代中国马克思主义创新发展问题进行叙述性阐释，而在理论深度、维度的完整性、系统性及学术意义等方

---

* 朱传棨，武汉大学哲学学院教授，中国马克思恩格斯研究会顾问，主要研究方向为马克思主义哲学史。

面还很不足。

武汉大学马克思主义学院袁银传教授著的《新时代中国马克思主义创新发展研究》（人民出版社 2023 年 12 月出版），则弥补了上述不足。该著从理论、历史和现实三者统一的整体维度和系统方法，深刻地揭示和研究了新时代中国马克思主义创新发展的时代背景、理论前提、内在逻辑、基本经验、基本路径、历史意义等。该著主题鲜明、内容丰富、思想深刻、逻辑严谨、论述清晰，做到了历史与现实、理论与实践、当代与未来等有机结合，既具有全面性、系统性和创新性，又具有较强的实践性和可读性，是理论水平较高和很有学术价值的佳作。

一　剖析时代背景阐明新时代意涵

该著关于新时代中国马克思主义创新发展的时代背景研究，内涵丰满深刻，富有新意，研究方法新颖。

首先，著者依据习近平总书记关于"当今世界正在经历百年未有之大变局"[①] 和"当前，世界百年未有之大变局加速演进"[②] 的科学论断，深刻阐明了"当今世界百年未有之大变局"三个层面的基本含义，认为当今世界百年未有之大变局的集中表现，是当今西方逆全球化思潮的滥觞和张扬，并从经济、政治、文化、社会和生态五大领域逐一进行揭露和批判，为制定应对西方逆全球化思潮的中国方案奠定了思想理论前提。著者明确指出："仅在道义上对逆全球化思潮进行揭露和声讨是远远不够的，还要积极推动构建人类命运共同体，主动引领全球治理体系变革，寻求解决逆全球化思潮问题的科学方法与正确战略。"[③] 要按照习近平总书记关于科学观察时代、把握时代大势、引领时代前进的重要论述，以及习近平总书记提出的，包括联合国在内为国际普遍认同的、推动构建

---

① 《习近平谈治国理政》第四卷，外文出版社，2022，第 227 页。

② 《习近平谈治国理政》第四卷，外文出版社，2022，第 533 页。

③ 袁银传：《新时代中国马克思主义创新发展研究》，人民出版社，2023，第 20 页。

人类命运共同体和多项全球倡议，讲好中国故事，传播中国声音，积极展现、倡导和推行中国智慧、中国方案的合理方略。

其次，该著对中国特色社会主义进入新时代的研究很有开拓性和创新性。著者依据习近平总书记关于中国特色社会主义进入新时代和社会主要矛盾新变化的重要论述，运用唯物史观的历史辩证方法，分析考察了社会主要矛盾新变化的主要根据，科学阐明新时代确切意涵。著者深刻指出，第一，“新时代”并不是从“社会形态”的角度揭示的大的历史时代；第二，“和平和发展”不是指时代，而指的是时代的问题或主题，于此，“新时代”不是指“和平和发展”；第三，“新时代”更不是指当代的资本主义。著者引用习近平总书记关于新时代的重要论述，“党的十九大作出中国特色社会主义进入新时代这个重大政治论断，我们必须认识到，这个新时代是中国特色社会主义新时代，而不是别的什么新时代”,① 明确“新时代”是特指“中国特色社会主义进入新时代”，强调习近平总书记这个重大政治论断的理论意义、实践意义和深远的历史意义，在于保证我们党的执政和发展永葆强盛活力。

著者在阐明新时代内涵的确切所指之后，继而对新时代我国社会主要矛盾的新变化、进入新时代初步解决的难事以及事关长远的大事、要事，进行系统分析和深入研究，论证了新时代中国马克思主义解决我国社会矛盾的基本方案，从而对马克思主义矛盾学说予以丰富和发展。著者依据习近平总书记关于“江山就是人民，人民就是江山”② 著名论断，论证了新时代中国马克思主义集中体现人民群众实践创造的经验和智慧的有关重要问题。认为新时代中国马克思主义创新发展是植根于人民和依靠人民的，集中反映了人民群众的根本利益，同时也集中表达了人民群众对日益增长的美好生活的诉求。著者还明确指出，人民群众的根本利益和价值诉求，就是新时代中国马克思主义理论创新的出发点、立足点和最终归宿。

---

① 《习近平谈治国理政》第3卷，外文出版社，2020，第70页。

② 《习近平谈治国理政》第4卷，外文出版社，2022，第63页。

二　以历史辩证法阐明理论前提

该著依据习近平新时代中国特色社会主义思想，专门研究和阐述了新时代中国马克思主义创新发展的理论前提的有关问题，并运用理论、历史、现实相统一的历史辩证法，开拓性地阐明了有关论题。著者提出始终坚持马克思主义基本原理不动摇的论断，蕴含两点意义。一是始终坚持马克思主义不动摇的思想基础是对马克思主义的坚定信仰，二是始终坚持马克思主义不动摇的基本要求是结合历史实际运用它。所以，著者认为，始终坚持马克思主义不动摇，既是新时代中国马克思主义创新发展的理论前提，同时也是推进马克思主义中国化时代化的理论前提。而对它的落实集中体现为“两个结合”的创新成就。

著者认为，始终坚持马克思主义不动摇，首要之点，是新时代中国马克思主义创新发展，要遵循马克思主义基本原理，反对把马克思主义基本原理片面化和教条化，马克思主义基本原理的本质属性和理论品格，在于它是开放性的发展着的活的理论，不是一成不变的凝固的东西。马克思主义基本原理是随着社会革命实践的发展而不断发展着的，它是研究工作的指南，不是裁剪历史事实的公式，更不是制造体系的工具，著者并引证恩格斯的原话予以加深论证。

新时代中国马克思主义创新发展，不能脱离马克思主义基本原理。马克思主义基本原理既是马克思主义创新发展的理论前提，也是马克思主义创新发展的理论基础。

首先，创新发展必须遵循马克思主义基本原理的开放性、发展性和实践性的原则要求。新时代中国马克思主义创新发展，正是在科学回答“中国之问、世界之问、人民之问、时代之问”，及其在深刻而具体地研究社会主义建设实践基础上进行的。新时代中国马克思主义创新发展，既彰显了马克思主义基本原理的真理光辉，又实现了马克思主义中国化的新飞跃。新时代中国马克思主义创新发展，创立了习近平新时代中国特色社会主义思想，其中提出的一系列新理念、新思想、新战略，从理论和实践上科学回答了有关党和国家事业发展、治党治国理政等一系列重大时代课题，深化了中国共产党人对共产党执政规律、社会主义建设规律、人类社会发展规律的认识，是当代中国马克思主义、21世纪马克思主义，是全面建设中国式现代化社会主义强国的理论指南和行动纲领。

其次，坚持马克思主义基本原理不动摇，是推进马克思主义中国化时代化的前提，因而要求既要有坚定的马克思主义信仰，又要有创造性的运用于客观实际的理论品格。马克思主义基本原理不是拿在手中炫耀的绝对真理，而是供进一步研究的方法和行动的指南。中国共产党人自从接受马克思列宁主义起，就始终坚定地坚持马克思主义基本原理不动摇，并在批判社会改良主义、假社会主义和教条主义战斗中，创造性地把马克思主义基本原理同中国具体实际和中华优秀传统文化相结合，使马克思主义中国化时代化，进而创立了毛泽东思想和邓小平理论，形成了“三个代表”重要思想和科学发展观，创立了习近平新时代中国特色社会主义思想。新时代中国马克思主义的创新发展，就是在马克思主义中国化的历程中实现的。习近平新时代中国特色社会主义思想是马克思主义中国化时代化的最新成果，是中华文化和中国精神的时代精华，是新时代中国马克思主义创新发展的光辉体现，为引领全党全国各族人民建设社会主义现代化强国、实现中华民族伟大复兴而团结奋斗，给予了理论指引和行动纲领，我们必须长期坚持并不断发展。

最后，新时代中国马克思主义创新发展的当下最新表现，就是“两个结合”。因此，著者提出，坚持马克思主义基本原理不动摇表现为“两个结合”。中国共产党具有成功运用马克思主义基本原理的宝贵经验。在中国特色社会主义建设新时代的历史条件下，习近平同志创造性地提出“两个结合”的重大意义。他在党的二十大报告中指出：“只有把马克思主义基本原理同中国具体实际相结合、同中华优秀传统文化相结合，坚持运用辩证唯物主义和历史唯物主义，才能正确回答时代和实践提出的重大问题，才能始终保持马克思主义的蓬勃生机和旺盛活力。”① 这里蕴意深刻。第一，“两个结合”中国共产党百年来思想建党、理论强党宝贵经验的科学总结，是马克思主义中国化时代化的新发展、新成就。第二，“两个结合”是指引新征程、回答建设什么样的社会主义现代化强国、怎样建设社会主义现代化强国的理论根据、实践基础、发展动力和根本途径等问题。第三，“两个结合”是永葆马克思主义生机活力的根基和源泉。为此，著者认为，新时代中国马克思主义理论创新是在坚持和发展马克思主义、不断推进马克思主义中国化时代化的实践过程中，积累了十条重要的历史经验。著者创造性地深刻阐明十条重要的历史经验之后，又着重分析、研究和论述了中国马克思主义理论创新的必要条件、实践基础和根本任务等问题，指出解决问题是理论创新的根本任务，也是理论创新的逻辑起点和内在动力。并进一步揭示了新时代中国马克思主义理论创新具有的理论连续性和发展广泛性，及其强烈的时代现实性和实践性。为此，著者以广阔的视野和整体方法，概括出四大方面的问题，阐明新时代中国马克思主义理论创新面临的重大问题和承担时代任务与历史责任。

该著第二章的最后一节“不断推进马克思主义中国化时代化”问题，其中着重就马克思主义中国化和时代化过程中，分别在“两化”过程如何进行理论创新问题，进行深刻研究和阐述。

三　深入揭示新时代中国马克思主义创新发展的基本经验

该著第三章，系统总结和深刻揭示了新时代中国马克思主义创新发展的基本经验。著者以唯物史观和历史辩证法，对新时代中国马克思主义创新发展的基本经验概括的四点，思想深刻、很有新意，彰显了马克思主义基本原理本质属性和理论品格的要求。

① 习近平：《高举中国特色社会主义伟大旗帜　为全面建设社会主义现代化国家而团结奋斗——在中国共产党第二十次全国代表大会上的报告》，人民出版社，2022，第 17 页。

第一，著者提出并阐述了“坚持培元固本与守正创新的统一”问题，著者说：“坚持培元固本与守正创新的统一，是中国共产党人百年奋斗取得重大成就的基本经验。所谓培元固本，就是始终坚持马克思主义基本原理不动摇。所谓守正创新，就是结合当今时代……努力推进马克思主义基本原理同我国现实具体的发展状况相结合，同世界起伏跌宕的时代条件相结合，同中华优秀传统文化相结合……实现马克思主义理论与中国实践的双向互动与双重创新。”① 并进一步从哲学世界观方法论、政治经济学、科学社会主义层面，分析论证了培元固本与守正创新的统一，对推进马克思主义中国化时代化具有重大意义，从而彰显了马克思主义理论人民至上性、马克思主义是实践的理论、是与时俱进发展着的创新理论。

第二，著者提出“实现理论创新与实践创新的良性互动”，并依据习近平新时代中国特色社会主义思想的新论点、新方略实施的指引，从六个方面对二者的良性互动作了科学论证。一是提出实现中华民族伟大复兴中国梦的重要论述；二是提出以中国式现代化全面推进中华民族伟大复兴的重要思想；三是提出精准扶贫、精准脱贫的基本方略；四是提出“绿水青山就是金山银山”的价值理念；五是提出中国共产党“自我革命”思想；六是提出构建人类命运共同体的重要论述。对以上六点概括，显示出著者思想深刻、论证翔实、逻辑严谨、方法得当，很有启迪性和创新性，值得学习和称赞。

第三，著者提出“理论创新与理论武装相结合”，应该说这是对马克思说的“哲学家们只是用不同的方式解释世界，而问题在于改变世界”② 的成功运用。掌握马克思主义并不像手中掌握的古董天天欣赏那样，而是进行实践活动的工具，既要把理论创新武装全党，更要大力武装广大群众，群众的创造性实践活动，为理论创新建立起实践基础和动力之源。所以，著者指出高度重视理论创新和理论武装是中国共产党百

---

① 袁银传:《新时代中国马克思主义创新发展研究》，人民出版社，2023，第115~116页。

② 《马克思恩格斯选集》第1卷，人民出版社，2012，第140页。

年奋斗取得重大成就的基本经验，也是新时代理论武装首要的重大意义。著者对新时代理论武装的实施和重大意义，从中国共产党发展历史的过程中，分三点进行了深刻、翔实而具体的阐明。著者认为，正是由于中国共产党始终坚持理论武装和理论创新交互作用，坚持认识世界和改造世界的有机结合，才能在全党上下确保思想引领、精神指引及前进方向的高度统一，为党的总体建设和发展、为中国式现代化社会主义国家事业创造生机勃勃、欣欣向荣发展的光辉局面。最后第四点，著者明确指出，理论创新的根本归宿在于党的指导思想创新。为此，在该著第三章立专节作了全面而深入的论述。

四　伟大的理论和实践之历史意义

该著的最后一章，即第五章“新时代中国马克思主义创新发展的历史意义”，集中论述了新时代中国马克思主义创新发展的成果——习近平新时代中国特色社会主义思想，在马克思主义发展史、科学社会主义发展史、中华民族复兴史、中国式现代化社会主义建设史上均具有重要的历史意义，特别是推进马克思主义中国化时代化、创造性地提出两个“结合”的理论意义和实践意义更为重要。为此，著者以四大节的篇幅进行了全面、深刻翔实的阐明。

首先，著者从中国特色社会主义进入新时代及其在新时代如何坚持和发展的维度，科学论证了习近平新时代中国特色社会主义思想是当代中国马克思主义。该著认为，习近平总书记结合新时代的历史条件和要求，运用马克思主义解决当代中国的理论问题和实践问题的过程中，创造性地提出一系列具有新时代特点的马克思主义新思想、新观点、新方法、新理念、新方略，为马克思主义增添了新内容，把马克思主义中国化时代化推进了新境界。对此，著者进一步从哲学、政治经济学、科学社会主义和当代中国社会主义建设事业的实践等方面，进行了历史的、理论的和现实的阐明。

其次，著者依据回答新时代“四大问题”之间，深刻论证了习近平新时代中国特色社会主义思想是21世纪马克思主义。作为21世纪马克思主义，习近平新时代中国特色社会主义思想回答了“中国之问、世界之问、人民之问、时代之问”这些事关马克思主义发展的根本性问题，即回答了“什么是中华民族伟大复兴、怎样实现中华民族伟大复兴”的中国之问，回答了“世界怎么了、我们怎么办”的世界之问，回答了“什么是美好生活、怎么实现美好生活”的人民之问，回答了“怎么始终走在时代发展前列、引领时代发展”的时代之问。著者还进一步论证了作为21世纪马克思主义，习近平新时代中国特色社会主义思想为人类文明发展注入新的理念。在理论原则上，首先，揭露西方中心主义文明观的本质，强调用唯物史观替代文明史观；其次，揭露西方文明输出的霸权主义逻辑，强调用文明交流对话代替文明价值输出。在实践方略上，一是提出了促进人类文明发展和进步的价值准则，二是提出了促进人类文明发展和进步的实践途径，三是打开了两种制度和平共处的新的空间。著者在“中华文化和中国精神的时代精华”专节中，通过历史、理论和现实的结合，论证了习近平新时代中国特色社会主义思想，既是中华文化的时代精华，同时也是中国精神的时代精华。并进一步指出，作为中国精神的时代精华是以“坚持真理、坚守理想”为基础，以“践行初心、担当使命”为核心，以“不怕牺牲、英勇斗争”为动力，以“对党忠诚、不负人民”为宗旨。论述的深刻全面，很有创意。

在该著第五章第四节“中华民族伟大复兴的行动指南”，著者依据新时代基本特点和要求，阐明了习近平新时代中国特色社会主义思想历史意义，是为中华民族伟大复兴的重大问题，提供了科学的理论指南和切实的实践方略。著者从六大方面进行了具体的论证：第一，明确了中华民族伟大复兴所处的历史方位；第二，明确了中华民族伟大复兴面临的发展环境；第三，明确了新时代中华民族伟大复兴的总体目标和战略安排；第四，明确了中国特色社会主义是实现中华民族伟大复兴的必由之路；第五，明确了党的领导是实现中华民族伟大复兴的根本保证；第六，明确了以中国式现代化推进中华民族伟大复兴。

通看全书，这是一部立意深远、视野开阔、观点新颖、逻辑严密、现实感强，从历史、理论、现实三者统一的整体维度，深入研究当代中国马克思主义创新发展规律的力作。

马克思
与
孔夫子
一个历史的相遇
何中华 著
中国人民大学出版社

从“儒马会通”到“儒家马克思主义”

——评何中华《马克思与孔夫子：一个历史的相遇》

冯 波*

摘 要：“儒马会通”要解决的是新中国前后两大主导意识形态之间的一贯关系问题，它也是何中华教授《马克思与孔夫子》一书要解决的核心问题。这个问题的解决既能够推进中国式现代化，也能够有助于马克思主义中国化。该著指出了“会通”的两个层次：一是马克思主义普遍原理与中国特殊文化相结合；二是儒学与马克思主义创造性地融合为一。这就要求超越“中西体用”关系，强调互为主体的“相化”过程，其最终的结果就是“儒家马克思主义”。它是一种融合本民族特色文化的马克思主义，同时也能够成为世界马克思主义的未来范式。但“儒家马克思主义”研究需要更加关注唯一经历现代化、并尝试解决西方现代性问题的现代新儒家思想。儒学第三期发展不应该仅仅是国际化、全球化这种量上的扩展，更应该是与马克思主义社会批判理论相结合的质的提升。

关键词：儒马会通；儒家马克思主义；儒学第三期；何中华；《马克思与孔夫子》

让马克思与孔夫子跨越时空地来一场相遇，或者在马克思主义与儒

* 冯波，山东大学易学与中国古代哲学研究中心暨哲学与社会发展学院教授，主要研究方向为马克思与中西传统，《资本论》与社会批判理论。

学之间相互会通、比较，自五四新文化运动以来就是中国一项极具重大现实意义的理论难题，新中国成立以后更是如此。前有郭沫若“马克思进文庙”的精彩文章，后有习近平总书记关于“第二个结合”的重要论述。马克思主义与儒学，一个是1949年新中国成立以后的主导意识形态，一个是两千多年来传统中国的主导意识形态。那么这两个时代的主导意识形态之间的关系究竟如何呢？这也正是何中华教授《马克思与孔夫子：一个历史的相遇》想要解决的核心问题。

一 “儒马会通”的重要性

梁漱溟在1967年起笔撰写《中国——理性之国》一书，就是在极力主张儒学与马克思主义的相通，这是延续中国道统之“一以贯之”的必然要求，正如研究者所言，“《理性之国》则是论证新中国的道统，将之同老中国之道统积极联系起来的作品”。[①] 即便是对“儒马会通”问题持有否定态度的徐复观，也不得不承认该问题的重要性。他说：“从一个人的思想能直接给予政治的影响说，古今中外，也只能提出孔子与马克思可以相提并论。”[②] 对世界而言，一个哲人的思想能够直接影响政治的，唯有孔子与马克思可以做到。对中国而言，一个哲人的思想能够对整个国家的政治、经济、文化产生最深刻的、最全面影响的，恐怕也就只有孔子与马克思了。

贺麟说：“在思想和文化的范围里，现代决不可与古代脱节。任何一个现代的新思想，如果与过去的文化完全没有关系，便有如无源之水、无本之木，绝不能源远流长、根深蒂固。文化或历史虽然不免经外族的入侵和内部的分崩瓦解，但也总必有或应有其连续性。”[③] 一个新的主导

---

① 丁耘：《儒家与启蒙：哲学会通视野下的当前中国思想》，生活·读书·新知三联书店，2020，第164页。

② 徐复观：《儒家思想与现代社会》，九州出版社，2014，第234页。

③ 贺麟：《文化与人生》，上海人民出版社，2018，第11页。

性意识形态如果与旧的主导性意识形态没有任何连续性，那么它就是毫无根基或没有“里子”支撑的东西，很难稳固而长远。反过来说，既然一个新的主导意识形态已经根深蒂固，那么它必然有旧的主导意识形态的根基或支撑，而不管人们是否真的意识到这一点。

马克思主义强调现实，但中国的现实与儒学是深刻地联系在一起的。正如姚新中所言，“不考虑儒学，对中国和东亚的认识就是片面的、肤浅的”。[①] 因为儒学已经成为中国人的文化惯性，一个人只要还是中国人，哪怕口头上极力反对儒学，但在生活中却还无意识地在贯彻着儒家思想。就像何中华教授所说，“儒学传统已经深入到中国人的生命和血脉之中，甚至成就中国人在文化意义上的自我”。[②]

例如，儒家讲“尊尊”，我们现在还是把“尊敬师长”作为美德，即便现在开始强调人格平等，但是现代中国人也很难像西方人那样对自己的老师、长辈直呼其名。再比如，马克思与西方马克思主义者批判物象化问题，即现代社会的“去人格”化、“对事不对人”化，但物象化问题究竟在多大程度上与当代中国现实是相关的呢？当代中国当然在很大程度上在“对事不对人”化，我们将之称为“现代化”；但也有不少“对事不对人”化的制度只是对“外”（即小圈子之外）、对“卑”（即社会地位低于制度执行者）的时候才会起作用。

可以说，“亲亲尊尊”的儒家思想之于中国的现代化是一个既阻碍又促进的、尴尬的思想资源。说它是对现代化的一种“阻碍”，因为“亲亲尊尊”意味着讲人情、讲情理，注重人格关系的建立；这是与“对事不对人”化相对立的。说它是对现代化的一种“促进”，因为讲“情理”的儒学恰恰构成了对西方式现代化片面强调“物理”的一种矫正。因为物象化意味着以物与物的关系（如商品与货币的关系）抽掉了人与人的关系，或者说人与人之间的关系恰恰要建立在物与物之间的关系基础上，因而人必须服从于非人格的、物的规律，如价值规律、金融

---

① 〔英〕姚新中：《儒学导论》，刘健译，中国人民大学出版社，2022，第 231、232 页。
② 何中华：《马克思与孔夫子：一个历史的相遇》，中国人民大学出版社，2021，第 32 页。

财政规律或股市规律等，从而使人沦为社会总过程的旁观者。

牟宗三说，“理性自始即客观地向外延方面施展，而其客观的落实处即在那些形式概念之建立，故形式概念所成的纲维网一旦造成，理性即归寂而无着处”。[1] 抽掉“情理”的、“去人格”化的社会关系只是一个外在的、客观的“空架子”，故而消除或否定人自身的意义与价值。比如，货币清除了人本身固有的价值，并将人的价值转化为货币的价值。正如马克思所说，“货币的特性就是我的——货币占有者的——特性和本质力量。因此，我是什么和我能够做什么，决不是由我的个人特征决定的”。[2] 而强调“亲亲尊尊”的儒学，其现代使命就是使“对事不对人”化的社会关系得到情理的“浸润”，重建人格关系，使被抽掉或遗忘的人与人之间的关系从“物的外壳”中重新显现出来。

现当代新儒家要做的事情何尝不是马克思主义的历史任务？马克思的“自由人的联合体”正是个人以共同体的方式掌握社会生产力，而不是让生产力成为控制人的、非人格的力量，“个人力量（关系）由于分工而转化为物的力量这一现象……只能靠个人重新驾驭这些物的力量，靠消灭分工的办法来消灭。没有共同体，这是不可能实现的”。[3] 可见，马克思的共产主义要求的也是在物的关系基础上重建人格关系，这一点与现当代新儒家的理论要求无异。

可见，一方面是作为新旧中国的主导意识形态，马克思主义与儒学之间必须相互融通，否则新的主导意识形态很难源远流长、根深蒂固。另一方面，无论是在儒学还是马克思主义看来，现代化应该是人格关系浸润在物的结构之中的，因此“儒马会通”定然带来的是迥然不同于西方式现代化的不同道路（中国式现代化），定然形成现代文明的一种新形态（人类文明新形态）。这些应该正是《马克思与孔夫子：一个历史的相遇》一书，乃至当代中国学界通过不同途径主张和研究“儒马会

---

① 牟宗三：《政道与治道》，吉林出版集团有限责任公司，2010，第147页。

② 《马克思恩格斯文集》第1卷，人民出版社，2009，第244页。

③ 《马克思恩格斯文集》第1卷，人民出版社，2009，第570~571页。

通”的重要背景和理由。

二　如何“儒马会通”？

但“儒马会通”的关键问题或最大难题恰恰是：什么是“会通”？以及如何“儒马会通”？对前一个问题的解答，决定了后一个问题的答案。该著认为“会通”分为两个层面。

1. “会通”意味着普遍与特殊的相互契合

正如他所言，“不同文化传统及作为其各自产物的思想体系之间的‘会通’，首先意味着‘普遍-特殊’层面上的同构。”① 因此，“儒马会通”的第一个途径就是马克思主义普遍原理与中国特殊文化相结合。

那么，为何要在“普遍-特殊”意义上进行“儒马会通”呢？

首先，以儒学为核心的中国特殊文化也是“中国具体实际”的一部分，马克思主义只有与中国具体实际相结合才是具体的、“活”的马克思主义。正如该著所言，“马克思主义同中国传统文化包括儒学的会通，乃是它在中国‘活’起来的不可无视的绝对前提”。② 与中国特殊文化（特别是占主导地位的中国儒学）有机融合的马克思主义，才是马克思主义的中国样式，而不是一个机械地拼接到中国社会、政治、文化之中的外来之物。也因此，中国马克思主义才会具有改变中国现实的实践力量。

其次，“儒马会通”意味着：马克思主义在中国是有传统文化、传统心理支撑的理论体系，如此才不会是无源之水、无本之木，因此才会有强大的生命力。该著讲道：“要想真正理解马克思主义何以能够来到中国，并在中国的土壤中扎根、发芽、开花并结果，能够内在地‘化’为中国文化传统的一个有机部分，也无法回避对于马克思与孔夫子之间

---

① 何中华：《马克思与孔夫子：一个历史的相遇》，中国人民大学出版社，2021，第 90 页。
② 何中华：《马克思与孔夫子：一个历史的相遇》，中国人民大学出版社，2021，第 80 页。

的思想交集和融通作出恰如其分的解释。"① 马克思主义只有内在地化为中国文化传统的一个有机组成部分，才会在中国源远流长，才会成为当代中国的主导意识形态。由此，中国马克思主义才不是单纯的、简单的"马克思主义在中国"，而成为与中国特殊文化（特别是中国儒学）水乳交融、有机结合在一起的马克思主义。

最后，"儒马会通"在实践上已经是实然，而只是理论阐释已经落后于实践而已。正如该著所说："我们没有办法回避这样一个基本的历史和文化事实，这就是马克思主义同儒学这两种学说在实践层面上早已实现了接触与融汇，这本身就意味着二者总是存在着某种类似的理路，存在着某种同构性，这是它们会通之可能的内在根据。"② 正是因为马克思主义已经成为当代中国的主导意识形态，所以可以反向推出一个结论，即马克思主义与作为中国最重要的传统文化的儒学之间本来就是相通的。马克思主义中国化的实践，已经走在了儒马理论会通的前面；为了使理论切中现实，我们有必要将儒马之间的理论会通阐明清楚。该著明确说道："在马克思主义同儒学的会通和融合方面，我们所面临的已不再是'是否可能'的问题，而仅仅是'如何可能'的问题，因为实践和历史事实早已回答了前一个问题，后一个问题则有待于我们从理论上作出诠释、给出理由。"③ 由于实践已经证明了"儒马会通"的可能性、可行性，因此似乎没有必要纠结于二者"能否会通"的问题，而更应该思考的是如何在理论上阐明其会通的可能与可行。

然而历史事实是，无论是"新文化运动"还是"破四旧运动"，中国的不少马克思主义者不断地在强调儒马之间的对立，直到现在仍有大量学者持有这样的观点。徐复观、牟宗三、李明辉等海外新儒家也坚决地反对儒学与马克思主义之间的相通。阅读他们的著作，我们每每都能感受到他们对1949年以后儒学在大陆沦丧的扼腕叹息。然而，该著认为

① 何中华：《马克思与孔夫子：一个历史的相遇》，中国人民大学出版社，2021，第4页。
② 何中华：《马克思与孔夫子：一个历史的相遇》，中国人民大学出版社，2021，第2页。
③ 何中华：《马克思与孔夫子：一个历史的相遇》，中国人民大学出版社，2021，第3页。

儒学与马克思主义之间的对立是虚假的，是将马克思主义有意识地打造成为启蒙话语的结果，“从总体上说，马克思主义与儒学在自觉的意识层面更多地表征为冲突，而在不自觉的无意识层面更多地表征为会通”。[①] 也就是说，儒马对立是在自觉的意识层面上进行的，但在不自觉的无意识层面上则表现为“会通”（特别是在中国人“前反思”的生活实践中，儒学是“理所当然”的）。现在要做的就是把不自觉的无意识层面上的“会通”，提升到自觉的意识层面上。这也是新时代留给马克思主义与儒学研究者的历史使命。

2.“会通”的另一层次就是“创造性地融合为一”

该著提及“‘会通’还有另一层含义，亦即相互诠释和互相发明的关系。因为‘会通’不仅仅是契合，还包括创造，即新的意义的生成。它在本质上是建构性的”，“这无疑是更高意义上的‘会通’。马克思主义与儒学的会通，其结果就类似于马克思所谓的‘融合成一个新范畴’，也就是使马克思主义与儒学彼此之间相互扬弃，其结果既是儒学的现代化，又是马克思主义的本土化”。[②] 也就是说，儒学与马克思主义都不是一成不变、故步自封的理论体系，它们彼此之间正在相互影响、互相融合，并且逐渐融合为一。“相互融合”成为推动儒学现代化与马克思主义中国化的重要途径。

因此，必须以“儒马会通”取代“中西体用”的原有模式。“要真正了解并把握马克思同孔夫子的历史性相遇，以及他们所代表的马克思主义和儒家学说之间的会通，只有跳出中西体用的窠臼才是可能的”。[③] “体”即“本体”“本然”；“用”即“功用”“显现”。不管是中体西用（张之洞）还是西体中用（李泽厚），实际上都躲不开中西文化之间外在“嫁接”的问题。正如贺麟所说：“因中学西学各自成一整套，各自有其体用，不可生吞活剥，割裂零售。且因体用不可倒置，西学之体搬到中

① 何中华：《马克思与孔夫子：一个历史的相遇》，中国人民大学出版社，2021，第5页。

② 何中华：《马克思与孔夫子：一个历史的相遇》，中国人民大学出版社，2021，第90~91页。

③ 何中华：《马克思与孔夫子：一个历史的相遇》，中国人民大学出版社，2021，第29页。

国来决不会变成用，中学之用，亦决不能作西学之体”。[①] 体与用本是一个整体，中体开不出西用，西体也开不出中用；而所谓“中体西用”或“西体中用”，只不过是将中西文化外在地、机械地拼接在一起而已。相反，贺麟主张：中国文化的转向不是“西化”而是“化西”，“所谓‘化西’，即是自动地自觉地吸收融化，超越扬弃西洋现在已有的文化。但须知这种‘化西’的工作，是建筑在深刻彻底了解西洋各部门文化的整套的体用之全上面”。[②] 也就是说，“化西”就是要以中国文化为本位，彻底消化吸收西方文化之优长，将之成为中国文化中的一个有机部分。

尽管贺麟的“化西”之说相比“中西体用”之说更加强调中西文化的内在关系、有机融合，但仍不能完全脱离“体用”范式。因为“化西”本身就预设了中国文化的本位地位以及西方文化的辅位作用，也就是说，西方文化始终是外来文化，中国文化之所以要吸收、扬弃它，只是为了中国文化自身的发展。因此贺麟之说仍有割裂中西文化之嫌：既然中西文化是相互割裂的，那么中国文化是否真的能够消化吸收西方文化呢？这恰恰是贺麟不去讨论的前提问题。

“儒马会通”意味着马克思主义与儒学融合为一，因此没有以哪一个为本位去“化”另一个的问题；或者说它是一个“互化”的过程：“以儒化马”，使马克思主义对现代社会结构的批判成为儒学理解现代社会，完成自身改造的契机；“以马化儒”，使儒学之“仁”“义”成为实现共产主义“人格关系重建”的理想、解决现代性问题的思想资源。也就是说，“儒马会通”意味着儒学与马克思主义在创造性的融合过程中，合成为同一个理论体系，即儒家马克思主义，或马克思主义儒学。

但这并不意味着马克思主义与儒学从一开始就不存在任何差异。儒学在漫长的人类史、世界史上有其特殊形态，比如，为了满足自汉武帝至清末的中国帝制之需要而形成了“三纲五常”的儒学形态，为了适应20世纪七八十年代韩国、新加坡、中国台湾、中国香港等地区资本主义

---

① 贺麟：《近代唯心论简释》，商务印书馆，2011，第227页。

② 贺麟：《近代唯心论简释》，商务印书馆，2011，第227页。

的发展而形成了“工业东亚”的儒学形态，这些特殊形态的儒学有其特殊的时代烙印、阶级属性。这些特殊形态的儒学本身并不与马克思主义相互融通，更不能将它们与马克思主义相互混淆。关键不在于中国或东亚哪种形态的儒学能够与马克思主义相会通，而在于儒学的基本精神与共同原则在经历中国的现代化过程中，可以与马克思主义相会通、比较。

因此，第二层含义的“儒马会通”需要马克思主义与儒学经过一个长期的相互批判性地吸收融合的过程，从而最终形成一种不同于以往任何儒学形态的“新儒学”，即“马克思主义儒学”；形成一个不同于苏联马克思主义、西方马克思主义、日本马克思主义等任何马克思主义形态的“新马克思主义”，即“儒家马克思主义”。“儒家马克思主义”与中国化马克思主义并不是互相矛盾的关系：中国化马克思主义是中国特色社会主义理论体系，“儒家马克思主义”是在中国化马克思主义的指导下进行的、中国特色的马克思主义研究范式。

三　“儒家马克思主义”

与贺麟的“化西”之说相比，“儒马会通”是一种“相化”，而会通或相化的结果必然是“儒家马克思主义”或“马克思主义儒学”。可以说，孔孟、程朱、陆王乃至于梁（漱溟）熊（十力）之于中国的马克思主义研究者，犹如黑格尔、席勒、韦伯之于卢卡奇的马克思主义，马基雅维利、维科、克罗齐之于葛兰西的马克思主义。因为从本民族传统文化出发与马克思主义相互格义、彼此会通，从而形成具有本民族特色的马克思主义研究范式，最终必将成为世界马克思主义之典范，成为其他民族理解、研究马克思主义时可资借鉴的理论形态。

因此，尽管目前中国学界对于“儒马会通”抱有许多偏见：相比于“马克思与西方传统”这种正统研究相比，“儒马会通”显得“剑走偏锋”“大开大合”。但从大尺度的时间视域来看，“儒家马克思主义”的构建相对于“马克思研究在中国”“西方马克思主义研究在中国”，恰恰是能够使中国的马克思主义研究摆脱学徒状态，建构中国特色的马克思主义研究范式的重要路向。当然，“儒家马克思主义”并不排斥“国外马克思学”或“国外马克思主义研究”，因为对马克思思想原意的精准把握以及对国际马克思主义学界的充分认知，恰恰是建构“儒家马克思主义”的前提。“儒马会通”不能建立在对马克思思想的歪曲把握的基础之上，更不可能“闭门造车”“皓首穷经”，不去吸收借鉴国外马克思主义理论的有益成果。但同时，中国学界也不能停留在对马克思思想原意以及国际马克思主义学术前沿的把握这个层面上，更重要的是将这种学术认知提升到中国自主知识体系的理论建构上。

但“儒马会通”或“儒马相化”必须应对徐复观的问题：“要将孔子与马克思作比较，首先遇到时空的大间隔”。[①] 孔子与马克思时间上相隔2000多年之久，空间上在亚欧大陆的两端，“时空的大间隔，自然形成两个不同的性格、不同的思想”。[②] 儒学与马克思主义在时空上的大间隔所带来的差异，是“儒马会通”或建构“儒家马克思主义”不得不面对的理论难题。因为从表面上看，儒学与马克思主义之间的差异是非常明显的，二者的相同或相似反而是需要理论的深入探讨才能挖掘出来的。但熟知不等于真知，表面上的差异掩盖不了本质上的同一。理论研究更是不能浮在表面的差异上，而应该透过表面上的差异，发现儒学与马克思主义之间内在精神、固有原则的同一性，由此我们才可能对马克思主义中国化的实践有一个恰切的理论交代。

可喜的是，《马克思与孔夫子：一个历史的相遇》一书以辩证法的方式融合了古今中西之差异，使孔夫子与马克思在不同时空下相遇，使表面上迥异的思想之间真正做到相互融通。①从时间间隔来看，孔夫子与马克思之间隔着一整个现代化、现代性。但何中华教授说：“儒学的前现代性质，同马克思主义的后现代文化取向之间，存在着否定之否定

---

① 徐复观：《儒家思想与现代社会》，九州出版社，2013，第233页。

② 徐复观：《儒家思想与现代社会》，九州出版社，2013，第233页

意义上的某种一致性。”[①] 现代性是对传统儒学的反动，马克思主义是对现代性的批判，因此马克思主义与儒学在辩证沉淀的意义上保持相当程度的一致性。②从空间间隔上讲，孔夫子与马克思之间隔着东西方文化的民族差异。而何中华教授说：“但问题的辩证性质就在于，东西方文化除了差别之外，还存在着某些相同或相似的方面，特别是欧陆哲学与中国思想之间的亲和性，恰恰构成马克思主义同儒学得以会通的文化基础和条件。”[②] 东方文化与西方文化两个概念的内涵与外延都不是固定不变的，历史上就存在漫长的“东学西渐”“西学东渐”的文化事实。在这个长期的过程中，东方文化也曾部分地进入西方文化（最典型的莫过于东方的希伯来文明与西方原有的希腊文明共同塑造了西方文化），西方文化也曾部分地融入东方文化（如古印度犍陀罗艺术中希腊风格的佛像雕塑，甚至影响了我国的绘画、雕塑等艺术风格）。东西之间并非各自封闭固守的关系，长久以来一直都存在相互交流、相互融通的过程。在哲学上、在思想上也是如此，正如朱谦之所言，德国古典哲学的开展与宋儒理学对它的影响是分不开的。[③] 既如此，如果说马克思主义是德国古典哲学的真正继承者的话，那么马克思主义与宋儒理学的关系也是十分密切的。

该著认为马克思主义的后启蒙性质、后现代性质，被五四时期的启蒙主题、现代化诉求遮蔽掉了，“在启蒙现代性的语境中，马克思主义的后现代性和后启蒙性被严重地忽视了。这既造成了马克思主义在启蒙意义上被解读，也强化了马克思主义同儒学的虚假对立。总之，它导致了双重的误解：一是对马克思主义与儒学之间关系的误判，一是对马克思主义本身的误读”。[④] 按照李泽厚的说法，在近代中国中，“救亡”高于“启蒙”；反过来说，启蒙是为了救亡图存，马克思主义也是作为救

---

① 何中华：《马克思与孔夫子：一个历史的相遇》，中国人民大学出版社，2021，第 33 页。
② 何中华：《马克思与孔夫子：一个历史的相遇》，中国人民大学出版社，2021，第 35 页。
③ 参见朱谦之《朱谦之文集》第 7 卷，福建教育出版社，2002，第 226~241 页。
④ 何中华：《马克思与孔夫子：一个历史的相遇》，中国人民大学出版社，2021，第 102~103 页。

亡图存的一种“启蒙”而来到中国的。一百多年前还苦于没有经历现代化的中国，是很难认识到马克思主义本有的后现代、后启蒙性质的。但也因此，百年中国学人往往将马克思主义与前现代的、前启蒙性质的儒学相互对立起来。

正是因为儒学与马克思主义在前现代与后现代的辩证一致，以及长期以来历史上东西文化交融互鉴的过程，所以二者可以在历史地运思、现象学祛蔽、人与自然互化、生成性人性论、辩证法等方面有相通之处，并构成《马克思与孔夫子：一个历史的相遇》一书的主体内容，展现了在儒学与马克思主义各自思想内部各要素之间的会通比较，而不是停留在对它们整体上、原则上的一致性的抽象讨论上。但可惜的是，该著并未将这些要素进一步体系化，也就是说没有展现儒学与马克思主义相会通的这些要素之间所存在的内在联系，因此“儒家马克思主义”的体系还未真正成型。但将《马克思与孔夫子：一个历史的相遇》一书称为“儒家马克思主义体系之雏形”，却是不为过的。

该著不断借用孔子、孟子、荀子、张载、二程、朱熹、王阳明、王夫之、章学诚等人的儒学思想资源，与马克思、恩格斯、列宁、毛泽东等人的马克思主义相会通比较。视域广阔、资料丰富。但问题就在于：唯独马克思穷其半生所从事的政治经济学批判、现代性社会分析在《马克思与孔夫子：一个历史的相遇》一书的“儒马会通”中，却是缺席的。马克思及西方马克思主义者深刻剖析资本主义社会结构，批判现代社会的异化、物化、抽象统治与虚无主义等现代性问题；但孔孟、程朱、陆王却没有经历过现代性，他们没有生活在“以物的依赖为基础的人的独立性”时代。没有经历过现代化而去批判现代性，（像不少国内学人所做的那样）仅仅出于传统儒学的原始立场，以儒家经典为圭臬，拿着孔孟、程朱、陆王的原话来批判现代性，这又是否“合时”“合理”呢？

更重要的是，中国不仅苦于现代性，而且更苦于现代化还不够。因此在当代中国不能过分批判物象化或“对事不对人”化。现代化不仅仅是要有先进的科学技术、机器设备，更重要的是要有“对事不对人”化的制度设计，保障缺乏人脉资源或社会资本的普通人通过自身努力仍然能够得到自我实现，促进整个社会的积极性与创造力，而不使“基本善”（物质利益与公职岗位）成为某些“小圈子”的私有物（就像在传统中国中那样）。在此，强调“亲亲尊尊”“爱有差等”的传统儒学，在促进“对事不对人”化的现代化上，其作用是十分有限的。我们应该在既促进现代化、又批判现代性的意义上去会通儒学与马克思主义。那么，在此意义上，更需要关注的应该是第三期的儒学，即现当代新儒家，而不是第一期（先秦儒家）、第二期（宋明儒家）。这一点也是《马克思与孔夫子：一个历史的相遇》一书没有意识到的。

“儒马会通”不仅对于中国马克思主义者来讲是重要的，对于当代儒学的发展而言也是必要的。正如林安梧所说，“我们通过马克思主义及社会批判理论可照见儒家传统偏向于内省式人道主义其缺失何在，并企求补偏救弊之道”。[①] 马克思主义之于儒学的重要性恰恰就在于帮助其理解现代社会的根本结构，才能够实现其“新外王”的理想。因此儒学第三期的发展不应该（像杜维明那样）仅仅停留在科学精神、民主运动、宗教情操与深层意识上，[②] 相比之下，马克思的政治经济批判、社会批判理论所揭示的现代社会的经济层面、社会结构要更为根本。而且，儒学第三期也不应该仅仅是深入的国际化、全球化这种范围或量的扩张，更重要的是要与马克思主义特别是社会批判理论相结合，实现质的提升：面向现代社会之根本结构而展开理论建构以及中国传统文化的变革，从而建构起“儒家马克思主义”的理论体系。

当然，“儒家马克思主义”不仅仅是一种理论展望，还是经历了几代中国学人的理论实践。现当代新儒家第一代代表人物梁漱溟、熊十力两位先生，自新中国成立以来就在为此孜孜努力，直到方克立、张允熠、何中华等在内的无数当下中国学人，已然历经数代之久。这恐怕也是学界“中国马克思主义发展史”研究不曾关注的、重要的理论事实。

---

① 林安梧：《“儒家型马克思主义”的一个可能》，《鹅湖月刊》1996年第2期。

② 参见杜维明《现代精神与儒家传统》，生活·读书·新知三联书店，2013，第486~491页。

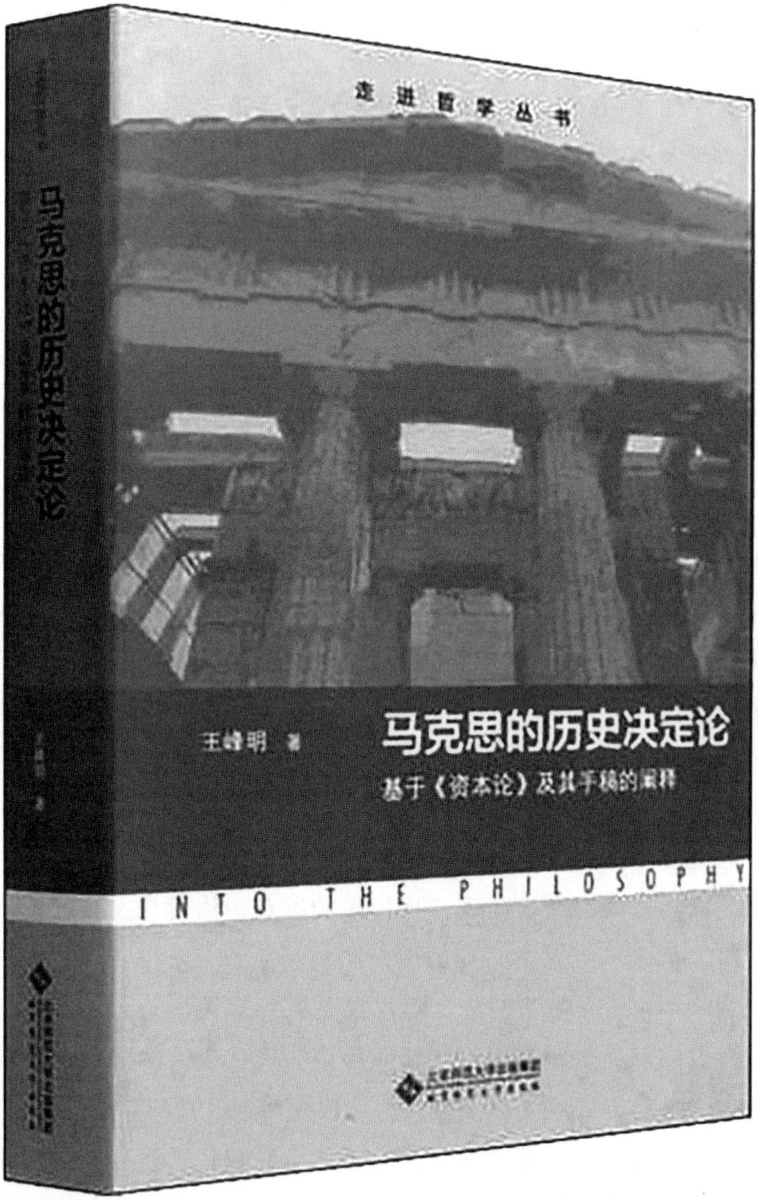
走进哲学丛书
马克思的历史决定论
王峰明 著
基于《资本论》及其手稿的阐释
INTO THE PHILOSOPHY

经济决定论的捍卫与发展

——评王峰明《马克思的历史决定论：基于〈资本论〉及其手稿的阐释》*

訾　阳**

摘　要： 历史决定论是唯物史观的基本内容。在马克思那里，它以“经济决定论”的面目登场。王峰明教授的《马克思的历史决定论：基于〈资本论〉及其手稿的阐释》从捍卫马克思的经济决定论、生产力决定论的论述出发，廓清了正义问题讨论的唯物史观前提，并且在区分简单商品生产和资本主义商品生产的基础上，指出了资本主义贫困的剥削根源，将社会主义贫困与资本主义贫困从理论上区分开来，并指出以经济发展为基础的人的自由个性的未来发展状况。该著作从经济出发分析上层建筑和社会结构的方法，堪称运用唯物辩证法的典范。

关键词： 历史决定论；经济决定论；资本主义贫困；社会主义贫困；正义

对马克思的历史决定论的争论由来已久。从拉法格的《思想的起源：卡尔·马克思的经济决定论》，到普列汉诺夫《论一元历史观的发

* 本文系国家社科基金青年项目“生产力社会形式与共同富裕前提的哲学研究”（项目编号：21CZX012）的阶段性成果。

** 訾阳，中共上海市委党校马克思主义学院讲师，主要研究方向为马克思哲学、政治经济学批判。

展》，再到科恩的《卡尔·马克思的历史理论：一种辩护》等，形成了较为完整的历史决定论的谱系。在这一谱系中，经济决定论被一再强调。普列汉诺夫把生产力看成环境决定人类历史进程的物质中介，虽然“生产力发展本身是为围绕着的人的地理环境的属性决定的”。[①] 然而，社会一经发展起来，“人对地理环境的依赖从直接的变成间接的了”；[②] 生产力决定人和自然的关系，而“社会环境的发展服从着自己本身的规律”。[③] 科恩通过生产力发展命题和生产力首要性命题捍卫了生产力的决定地位，前者表述为“生产力趋向发展贯穿整个历史”；[④] 后者则表述为“一个社会生产关系的性质是由其生产力发展水平解释的”。[⑤] 坚持经济决定论和生产力决定论是马克思主义的一贯传统。王峰明教授的著作《马克思的历史决定论：基于〈资本论〉及其手稿的阐释》正是对这一传统的捍卫和续写。

一 从生产力到人的解放的理论叙事

《马克思的历史决定论：基于〈资本论〉及其手稿的阐释》从马克思的历史决定论着手，但并不仅仅着眼于此；其理论内容广博深厚。该书从经济决定论开始，在驳斥了反对“经济决定论”的思潮之后；又进入历史的纵向空间即经济决定论的时间逻辑叙事。在这种时间逻辑叙事中，作者先澄清了马克思叙述历史进程即社会形态更替的方法论，进而对中国社会历史分期问题进行了探讨。在建构了纵轴和横轴的理论结构

---

① 〔俄〕普列汉诺夫：《论一元论历史观之发展》，博古译，生活·读书·新知三联书店，1961，第195页。

② 〔俄〕普列汉诺夫：《论一元论历史观之发展》，博古译，生活·读书·新知三联书店，1961，第195页。

③ 〔俄〕普列汉诺夫：《论一元论历史观之发展》，博古译，生活·读书·新知三联书店，1961，第196页。

④ 〔英〕科恩：《卡尔·马克思的历史理论：一种辩护》，段忠桥译，高等教育出版社，2008，第163页。

⑤ 〔英〕科恩：《卡尔·马克思的历史理论：一种辩护》，段忠桥译，高等教育出版社，2008，第163页。

之后，对于问题的讨论深入了意识形态范畴，即学术界激烈讨论的马克思正义观问题。区别于皮相地有关正义与否的争论，该书对于正义问题的讨论扎根于对经济基础的领会之中。正义问题之所以成为争论的热点，一个重要的现实原因在于，市场经济所包裹的资本主义生产方式呈现出两种结构紧密相关但本质完全不同的社会关系即商品流通关系和资本主义剥削关系。正是基于两种生产关系的区分，马克思政治经济学批判才得以实现，由此对于贫富问题的讨论才得以变得科学。基于简单商品生产的逻辑和资本主义生产逻辑的差别，作者深刻地分析了资本主义贫困问题的制度性根源和社会主义贫困问题的非制度性原因。生产力进步、经济发展的全部结果，在马克思的问题意识中表现为剩余时间的增加，表现为必然王国和自由王国的区分，表现为自由王国中人的自由个性全面发展的价值追求。因此，在著作的最后生产力决定论和经济决定论被呈现为发展自由时间的内在规律。可以说，该书正文的十五章，不仅各有聚焦，自成一体；同时也环环相扣，共成一体。

在马克思主义的传统中，经济被看作对社会发展起着“归根结底”的决定作用。反对的声音自然不绝于耳。该书主要处理的两个人物是莱博维奇和吉登斯。莱博维奇对生产力决定作用的质疑可以归结为“社会革命等待论”“阶级斗争无用论”“资本主义发展论”。首先，既然生产力决定着生产关系和整个社会结构的变迁，因此，对于社会革命只需要等待而已，即“这种马克思主义给所有拒斥资本主义的人提供了什么呢？答案就是：等待。”① 其次，生产力所起的是归根结底的决定作用，它本身内在地具有发展趋势，因而，以阶级斗争撬动社会进步便被看作多余的。最后，莱博维奇把资本主义的剥削功能和发展生产力的功能对立起来：如果资本是分化工人的力量，则它应该是迟滞生产力的力量。该书认为，这种非此即彼的论证恰恰没有注意到生产力资本主义发展方式的辩证性结构，即那些促进生产力发展的内在动因，也是进行财富剥

---

① 王峰明：《马克思的历史决定论：基于〈资本论〉及其手稿的阐释》，北京师范大学出版社，2022，第 74 页。

削、激化阶级矛盾、推进社会革命的因素。吉登斯对马克思经济决定论的反驳是在两个向度上展开的。一方面，他从马克思不同文本中提炼出对历史发展产生影响的不同要素，用以解构马克思的经济决定论。吉登斯在《德意志意识形态》、《政治经济学批判〈序言〉》和《政治经济学批判大纲》的《资本主义生产以前的各种形式》之间制造出马克思经济决定论的历史进步图景与历史进程的多重制约因素的对立，并倾向于"马克思自己其实并不赞同物质生产和生产力具有首要性"。[①] 另一方面，吉登斯把人类社会的"支配性结构"区分为"权威性资源"和"配置性资源"，把政治、经济、符号、法律等不同要素看成解释人类历史进程的理论模块，而并非立足于马克思唯物史观来划分人类社会的制度类型。这样吉登斯既"破"了一个主张必然性的马克思历史理论形象，又"立"了一个包含偶然性的人类社会解释框架。该书则认为，吉登斯对马克思的"破"是非法的，马克思并没有在"经济决定论"这个立场上摇摆；同时，"经济决定论"也并不否认其他社会要素的重要作用。

马克思的正义观问题在政治哲学和伦理学方面已经得到广泛讨论。作者从历史决定论的视角入手，详尽阐述了正义的两方面问题：资本主义的正义问题和社会主义的正义问题。就第一个方面而言，《马克思的革命观》《马克思对正义的批判》向人们递交出"塔克-伍德"命题；该命题的核心要点在于，马克思没有基于正义与非正义的标准来评判资本主义。正如艾伦·伍德指出的那样："一旦深入马克思恩格斯著作中有关资本主义之不正义的详细描述时，我们便会立刻发现，在他们的著作里，不仅根本没有打算论证资本主义的不正义，甚至没有明确声称资本主义是不正义或不平等的，或资本主义侵犯了任何人的权利。"[②] 这一结论在两方面上是通行的，即无论是资本家对劳动力的购买还是资本家对

---

① 王峰明：《马克思的历史决定论：基于〈资本论〉及其手稿的阐释》，北京师范大学出版社，2022，第116页。

② 艾伦·伍德、林进平：《马克思对正义的批判》，《马克思主义与现实》2010年第6期。

劳动力的剥削，都没有什么是不正义的。这样，马克思对资本主义的态度只是解释性的，而不是评价性的。该书作者试图从资本主义生产方式的自反性出发，把马克思正义理论解释性和评价性统一起来。按照马克思的理解，资本主义生产不仅是简单商品生产，也是剩余价值的生产；正是在资本主义生产的这种二重性中，出现了正义论题的视差。就资本主义生产是商品生产而言，商品价值的实现务必在作为现象界的商品流通领域完成。在商品流通领域，无论是一般商品还是劳动力商品，都完美地呈现出“正义”的外观。马克思指出：“劳动力的买和卖是在流通领域或商品交换领域的界限以内进行的，这个领域确实是天赋人权的真正伊甸园。那里占统治地位的只是自由、平等、所有权和边沁。”[①] 当我们的视线从商品流通转移到剩余价值生产的层面，一切都颠倒过来。按照该书的观点，自由在强制劳动面前消失了，平等在剩余价值面前消失了，所有权在剥削面前消失了，边沁在贫富悬殊面前消失了。由此的结论是：“马克思立足于资本主义生产方式，阐释了在正义与非正义之间的辩证转变，得出了两种相反的正义判断。”[②] 可以这样说，资产阶级（Bürgerliche）意识形态中的正义概念，其基础在于商品流通的过程，但当商品经济向资本主义生产深入的时候，当小商品生产者的市民社会结构转变为资产阶级对无产阶级的支配结构时，这一生产关系便同矗立于其上的正义概念相悖。

假如说上述正义概念的内在矛盾是由于资本主义生产方式的自反性造成的，那么，正义概念就算建立在共产主义的经济基础之上，仍旧包含着矛盾。作者以按劳分配原则为例，深刻地分析了资产阶级法权的内在矛盾及其受不同生产关系的制约性。资产阶级商品交换原则在共产主义经济基础之上，其内容和形式都会发生变换：“因为在改变了的情况下，除了自己的劳动，谁都不能提供其他任何东西，另一方面，除了个

---

① 《马克思恩格斯文集》第5卷，人民出版社，2009，第204页。

② 参见王峰明《马克思的历史决定论：基于〈资本论〉及其手稿的阐释》，北京师范大学出版社，2022。

人的消费资料，没有任何东西可以转为个人的财产。”[①] 这表明，个人只能把生活资料变为财产，而不是把生产资料变为财产，而获得收益的尺度是劳动者提供的劳动，从而消除了剥削基础。这样，资产阶级法权的等价交换原则同实践已经不再矛盾。然而，“虽然有这种进步，但这个平等的权利（Recht）总还是被限制在一个资产阶级的框框里”“权利（Recht），就它的本性来讲，只在于使用同一尺度”。[②] 鉴于权利只能从一个抽象的标准评价具有丰富规定的人，因此，看似正义的尺度就会必然导致不正义的后果；“但是这些弊病，在经过长久阵痛刚刚从资本主义社会产生出来的共产主义社会第一阶段，是不可避免的。权利决不能超出社会的经济结构以及由经济结构制约的社会的文化发展。”[③] 因此，马克思对法权（Recht）和正义（Gerecht）的讨论，始终是立足于其历史决定论的。

资本主义生产关系的二重性和正义概念的自反性造成的理论疑难使得分析贫富问题更为复杂。鉴于资本主义生产的剩余价值必须要通过看似平等的流通过程来实现，因此商品流通领域所呈现出的经济伊甸园，被斯密及其庸俗化者奉为圭臬，张维迎就是该学说的鼓吹者。他试图通过再次把“市场逻辑”捧上神坛，为复杂的贫困问题开出统一的西医药方，当他说出“通过让别人幸福使自己幸福”这种市场原则时，他一只脚还留在18世纪。该书一针见血地指出这种倾向的思想、经济根源；他指出：“没有商品生产和交换，就没有市场和市场逻辑，而同样是商品生产和交换，却可以具有不同的性质。”[④] 流通领域始终附着在特定的生产方式上，迄今为止，人类历史所呈现出的市场总共分为三种，基于“简单商品生产”的市场、基于“资本主义生产”的市场、基于“社会主义制度”的市场；而马克思的文本聚焦在两类市场。在资本主义的市

① 《马克思恩格斯选集》第3卷，人民出版社，2012，第363页。
② 《马克思恩格斯选集》第3卷，人民出版社，2012，第364页。
③ 《马克思恩格斯选集》第3卷，人民出版社，2012，第364页。
④ 王峰明：《马克思的历史决定论：基于〈资本论〉及其手稿的阐释》，北京师范大学出版社，2022，第368页。

场逻辑的支配下，剥削制度和生产价格机制恰恰会造成“赢者通吃”的贫富悬殊状况。正是这种机制导致了无产阶级的“绝对贫困”和“相对贫困”。正是基于无产阶级在丧失生产资料状况下的绝对贫困，才不断造成无产阶级“悖论性”的相对贫困，即越劳动越贫穷。与资本主义的贫困相比，社会主义制度下的贫困是政策性的，而不是制度性的，它“既是生产力发展滞后的后果，也是实施‘赶超战略’的结果”。[①] 当前的贫富观还是建立在对财物的支配上的，未来的贫富标准则在于自由时间。那么，人的自由个性在必然王国领域内是如何实现的呢？人的自由个性的发展在必然王国，最多表现为两个方面：一方面表现为劳动的自由，即克服障碍、达成目的的自我实现；另一方面表现为自由的劳动，即联合起来的生产者对物质变换的支配。而未来的自由王国也始终建立在必然王国的发展之上，即生产力的发展、交往关系的拓宽和生产方式的革命。正是在这个意义上，任何价值都有赖于经济社会的发展。

二　马克思经济决定论的理论捍卫

《马克思的历史决定论：基于〈资本论〉及其手稿的阐释》回答了马克思主义思想史上的重要问题：马克思是不是历史决定论者？如果是，他是何种意义的历史决定论者？从德国唯心主义思想沃土和实证科学勃兴年代中走来的马克思，自然相信必然性的力量。因此，马克思显然是一个历史决定论者；而就马克思是历史决定论者而言，他又确乎是一名经济决定论者。假如说对《政治经济学批判〈序言〉》中唯物史观片段性叙事的引证容易造成“正统马克思主义”的假象，那么其中马克思对其思想历程的回顾，却也更生动地展示了，他从唯心主义的国家观到唯物主义的历史观根本转向：“它们根源于物质的生活关系。”[②] 王峰明教

① 王峰明：《马克思的历史决定论：基于〈资本论〉及其手稿的阐释》，北京师范大学出版社，2022，第521页。

② 《马克思恩格斯全集》第31卷，人民出版社，1998，第412页。

授在《资本论》及其手稿中透视唯物史观的经济决定论，可以说是抓到了问题的本质。

当马克思恩格斯将人类社会存在的根本条件锚定在物质概念这个本质层面时，经济决定论在文本的写作中便一路高歌猛进。马克思的经济决定论首先表现在他本人把经济在更精确的意义上归结为生产过程。马克思在《资本论》讨论流通过程时指出："人们在货币经济和信用经济这两个范畴上强调的并且作为特征提出的，不是经济，即生产过程本身，而是不同生产当事人之间或生产者之间的同经济相适应的交易方式。"① 在这里，"die Wirtschaft, d. h. den Produktionsprozeß selbst"② 把经济概念和生产过程等同起来。当物质生产构成历史的前提时，经济也就构成人类社会的基础。在1846年，这一思想表述为，物质生活的生产过程"这是人们从几千年前直到今天单是为了维持生活就必须每日每时从事的历史活动，是一切历史的基本条件"；③ 1868年，这种观点又被表述为"任何一个民族，如果停止劳动，不用说一年，就是几个星期，也要灭亡，这是每一个小孩子都知道的"。④ 因此，唯物史观的核心要义便是经济决定论，而《政治经济学批判〈序言〉》不过是对《德意志意识形态》如下概括的续演："这种历史观就在于：从直接生活的物质生产出发阐述现实的生产过程，把同这种生产方式相联系的、它所产生的交往形式即各个不同阶段上的市民社会理解为整个历史的基础，从市民社会作为国家的活动描述市民社会，同时从市民社会出发阐明意识的所有各种不同的理论产物和形式，如宗教、哲学、道德等等，而且追溯它们产生的过程。"⑤ 唯物史观的"唯物"无非是从物质生产过程及其产生的物质关系来阐释"涌现"在上层建筑上的"社会意识"。

作为历史决定论的经济决定论，是一种"归根结底"的决定作用；

---

① 〔德〕马克思：《资本论》第2卷，中央编译局译，人民出版社，2018，第132页。

② Marx Engels Werke Bd. 24. Berlin: Dietz Verlag, 1963, pp. 119.

③ 《马克思恩格斯选集》第1卷，人民出版社，2012，第158页。

④ 《马克思恩格斯选集》第4卷，人民出版社，2012，第473页。

⑤ 《马克思恩格斯选集》第1卷，人民出版社，2012，第171页。

恩格斯晚年的表述，似乎已经被庸俗化了。然而，许多对马克思经济决定论的质疑，正是出于对“归根结底”作用的误解。一方面，马克思的经济决定论绝对不是“经济还原论”；另一方面，经济决定论也绝对不是“经济一元论”。就第一方面而言，人类社会显然是由不同的因素决定的，物质生产、交往关系、政治国家、意识形态是构成人类社会的多重要素，不同要素在人类社会的要素构成和结构变迁中发挥着不同的作用。马克思在《巴黎手稿》中讨论共产主义作为异化的扬弃过程时就指出：“不言而喻，异化的扬弃总是从作为统治力量的异化形式出发：在德国是自我意识；在法国是平等，因为这是政治；在英国是现实的、物质的、仅仅以自身来衡量自身的实际需要”。[①] 甚至在简单劳动过程中，人的“意识”也发挥着十分重要的作用。人类社会的多重要素共同作用，最终受经济过程制约，但不可还原为经济过程。正如起点本身决定终点，但不是终点本身。该书在第五章《马克思社会形态理论的方法论意蕴》中所引用的“普照的光”的隐喻，不仅适用于同一社会形态中各个生产方式之间的关系，也适用于同一社会形态内经济同其他各种要素之间的关系。经济作为一种普遍的“以太”投射（Projizieren）、反映（Reflektieren）、表达（Darstellen）或涌现（Emergen）在各个其他的要素之上。这就意味着，在第二个方面上，经济不是人类社会的唯一构成要素。

一旦把马克思的经济决定论理解为“还原论”“一元论”，对马克思唯物史观的认知就南辕北辙。显然，无论是吉登斯还是莱博维奇都存在这样的误解。吉登斯显然把马克思的经济决定论理解成了“对生产力量在社会组织中首要地位的还原论主张”（reductionist emphasis upon the primacy of the forces of production in the organization of societies）。[②] 而当莱博维奇认为马克思忽视生产关系，忽视人的作用，忽视劳动者的时候，他

① 《马克思恩格斯全集》第2卷，人民出版社，2002，第347页。

② Anthony Giddens, *A Contemporary Critique of Historical Materialism*, New York: Palgrave Macmillan, 1995, p. 4.

也不过是把马克思看成“经济一元论”的代表。在上述理解的框架内，就可以用什么别的因素来替代经济因素来解释社会结构。法国的阿尔都塞对“经济还原论”或“经济一元论”的公式进行了驳斥，他指出：“只要承认上层建筑的形式和国内外环境在多数情况下是特殊的、独立的和不能归结为单纯现象的真实存在，矛盾的多元决定就是不可避免的和合乎情理的”；① “在各有关领域中活动的‘不同矛盾’虽然‘汇合’成为一个真实的统一体，但并不作为一个‘简单’矛盾的内在统一体中的简单现象而‘消失’”；② 一如光投射在墙壁上，而墙壁并非由此而消失。

马克思的历史决定论是在纵向的结构性问题和横向的历史性问题两个层面上展开的。假如说以上讨论的核心要点在于何种要素在社会结构中起决定性作用，那么，进一步的问题则是何种要素在历史变迁中起决定性作用。一如该书对吉登斯的批判，马克思对历史变迁的解释，从来是一以贯之的：“随着经济基础的变更，全部庞大的上层建筑也或慢或快地发生变革”。③ 这样，马克思历史决定论的前一个维度就表现为经济对上层建筑的支配，第二个维度表现为经济发展引起社会阶段的变化。假如说，人们在第一个维度上尚可达成共识，在经济发展引起的社会分期与中国历史相映照中则难以达成一致。这种困难首先不是来自对发展动力的讨论，而是对中国历史发展的具体形态的讨论。在这一点上，该书给出了自己独到的分析。

马克思的历史分期理论显然不是生硬的模具，当人们考察中国历史分期的时候，便会发现，中国似乎既不存在欧洲意义上的奴隶制，也不存在中世纪意义的封建制，甚至如梁漱溟先生根本否定中国有严格意义上阶级对立。在这个问题上，该书认为中国不仅存在奴隶社会，也存在封建社会。在第五章《马克思社会形态理论的方法论意蕴——兼及围绕

① 〔法〕路易·阿尔都塞《保卫马克思》，顾良译，商务印书馆，2006，第103页。
② 〔法〕路易·阿尔都塞《保卫马克思》，顾良译，商务印书馆，2006，第88页。
③ 《马克思恩格斯全集》第31卷，人民出版社，1998，第413页。

“中国古代历史分期问题”的讨论》中，著者所得出的这个结论依托于第四章“内在逻辑与方法论基础——〈资本论〉语境中马克思的社会形态理论”对马克思历史分期理论的深入讨论。其中，最基本逻辑是生产资料所有权的区分。根据这一逻辑，在奴隶社会奴隶本身没有生产资料、属于生产资料；在封建社会交租农民拥有部分生产资料、本身不属于生产资料；在资本主义社会工人没有生产资料，且工人不是生产资料。根据这一逻辑，中国不仅存在奴隶社会，而且存在封建社会；这种同等的生产方式以不同的上层建筑表现出来。当欧洲的采邑制度和骑士等级与中国的皇权专制制度被摆置在一起并加以区别时，“其着眼点并不是经济关系和生产方式，而是国家形态或政治关系”。[①] 应当从经济上，而不是政治上来说明社会形态之间的异同点。

三　生产力与生产关系辩证法

假如说马克思的历史决定论是以经济决定论的形式存在的，那么经济决定论首先是以生产力决定论的形式存在的。生产力决定论的一般表述即“生产力决定生产关系”。可以说，在绝大多数的文本之中，都可以看到马克思对这一观点的表述。《德意志意识形态》的表述为“人们所达到的生产力的总和决定着社会状况”；[②] 在《哲学的贫困》中，马克思写道：“生产力在其中发展的那些关系，并不是永恒的规律，而是同人们及其生产力的一定发展相适应的东西，人们生产力的一切变化必然引起他们的生产关系的变化吗?”[③] 在《雇佣劳动与资本》中，这种观点又表述为：“各个人借以进行生产的社会关系，即社会生产关系，是随着物质生产资料、生产力的变化和发展而变化和改变的。”[④] “人们在自

① 王峰明：《马克思的历史决定论：基于〈资本论〉及其手稿的阐释》，北京师范大学出版社，2022，第229页。

② 《马克思恩格斯选集》第1卷，人民出版社，2012，第160页。

③ 《马克思恩格斯选集》第1卷，人民出版社，2012，第233页。

④ 《马克思恩格斯选集》第1卷，人民出版社，2012，第340页。

己生活的社会生产中发生一定的、必然的、不以他们的意志为转移的关系，即同他们的物质生产力的一定发展阶段相适合的生产关系”[①]“社会的物质生产力发展到一定阶段，便同它们一直在其中运动的现存生产关系或财产关系发生矛盾”。[②] 因此，归根结底，鉴于当时的研究状况，马克思必然是生产力首要性和发展论者。纵向上，生产力决定生产关系，形成经济基础，制约上层建筑；横向上，生产力的自身发展引起生产关系变化，重塑经济基础，革新上层建筑。斯大林把马克思的这种原理概括为：“生产力是生产中最活动、最革命的因素。先是社会生产力变化和发展，然后，人们的生产关系、人们的经济关系依赖这些变化、与这些变化相适应地发生变化。”[③]

但以上这类普遍的陈述并不足以揭示生产力与生产关系之间的复杂关系。问题是：生产力是什么？王峰明教授在其既往的研究中，对此进行了清晰的定义。不同于直接赋予生产力概念某种单一规定性的做法，他将生产力区分为生产力一般和生产力具体，它总体表现为“人改造自然”的物质力量。前者是具体生产力的本质规定和理论抽象，后者表现为生产力的定在（Dasein），如“劳动生产力”“自然生产力”“资本生产力”等。相较于生产力范畴，生产关系的范畴更显得复杂。根据马克思的论述，生产关系可以看作个人在生产过程中结成且必须借之以进行生产的社会关系。该书把生产关系理解为生产过程中产生的权力关系，它涉及对人的支配和对物的支配。当生产关系涉及狭义或者是针对某个特定历史阶段时，如资产阶级社会生产关系，生产关系的这种内涵便会明朗起来。不过，在《雇佣劳动与资本》的行文中，生产关系范畴除了指称权力关系以外，并没有明确排斥技术关系或协作关系这一非权力的维度。这一点体现在马克思所列举的如下例子中：“生产者相互发生的这些社会关系，他们借以互相交换其活动和参与全部生产活动的条件，

① 《马克思恩格斯选集》第2卷，人民出版社，2012，第2页。

② 《马克思恩格斯全集》第31卷，人民出版社，1998，第412页。

③ 《斯大林文集》，人民出版社，1985，第220~221页。

当然依照生产资料的性质而有所不同。随着新作战工具即射击火器的发明，军队的整个内部组织就必然改变了，各个人借以组成军队并能作为军队行动的那些关系就改变了，各个军队相互间的关系也发生了变化。"[①] 显然，马克思在这里对"生产关系"的例证是更加宽泛的，其中既可以囊括技术性的生产关系，又可以包含权力性关系。随着政治经济学批判的进一步深化，生产关系的范畴就越来越集中于"权力形式"的规定之上了。

那么，在马克思的语境中，生产力是如何决定生产关系的呢？这里牵扯到生产力决定生产关系的逻辑序列。根据斯大林的论述，生产力决定生产关系并与之共同构成生产方式。生产力直接同生产关系发生作用的表述可见于《政治经济学批判〈序言〉》和《资本论》德文版第一卷。但吴易风等学者早就立足于马克思的文本，提出了生产力决定生产方式，进一步决定生产关系的逻辑序列。在《哲学的贫困》中，我们看到："随着新生产力的获得，人们改变自己的生产方式，随着生产方式即谋生的方式的改变，人们也就会改变自己的一切社会关系。手推磨产生的是封建主的社会，蒸汽磨产生的是工业资本家的社会。"[②] 在《1861－1863年经济学手稿》中，马克思又指出："'机械发明'它引起'生产方式上的改变'，并且由此引起生产关系上的改变，因而引起社会关系上的改变，'并且归根到底'引起'工人的生活方式上'的改变。"[③] 因此，基本的逻辑结构是，用什么生产决定了怎样生产，怎样生产表现在主体间性上便是生产关系。

这看似已经远离了该著作的讨论，但实则与之息息相关。按照上面给出论述，结论自然是：生产力通过决定生产方式进而决定生产关系；生产力的发展通过引起生产方式的变革进而引起生产关系的发展，但总之：生产力决定生产关系。然而，质疑的声音从未间断，如吉登斯用

---

① 《马克思恩格斯选集》第1卷，人民出版社，2012，第340页。
② 《马克思恩格斯选集》第1卷，人民出版社，2012，第222页。
③ 《马克思恩格斯文集》第1卷，人民出版社，2009，第602页。

“生产力具体”的不发展和停滞，否定“生产力一般”的总的发展趋势。根据王峰明教授的观点，这是混淆现象层面和历史本质层面的方法论导致的理论后果。但是这类批评确乎并不只是理论的不同，全球范围内的确存在生产力停滞的情况；即使资本主义生产方式，“把一切民族甚至最野蛮的民族都卷到文明中来”“使未开化和半开化的国家从属于文明的国家”①，这些野蛮的状态和未开化的状态也应当得到自足的理论解释。这些例证是待解释之物，它们向我们提出了一个问题，那就是生产力是趋向发展并完全决定生产关系的变革吗？

在马克思对生产力的强调，并没有忽略他对生产关系的重视，尽管他很少将生产关系提升到具有决定意义的地位。但是，任何生产力的存在与发展，绝对离不开生产关系。就这个意义而言，生产关系同时构成生产力的前提，决定着生产力的存续。我们可以在《德意志意识形态》找到某些相关的表述：“受到迄今为止一切历史阶段的生产力制约同时又反过来制约生产力的交往形式，就是市民社会。”② 此处，生产关系或交往形式与生产力的关系被表述为相互“决定”关系。此外，马克思还在边注中指出，“这里和任何其他地方一样，自然界和人的同一性也表现在：人们对自然界的狭隘的关系制约着他们之间的狭隘的关系，而他们之间的狭隘的关系又制约着他们对自然界的狭隘的关系”。③ 王峰明教授也在相关论文中对这种表述进行过评论，认为这种表述相对于《资本论》及其手稿相对而言还不成熟。④

从上述表述中可以说，生产力决定生产关系，生产关系也决定生产力。里格比曾经给出过相关论断，并指出作为一种对生产力首要性的替代观点“生产力和生产关系是相互决定的”。⑤ 这种结论是从马克思的早

---

① 《马克思恩格斯选集》第1卷，人民出版社，2012，第404~405页。

② 《马克思恩格斯文集》第1卷，人民出版社，2009，第540页。

③ 《马克思恩格斯选集》第1卷，人民出版社，2012，第161页。

④ 王峰明：《〈资本论〉与历史唯物主义微观基础——以马克思的生产力理论为例》，《马克思主义研究》2011年第11期。

⑤ 〔英〕S.H. 里格比：《马克思主义与历史学：一种批判性的研究》，吴英译，译林出版社，2012，第114页。

期论断中引申出来的。生产力一方面涉及人与自然之间的关系，另一方面本身就是社会关系即“共同作用”或“共同活动”（Zusammenwirken）的方式。就生产力是人类社会对自然的关系而言，它不是什么其他主体或物种的力量，而首先是结成社会的个人的力量，而“只有在这些社会联系和社会关系的范围内，才会有他们对自然界的影响，才会有生产”。[①] 生产力作为共同活动的方式，表现为一种历史的合力，它本身取决于共同活动的内在结构即人与人的社会关系。马克思对生产力的这种理解源自赫斯，[②] 并且赋予了基础性的物质内容。同时，特定的生产力一旦产生，其发展演替便取决于生产关系，它“在往后的发展中是否会失传，完全取决于交往扩展的情况”。[③] 因此，就此而言，社会形式、生产关系本身决定着社会对自然的作用。大概是这种相互的决定作用，造成了世界各地生产力发展的不平衡以及部分地区生产力发展的停滞。这就是为什么作为生产力发展指示器的劳动资料如指南针、火药或者航海技术，在古代中国和近代欧洲的应用和效用完全不同。而按照罗伯特·布伦纳的观点，英国之所以比法国更早地走上农业资本主义的道路，恰恰是生产关系和政治关系发挥了重要的作用。

承认生产关系在某些条件下可以决定生产力，并不会否认经济决定论和唯物史观。一方面，生产关系始终是一种社会物质关系，而并非观念性的关系；另一方面，生产关系确乎构成了一个社会的经济基础，并同生产力紧密结合在一起。因此，事实似乎向我们表达了这样一种现象：生产力决定生产关系，即人与自然的物质进程变换决定了人与人的互相作用，生产力对生产关系的这种决定性作用，表明人是自然存在物，人只有对物质生活本身进行生产，才能维系人类社会的存在；生产关系决

---

① 《马克思恩格斯选集》第 1 卷，人民出版社，2012，第 340 页。

② 张福公：《重读马克思：工艺学语境中的哲学话语》，南京大学出版社，2023，第 315～316 页。

③ 《马克思恩格斯选集》第 1 卷，人民出版社，2012，第 188 页。

定生产力，即人与人的互相作用决定人与自然的物质变换进程，生产关系对生产力的这种决定性作用，表明人是社会的自然存在物，它同自然的关系“外在关系”取决于其“内在矛盾”，草履虫与人类社会同自然之间的物质变换之所以存在区别，不仅是因为高级灵长类的肉体结构不同于单细胞生物，还因为社会存在者的相互关系不同于草履虫的群落。生产力的技术性变革通过改变生产方式为自己塑造相应的生产关系，生产关系的权力性重构通过影响生产方式为自己催生相应的生产力。因此，在生产力先发的国家和民族，生产力变迁推进了生产关系的变革；在生产力后发的国家和民族，生产关系重塑推进了生产力的进步。而在远离全球化体系的部落民族那里，生产力就在那里，不增不减；生产关系就在那里，不进不退。但我们并不能因为生产关系对生产力的决定作用就否定生产力对生产关系的决定作用，二者共同构成经济的一体两面。

《马克思的历史决定论：基于〈资本论〉及其手稿的阐释》可以看作《论一元历史观的发展》在21世纪的续写。正如马克思在《资本论》第一卷中指出的那样：“工艺学揭示出人对自然的能动关系，人的生活的直接生产过程，从而人的社会生活关系和由此产生的精神观念的直接生产过程。甚至所有抽象掉这个物质基础的宗教史，都是非批判的。事实上，通过分析找出宗教幻象的世俗核心，比反过来从当时的现实生活关系中引出它的天国形式要容易得多。后面这种方法是唯一的唯物主义的方法，因而也是唯一科学的方法。”[①] 这部著作在批判反对马克思历史决定论的各色思想中运用《资本论》及其准备性手稿中从经济出发分析上层建筑和社会结构的方法，堪称运用唯物辩证法的典范。

① 《马克思恩格斯文集》第5卷，人民出版社，2009，第429页。

马克思历史唯物主义个体理论
语言哲学的分析
张守奎◎著
中国社会科学出版社
Marxist
Individual Theory of
Historical Materialism
马克思
历史唯物主义
个体理论
语言哲学的分析
张守奎◎著
中国社会科学出版社

个体究竟如何出场？

——评张守奎《马克思历史唯物主义个体理论：语言哲学的分析》*

刘　宇**

摘　要：由于人类语言的抽象性和哲学概念的一般性，个体如何在语言中得到把握，成为哲学中的一个难题。张守奎教授的《马克思历史唯物主义个体理论：语言哲学的分析》以语言分析的独特进路研究哲学史上的个体理论，尤其是马克思的"现实的个人"思想，从主谓关系视角去考察一个具体和丰满的个体在现实中如何"是"出来或如何"出场"的问题。为了保证"个体"的"唯一性"不被普遍性的谓词所掩盖，书中坚持个体作为"第一实体"绝对优先的原则，将主词之所指定位于个体，使用"指谓分析法"将主词的"指"和谓词的"谓"进行有次序的分别对待，并以直观认定的方式保证谓词言说的真实性。经过此一方法的检验，书中认为马克思的"现实的个人"理论由于无法落实为专名指称意义上的个体，因而存在一定的限度。然而，全书的个体主义立场使得这种经验主义式的指谓分析法并不能完全把握现实中的个体及其"出场"。

* 基金项目：国家社科基金一般项目"实践智慧视域下的政治判断力研究"（项目编号：23BZX14）；陕西省社科基金重大项目"实践哲学视域下党的政治判断力研究"（项目编号：2023ZD09）。

** 刘宇，西北大学哲学学院教授，中山大学实践哲学研究中心研究员，主要研究方向为马克思主义哲学和实践哲学。

关键词：《马克思历史唯物主义个体理论》；马克思；个体；现实的个人；指谓分析法

学界关于《德意志意识形态》中的“现实的个人”思想进行了大量研究，大多局限于存在论和历史观层面，或做哲学史的比较研究，而张守奎教授新作《马克思历史唯物主义个体理论：语言哲学的分析》（中国社会科学出版社，2023）独辟蹊径，以语言分析的进路对此进行了细致的探析，值得深入研读。书中通过指谓分析的特殊方法，具体而微地呈现了马克思个体观的内在意义和限度，令人耳目一新。本文将对这一著作进行较为全面系统的分析和评论。

全文共分为六个部分：第一部分说明，在关于个体问题的诸多哲学研究路径中，语言分析的方法有何可取之处；第二、三部分按照全书的叙述逻辑，尽量同情地理解和客观地说明书中所论述的历史唯物主义个体观的前史及展开；第四~六部分则分别从观点、方法和立场三个层面对书中重要内容进行批判性的分析，并得出结论：尽管全书限于个体主义立场而未能完全打通个体出场的道路，但其中的两条理论原则仍是实现这一目标的必要前提，一是唯物史观必须转换为实践哲学，通过实践语言来呈现个体的实践生成过程，二是实践语言中的行动主体是能够以专名（包括集合词）指称的个体。

一　个体问题的研究路径以及主谓分析方法的优越性

哲学是以概念为元素的理性活动。这是西方哲学传统的基本观念。然而，概念和理性总是关于普遍性和普遍事物的，即多中之一、诸个别事物的共性。人类的认识往往开始于感觉，个别事物总是被认为只是感觉的对象，它变动不居，无法被概念化，对之不能形成理性的知识。尽管哲学不断声称其以逻辑方式运作的理性活动能够把握事物最内在和不变的本质，但也因此它遗漏了一个巨大的领域——那个被普遍所涵盖的个别，其本身如何得到把握和显现呢？之所以强调“其本身”，意在指出需要被把握的东西不是所谓的“个别事物的本质”，而是“那个个别事物”。哲学家们有意忽略对个别事物的把握，除了概念和理性本身的局限，还在于其理性活动的目的是理论的，而不是实践的。也就是说，哲学家只需要用普遍性的原理或理论来解释个别事物的存在和运动，即给出其本质和原因，就认为已经把握住了个别事物，这种理论态度就此而言得到了满足。然而，当人们在实践活动遭遇个别事物时，其所具有的无数不可确定的偶然属性，始终或隐或现地关涉着实践的是非成败。因此，实践中的人将不得不确切地把握个别事物，即不是满足于抽象地把握它的本质或原因，而是把握其在当下情境中的具体性。这样一来，似乎理性认识与实践需要之间产生了不可逾越的鸿沟：理性认识只能把握普遍，而实践中总是遭遇个别。①

理性认识能力的局限性和理论态度的片面性，导致哲学总是悬在普遍性的高处，难以落脚到个别事物之上。哲学的言说虽然对事物给出了五花八门的道理，但是并未触及当下的具体事物，包括生活世界中处于特定处境下的个别的人。因此，一个特殊的哲学问题油然而生：个体如何在理性思维中或曰在哲学中呈现？有哲学家从不同角度思考着这个问题，大致可以分为以下几条路径。第一条是传统的形而上学或存在论（Ontology）进路，主要是关于个体是否存在以及存在的个体究竟是什么的问题，代表哲学家是古希腊的亚里士多德，中世纪的邓·司各特和现代的海德格尔，他们都将个体的存在置于首要位置，它先于被理性所把握的普遍本质。另外，当代分析哲学中的形而上学也注意到个体的基础性意义，如斯特劳森的名作《个体：论分析的形而上学》（*Individuals: An Essay in Descriptive Metaphysics*，1959）以分析的方法倡导一种描述的形而上学，从而确定了在日常经验中殊相（Particulars）之于共相（Universals）的优先性。第二条进路是认识论（Epistemology）进路，主要关

① 参见徐长福《重新理解理论与实践的关系》，《教学与研究》2005年第5期。

注个体的可认识性问题，代表人物是英国的经验主义哲学家，如洛克的同一性理论、罗素的逻辑原子论等，他们从感性认识出发，试图认知并使用语言来描述经验中的个体，从而确定个体的意义。第三条是政治哲学的进路，这也是讨论个体问题最多的领域。个体中最重要的便是人的个体性，霍布斯、洛克、罗尔斯、诺奇克、波普、哈耶克等自由主义倾向的哲学家，以及批判普遍主义政治哲学的后现代哲学家如阿多诺、福柯等，均将伦理政治领域中的个人作为构建社会秩序和政治国家的前提和基础。第四条进路便是语言哲学的进路，主要是从概念的所指与命题的主谓形式中探讨个体的存在、属性及其相互关系。语言哲学家或分析哲学家从被言说的对象或事件与主词表达式和谓词表达式的关系以及从命题形式中分析个体的存在与否、属性的存在与否以及关系的存在与否。语言哲学的进路又可分为两种倾向，一种是以语言为研究领域，讨论个体在语言表述中的意义问题；另一种是以语言分析为研究方法，通过分析个体在语言逻辑结构中的表现方式，来呈现个体之存在，换言之，其核心问题是，存在中的个体如何被"说出来"。

《马克思历史唯物主义个体理论：语言哲学的分析》自觉使用了上述最后一条研究进路。在哲学层面上研究个体问题，相比其他进路，这条进路的优点在于，它兼具语言分析的清晰性、确定性，和存在论探讨的基础性，换言之，它通过分析日常生活中的语言现象即经验性命题，意图去理解和确定，那难以被概念所把握的个体，究竟是如何"存在"的。这一点从"存在"概念的二重含义便可得知：一方面，个体在现实中存在，即个体性的生存是如何展开的，这是存在论的对象；另一方面，西文中的"存在"即为"是"（*eimi*，*be*，*sein* 等），此词是语言活动中的枢纽，可以说，以"是"为纽带的主谓结构言说方式，便直接地呈现着个体性的生存过程。用作者的话来说，"运用语言哲学方法旨在解决个体如何是（How the individual is）的问题，即从主谓词关系视角去考察一个具体和丰满的个体在现实中如何'是'出来或如何'出场'的问题。……主谓关系逻辑分析给出的是说明和解决问题的元码，其落脚点是现实中生活的具体个体（个人）。换言之，经验中的具体个别存在是逻辑分析的本体论基础。”①

然而，与哲学史上其他运用语言分析方法来讨论个体问题的做法不同，这本著作将马克思唯物史观的个体理论作为主要研究对象。这一选择具有两重优点。一方面，既然是对个体如何存在这个存在论问题的讨论，就需要将目光指向现实存在的个体，而非观念中的个体，这正是马克思唯物史观优于其他哲学之处。正是马克思对传统哲学中观念优先性的激烈批判，才终结了观念论（Idealism）对哲学思想的统治，并将哲学转化为关于人的科学，把研究的焦点转向现实本身以及现实中的个体。因此，该书通过对马克思个体理论的研究来探究个体问题，充分体现了个体问题在思想史上的实质性转向，而不仅是一个主题的选择。另一方面，以往研究马克思唯物史观中的个体理论，一般都围绕着相关文本中的核心概念如“现实的个人”进行理论分析，或者在社会学或政治经济学领域内讨论特定社会结构下的个人，这些研究或者是抽象的概念分析，或者是宏观的社会结构分析，缺乏将个体问题落实为微观的具体个体之上的途径。与之相比，该书所使用的语言分析方法，能够直接触及日常生活中的语言现象，尤其是在具体实践中以个别事物为主词的那些实践性语句，这样便能够更为具体而微地呈现现实个体之如何存在。

二　主谓关系框架下的个体观在古希腊哲学中的确立

基于研究路径的独特性，该书采取了一种综合西方哲学史和马克思唯物史观的研究视野。一方面使用语言分析方法考察西方哲学史上经典的个体理论，并构建起关于个体问题的基本哲学立场，这便是亚里士多德在《范畴篇》中所设定的，个体既在存在论中作为第一实体，又在主谓结构中以指称个体的个别词作为“终极主词”的立场。另一方面，

① 张守奎：《马克思历史唯物主义个体理论：语言哲学的分析》，中国社会科学出版社，2023，第7页。

在哲学史探讨的基础上，将亚里士多德的个体优先性立场适用于马克思对黑格尔、费尔巴哈和施蒂纳思想的批判，并阐明通过语言分析落脚到可用专名指称的个人，对于唯物史观理论的实践性落地，具有必要的意义。

这一综合的视野明显超出当前对马克思个体理论的一般研究，其优势主要在于，它为讨论马克思的个体理论提供了明确的理论立场和分析框架。这一立场和框架有两个方面的作用。第一是能够厘清马克思唯物史观中的“现实的个人”概念的确切内涵，这一界定强化了唯物史观的现实性和实践性立场。第二是能够更好地把握马克思批评上述三位哲学家的理论依据，确定了主谓结构中主词和谓词各自的功能和内涵，就能够直接审视马克思本人的个体观，揭示其所隐含的限度。最终，在此立场和框架内，能够进一步扬弃马克思文本中所体现的不够彻底的个体观，并通过分析以个别词为主词的句子之真假和时间性问题，提出个体在世界中“出场”并与世界互动沟通的实践哲学模式。

围绕以上思路，本书展开了环环相扣的三部分结构：历史唯物主义个体理论的理论渊源；历史唯物主义个体理论的理论展开；历史唯物主义个体理论的理论重构。在这个三部曲框架中，全书共包括导论和六章的内容。在导论中，作者着重介绍了书中使用的主要术语、研究方法、所研究的问题及其缘起。具体而言，书中所用的方法叫作“指谓分析法”，即“在形如‘S是P’的主谓判断中，主词S的作用在于指称一个对象的存在，以便让谓词对其进行谓述，谓词P的作用则在于为主词填补和建构意义。……表示普遍性的词语既可做主词也可做谓词，而表示个别事物的专名或个别词，则只能做主词不能做谓词。这样，在专名或个别词对某一事物的指代和普遍词对该事物的谓述之间就不存在同质性关系，即它们之间的关系不可以逻辑推定，从而由它们组成的判断是否属实就只能诉诸直观认定。”[①] 这样，一个主谓判断中就包含两个层次的

---

① 张守奎：《马克思历史唯物主义个体理论：语言哲学的分析》，中国社会科学出版社，2023，第6页。

内容：主词的“在不在”和谓词的“对不对”。个别事物的“出场”只能在以个别词为主词的一阶句子中完成。此类句子通过两个方面来显现个体：一方面要直观认定个别词所指代的个别事物是否存在，另一方面依然要通过直观认定来看谓词的意义是否在主词对象身上得到“例示”。“从指谓分析法来看，我认为‘真实的个体’要出场，或者说以语言逻辑的形式把一个现实的、真实的和具有丰满规定性的个体给谓述出来，就必须从主谓两个方面着手。一方面，保证主词所指落实为专名指称对象上；另一方面要尽可能对主词进行丰富的谓述，或让其意义实现出来。并且，谓词之‘谓’必须在这一个现实个体身上能够得到‘例示’，或者说，在这一现实的个体身上能够找到相应谓词对应的‘意义对应物’。谓词之‘谓’必须以主词之‘指’的真实存在为前提。主谓之间就功能来说存在着异质性关系……主词仅起‘指’的作用，谓词只起‘谓’的作用。”[①] 总之，存在中的个体通过句子的主谓词结构在语言中呈现，而存在与语言的契合是基于认知主体在现场中的直观认定。这样，就能把个体的出场问题归结为语言表述的问题。这便是该书方法论中至关重要的逻辑。

以此方法为抓手，书中第一章考察了柏拉图的“型相论”（即“理念论”）为何以及如何遮蔽感性的个体。究其根本在于，“从语言和逻辑的角度看，柏拉图的型相实际上是一命题中谓词的部分。不过，柏拉图并不满足于此，他要把一阶命题中作为谓词的共相提升为二阶句子（命题）中的主词，从而将型相独立化进而实体化。因此，完全可以说，型相在本体论、知识论、目的论以及逻辑学上的优先性和重要性，使得他不会真正给予经验个体与型相同样的本体地位。也可以这么说，在柏拉图那里，个体不能真正出场与个体出不来，是其型相论本身要求和逼

---

① 张守奎：《马克思历史唯物主义个体理论：语言哲学的分析》，中国社会科学出版社，2023，第16页。

迫所致。”[1] 从书中的方法论立场即可看到，柏拉图没有解决好普遍与个别的关系而是割裂二者的原因在于，他“没有区分主词之‘指’和谓词之‘谓’的差异并且真正认识到二者不可相互替代，也没有真正区分开实体与属性、一般与个别的不同”。[2]

柏拉图未曾解决的问题，成为亚里士多德的出发点。第二章对亚里士多德个体论的讨论是全书第一部分的重点，也是分析后续几位哲学家的理论基石。亚里士多德试图完成柏拉图的意图：贯通个体与普遍。他的主要做法是，不像柏拉图将“真正的是”定位于型相（Idea），而是探讨“是”（being）的不同意义。因为，如果个体和普遍只不过是不同意义的 being，那么，它们就在 being 之中得到统一。可以从两个方向探讨 being 的不同意义：一是横向，另一是纵向。横向的划分是将 being 划分为“实体”（*Ousia*）与“偶性”，其中，实体是 being 的核心意义，因为它为其他偶性意义提供支撑，偶性的存在需要依附于实体。而在实体之中，又可纵向地分为第一实体和第二实体，其中，第一实体即个体又是更基础的实体。因为，只有个体才最为符合事物作为 being 的根本情态：个别性和独立性（可分离性）。个体即作为意识对象的“这一个”（*tode ti*，this something）。它的语言表达式为专名或个体词，[3] 如苏格拉底，在主谓词关系中，是仅能做主词而不能做谓词的“终极主词”，其他两种词类即第二实体和偶性，均可做谓词。这样，在存在论上的划分就呈现为语言的逻辑，第一实体在存在上的优先性保证了专名在主谓关

---

① 张守奎：《马克思历史唯物主义个体理论：语言哲学的分析》，中国社会科学出版社，2023，第 38 页。

② 张守奎：《马克思历史唯物主义个体理论：语言哲学的分析》，中国社会科学出版社，2023，第 72 页。

③ 严格来讲，专名不等于个体词。个体词是直接指代确定个体的单一名称，而专名则可能会是具有不确定性质的名称，如“这”“那”等逻辑专名，以及由几个普遍词组合成的摹状词，如“当今法国国王”。因此，书中所讲的对应个体的专名，实际上只包含直接指代确定个体的个别名称，如人名、地名等。

系中的优先性。[①] 书中对亚里士多德的探讨抓住了几个理论要点，并给出较为新颖的解释，比如，第二章第二节中对两种主谓表达式"S是"和"S是P"的讨论；第三节对实体的二重性之间关系，即"是什么"和"这一个"的探讨。（本文将会在后文讨论后一个问题。）总之，第二章对亚里士多德个体论的探讨，树立了一个理解个体的基本理论框架：存在关系和逻辑关系是相互对应的，在存在上作为第一实体的个体，在语言逻辑中以个体词的形式作为终极主词，具有存在和意义两方面的优先性。

三 马克思个体观在批判中的展开及其限度

在这一结论的基础上，本书第三章和第四章分析了黑格尔、费尔巴哈和施蒂纳三者的个体观以及马克思对他们的批判，第五章重点探讨了马克思本人的"现实的个人"理论及其限度。简言之，书中认为黑格尔明确使用了主谓逻辑来构建起唯心主义体系，"毫不夸张地说，主谓词关系问题是黑格尔全部哲学的枢纽和秘密。黑格尔把'绝对精神'指认为绝对主词-主体，而作为谓词的一切都是'绝对精神'这一绝对主词自身发展和衍化的结果。……问题的关键在于，黑格尔'绝对精神'这一绝对主词本身是先验设定的产物，是一种纯粹逻辑的设定，有这样一个纯粹逻辑设定的主词-主体自我运演产生的谓词，即自然、社会和国家等，尽管看起来拥有无限的现实性与真实性，但终归是'泛逻辑主义'的产物。黑格尔……通过消灭众多主词而独树唯一的超级主词'绝对精神'的办法，把所有谓词囊括和消融于其中罢了。可见，他实际上只是消解了而非真正解决了主谓词关系难题。"[②] "绝对精神"之为超级

---

① 参见张守奎《马克思历史唯物主义个体理论：语言哲学的分析》，中国社会科学出版社，2023，第108页。

② 参见张守奎《马克思历史唯物主义个体理论：语言哲学的分析》，中国社会科学出版社，2023，第122~123页。

主词之所以能够衍生出全部谓词，由于它是具有能动性的，它通过判断行动不断外化自身，释放出自身的各个规定性作为自己的谓词，由此它自身亦愈加丰富。书中使用主谓关系对黑格尔的辩证逻辑和精神的能动性问题做出了清晰的剖析，也阐明了包括马克思在内的青年黑格尔派在何种意义上是对黑格尔思想的颠倒。

费尔巴哈抓住黑格尔在主谓逻辑中对思维与存在关系的颠倒，明确将“现实的存在”作为主词，初步实现了回归常识性主谓逻辑思维的可能性。然而，作者认为“费尔巴哈在主谓结构中通过突出谓词之于主词-主体（实体）的重要性，实际上就已经‘改变’甚至‘颠覆’了亚里士多德主谓逻辑中对主词和谓词、实体和属性的理解。……在费尔巴哈这里……相对于主词来说，谓词的意义和地位被极大提升，无论在地位上还是重要性上俨然有超越主词之可能。”[①] 也就是说，费尔巴哈的颠倒并不彻底，没有下降到个体，而是停留在以较低的“属”（即“类”）做主词的层面，因此，费尔巴哈不懂得“实践的、人的感性活动”。这个看法很有新意。用费尔巴哈在主谓逻辑问题上的局限性来解释其在现实实践问题上的唯心主义倾向，逻辑上很清楚，但也遗留了一个疑问：是不是必须将理论阐述下降到个体层面，否则讨论现实的实践问题时就必然会导向唯心主义？从全书的导向来看，似乎是如此，而这也是作者批评马克思的“现实的个人”不够“现实”的依据。这个问题本文将在第六部分详细讨论。

通过对黑格尔和费尔巴哈主谓关系理论以及马克思对二者批判的探讨，书中得出几个重要的结论：第一，主词是意义虚项，谓词是意义实项，在本体意义上或在实践中，主词通过自身活动展开谓词的意义，而在认知和逻辑层面，谓词是附加到主词上去的。这是将德国哲学的先验自我论和亚里士多德的实体属性论统合为一，是一个很重要的洞见。第二，辩证法预设了主词和谓词、思维与存在的同一性，与之相对，指谓

---

① 参见张守奎《马克思历史唯物主义个体理论：语言哲学的分析》，中国社会科学出版社，2023，第141页。

分析法则要在主谓之间做出明确区分。第三，在上一条启示的基础上，才可能单独考察作为主词的个体，必须通过感性的自然直观而不是谓词层面的符号活动来解决其存不存在的问题，只有主词-主体的真实才能保证其所展开的谓词意义的真实性。[①]

这几个重要结论使本书渐渐进入高潮，即第四章直接讨论以个体为绝对主词的理论，这就涉及施蒂纳的“唯一者”理论，以及马克思对这一理论的深度批判。作者立场鲜明地认为，施蒂纳是亚里士多德第一实体理论的同道中人，他“深谙真正堪当主词-主体的是‘既不谓述一主词，也不存在于一主体中’的专名指称意义上的个别事物，即每一个‘我’或‘唯一者’。在确立了唯一性的‘我’或‘唯一者’这一主词-主体后，再由它去展开或创生一切谓词。”[②] 此章行文较为繁复，论点有些游移，但也可理出比较明确的脉络，大体分为三个层次：

第一，施蒂纳的主要观点：①费尔巴哈虽颠倒了黑格尔的主谓逻辑，但依然把重心置于普遍词，而普遍词实际上是谓词；②真正的主词“唯一者”必须摆脱一切普遍谓词，成为绝对在先者；③唯一者并非只是逻辑上的主词，也是实践中的主体，它创造出属于自己的谓词。

第二，马克思对施蒂纳的批判：①否弃了所有普遍规定性的“唯一者”即孤零零的主词，实际上是抽象和空洞的，只是逻辑上的符号，并不是现实中的个体；②现实的个体发展是在谓词一端，即所处的社会关系之总和；③真正的主词不仅是逻辑上的，必须亦是实践的主体，才能显现为真正现实的个体。

第三，作者对施蒂纳的同情理解：①“唯一者”并非绝对排斥关系与普遍的孤零零的自我，而只是否弃掉那些对主词-主体之个体具有宰制性和胁迫性的先在规定性；②作为唯一者的自我是实践的个体，诸自

① 参见张守奎《马克思历史唯物主义个体理论：语言哲学的分析》，中国社会科学出版社，2023，第150~152页。

② 参见张守奎《马克思历史唯物主义个体理论：语言哲学的分析》，中国社会科学出版社，2023，第158页。

我之间可以形成自主的联合，构建真正的社会关系；③施蒂纳的“我”兼具自持性和创造性，并影响了马克思“现实的个人”思想。

可以发现，探讨施蒂纳的这三个层次在逻辑上具有一定的辩证色彩，作者希望尽可能地提炼出并保留下施蒂纳个体思想中的合理成分，因为只有施蒂纳是坚持个体作为绝对主词-主体这一理论立场的。既然作者将施蒂纳视为符合这一立场的典范，那就意味着，否弃施蒂纳这一立场的马克思便有可能陷入偏差。第五章从两个方向讨论了马克思的“现实的个人”理论，一是从肯定性的方向，强调马克思在这一理论中发展了谓词方面，即强化了现实个人对社会关系的依赖性，以及在特定社会关系的情境中通过感性活动不断创造新的谓词；二是从否定性的方向指出，由于强调了谓词方面，马克思就并没有将“现实的个人”落实为专名指称对象意义上的个体本身，从而在个体出场的问题上存在不彻底性。作者认为，就第一个方向而言，马克思发展和超越了施蒂纳，即马克思吸收了施蒂纳认为主词通过活动创造谓词、展开自身的思想，但将之置于更为现实的语境中，“‘现实的个人’在‘现实’中‘交往’和从事实践活动这一现实性，保证了他所创造的各种社会关系的真实性，反过来说，也正是这些经验性的社会关系赋予了‘现实的个人’以丰富性。”①但就第二个方向而言，马克思却从施蒂纳的个体立场有所回退，因为马克思对“现实的个人”的论述几乎完全是在谓词即个人所处的社会关系方面，而非具体的有名有姓的个体本身，从而可能陷入施蒂纳所担忧的倾向：以普遍压制个体。至此，作者彰显了施蒂纳和马克思之间存在一种张力：施蒂纳试图从主词-主体方面出发开展出谓词，但缺乏现实的条件，只能陷于主体之内，无法通达现实世界；马克思从试图关系-谓词方面出发建构主词-主体，但缺乏真实的个别对象，只能构造思维的

---

① 张守奎：《马克思历史唯物主义个体理论：语言哲学的分析》，中国社会科学出版社，2023，第211页。

具体，无法达到感性的个体。[①]

进而，作者设想指谓分析法能够结合二者，即区分主谓两端，先主后谓地通过直观认定检验，然后予以联结。也就是说，首先秉持施蒂纳所强调的主词-主体的先在性，通过直观认定其有无，然后秉持马克思所强调的谓词的现实性，通过直观认定对象是否“例示”了谓词的意义。然而这只是在对语言进行静态的意义验证，属于思维层面，尚需于存在层面将主谓词的对象结合起来，也就是，谓词意义在现实中的填补或展开，必须是主词-主体实践活动的产物。[②] 这就涉及究竟如何理解作为实践主词的“我”。

书中认为，马克思批评施蒂纳的“我”是孤零零的抽象符号，这个批判实际上混淆了词语和对象。施蒂纳的“我”是实践的主体，而非仅仅是“我”这个词。这样的“我”是一个存在单元，而非意义单元，就像笛卡尔所说的进行怀疑和思考的“我”，实际上是笛卡尔本人这一存在单元，但是被规定为思维中的一个意义单元。[③] 如果通过直观认定将“我”落实为存在单元，就能在实际中直观到其作为实践主体所进行的活动及结果，即直观到谓词意义如何从主体展开。通过对两种单元的区分，作者认为，马克思“现实的个人”理论限度在于，尽管他主观上是将它设定为实际的存在单元，但在其理论中却只能是作为理论元素的意义单元。[④]

这样，通过使用指谓分析法对以上哲学家进行批判性的分析，越来越明确地浮现出作者自身的理论意图。这就来到全书的第三部分——“基于主谓词双重真实的个体观重建”。一开始作者就做出一个较为大胆

---

① 张守奎：《马克思历史唯物主义个体理论：语言哲学的分析》，中国社会科学出版社，2023，第231页。

② 张守奎：《马克思历史唯物主义个体理论：语言哲学的分析》，中国社会科学出版社，2023，第224页。

③ 张守奎：《马克思历史唯物主义个体理论：语言哲学的分析》，中国社会科学出版社，2023，第234页。

④ 张守奎：《马克思历史唯物主义个体理论：语言哲学的分析》，中国社会科学出版社，2023，第236页。

的断言，“从语言哲学中的主谓关系视角看，包括马克思思想中的相关论述在内的全部个体理论，在主词指称对象（主体）的理解上，都没有将其落实为专名意义上的现实中的个体。因此，既往的全部个体理论或多或少都存在‘虚而不实’的缺陷。”① 而现实个体在语言中之出场，“一方面要求主词指称对象必须落实为现实生活中专名指称意义上的个体；另一方面，要求谓词为其填补和建构的意义一定能够在此指称对象身上得以‘例示’，即找到其意义对应物。”此之为“主谓词双重真实”。② 这是书中所追求的个体观重建的基本原则。

在第六章余下部分，这一原则被具体呈现为三个方面：一是双重属实原则在个别词做主词的句子中表现为四种情况；二是必须结合命题的时间性或情境性来考虑其是否属实的问题；三是属实原则在实践中需要通过“明智区分法”来落实。此处值得探讨的是第二和第三个方面。尽管书中反复强调必须通过直观认定来验证命题的真实性，似乎类同于经验主义的证实原则，但实际上与之差别甚大。根本区别在于，经验主义的证实是一种理论态度，即保证命题作为认知内容的真理性，是为了求知而进行的验证，与之不同，本书的指谓分析最终要落脚到实践，所谓的“个体如何出场”其实就是个体如何在世界中进行具体实践，通过创造新事物而展开自身，并通过语言表述来呈现其意义。所以，书中指谓分析法所涉及的命题，主要是实践性的命题，对这种命题对象的直观必须依据实践者的具体活动过程。具体活动意味着情境性，过程意味着时间性。因此，书中申言，“命题的真假就在于命题中的谓词是否可以在主词（指对象）身上被‘例示’，能被‘例示’就是真的，在何种时间段、何种情境下被‘例示’，它就在何种时间段、何种情境下是真的，

---

① 张守奎：《马克思历史唯物主义个体理论：语言哲学的分析》，中国社会科学出版社，2023，第 241 页。

② 张守奎：《马克思历史唯物主义个体理论：语言哲学的分析》，中国社会科学出版社，2023，第 244 页。

否则就为假”。[①]

再者，当个体在实践中走出自我，试图改变现实世界时，便会遭遇个体与世界的关系问题。书中将解决此问题的哲学方式概括为三种，其中，传统哲学以理论态度处理此问题，容易陷入单面的同质性逻辑，即要么将主词-主体无限夸大，膨胀为“理念自我”“绝对精神”等似乎无所不包的概念，要么将“我”或“我思”无限收缩，内敛为“单子”“唯一者”这样的孤立而封闭的内在性。[②] 前者是无限外推的“大我”，后者是无限内收的“小我”，二者均未能把握个体在现实实践中与世界遭遇时的异质性状况，也就是有限但多元的主词在展开潜在无限且异质的谓词时的复杂情况。“‘明智区分法’强调的不是追求以‘同一’来宰制‘多样’，以‘一元’来统纳‘多元’，或将全部普遍的谓词回收到主词自身而不展示出来，而是主张区分、划界和在诸界限之间适度的融通。它要求根据人之自我的‘实践智慧’针对不同领域与不同情境而做出灵活多样的审慎抉择。”[③] 与前两种方式相比，“‘明智区分法’强调历史生成性与多元对应性，强调非逻辑行为的重要。因此，某种意义上说，它旨在拯救现实个体的感性丰富性，使得作为主词-主体的现实个体之诸多属性或谓词能够得到最大限度的展示，并以此凸显真实个体自我的饱满性和丰富性之重要。因此，‘明智区分法’是一种‘实践哲学’的解决策略，而非‘理论哲学’的解决方案。”[④]

至此，全书的意图才完全揭示出来，从一开始看似对“个体如何是”这一理论问题的语言哲学探讨，最终展开为对“个体如何实践”这一问题的实践哲学观照。当然，作者也明确地意识到对实践问题进行语

---

① 张守奎：《马克思历史唯物主义个体理论：语言哲学的分析》，中国社会科学出版社，2023，第262页。

② 张守奎：《马克思历史唯物主义个体理论：语言哲学的分析》，中国社会科学出版社，2023，第267页。

③ 张守奎：《马克思历史唯物主义个体理论：语言哲学的分析》，中国社会科学出版社，2023，第272页。

④ 张守奎：《马克思历史唯物主义个体理论：语言哲学的分析》，中国社会科学出版社，2023，第273页。

言哲学研究的意义和限度。其意义在于“指出个体在语言中如何是、如何开显或出场的逻辑机制”，其限度在于，“对个体的分析尽管必须借助于高阶句子来进行，但个体真正展示其现实性的场域只能是一阶句子，高阶句子的主词必须被还原或‘落实’为一阶句子的主词，即将‘相对主词’还原或落实为‘绝对主词’，才有可能真正指称个别对象。”① 按照书中的立场，个体的“出场”相当于个别词被普遍词进行真实的谓述，当然，也应该包含能够以专名指称的实践主体所发出的实践行为，即人称名词（或人名）加上动词。总之，对实践问题的语言分析实际上是理性思维与感性活动之间的中介。

四 对相关问题的讨论：个别观点层面

以上本文按照全书的逻辑次序进行了概略的梳理和讨论，可以说，这部著作不但逻辑框架严谨清晰，内容宏大丰富，而且在一些具体问题上也有诸多灵光闪现的观点，值得细细品味，但碍于文章篇幅，暂且搁置。尽管本文力图站在作者的视角上客观地呈现全书的面貌，但终究不能代替读者的“直观”，因此，期望读者去亲自阅读，通过“直观”去获得对该书的真实认识。以下本文将跳出该书的内在视角，从其他视角就书中的观点、方法和立场三个层面做一点批判性的讨论。从理论逻辑上来说，这三个层面是由表及里层层深入的关系，观点是外显的论证，方法是论证的前提，立场是方法的根据，也就是说，以下将采取由外而内的次序进行探讨。

就观点而言，书中可议之处甚多，此处只讨论几个能够代表本书独特宗旨的观点，如书中关于柏拉图理念论的解释。关于柏拉图的理念论，本书的独特观点是，理念（或型相）实际上是低阶句子的谓词的实体

① 张守奎：《马克思历史唯物主义个体理论：语言哲学的分析》，中国社会科学出版社，2023，第291页。简而言之，书中所谓的“一阶句子”是指以个别词为主词的句子，“高阶句子”是指以普遍词为主词的句子。

化，这就把柏拉图的本体论还原为语言逻辑。“柏拉图的诸多对话均是把原本是一阶句子中谓词部分的共相提升到二阶句子中主词-主体的位置，并进一步追问它的‘是什么’。”① 书中认为，理念论的缘起是苏格拉底对谓词内涵的究诘。“苏格拉底是对一阶句子中出问题的谓词进行追求，这在逻辑上表现为将其当作主词，然后找适合它们的谓词。但他的重点仍然主要停留在低阶（一阶）句子中，并主要是凭靠经验的归纳过程引向定义。”②

此处对苏格拉底工作的说明似乎值得商榷。苏格拉底对话中讨论的命题多为“X是什么?”其中的X都是概念，如勇敢、正义、虔诚等，而不是专名，因此，苏格拉底讨论的命题并不是一阶句子，而是二阶句子，即以普遍的经验性概念为主词的句子。而且，苏格拉底也并不是通过经验的归纳获得其内涵或定义。实际上，苏格拉底的诸多对话都没有获得概念的确切定义，恰恰因为他通过反讽否定了其他对话者所给出的经验性定义。(《游叙弗伦篇》) 也就是说，在他看来，理念不像一般经验性概念，它并不是通过直接进行定义来认识的，而是需要不断地对有限认识进行自我否定，提升认知主体的内在品质。(《申辩篇》) 因此，在苏格拉底看来，哲学就是练习死亡，意味着把握理念就要与经验世界相脱离，但这个脱离不是认知上的脱离，而是思维层次上的脱离。(《斐多篇》) 书中对苏格拉底的命题理论给出这样的解释，似乎是要显现对经验性概念的探究如何上升为理念论的过程，从而将苏格拉底与柏拉图相对照。然而，这样一来似乎柏拉图不是继承和发展了苏格拉底，而是走向了苏格拉底的反面。

虽然苏格拉底对话中探求定义并不是对一阶句子的归纳，但毕竟有一定的依据可以将苏格拉底的思想还原为语言逻辑，然而，如此还原柏

① 张守奎：《马克思历史唯物主义个体理论：语言哲学的分析》，中国社会科学出版社，2023，第58页。

② 张守奎：《马克思历史唯物主义个体理论：语言哲学的分析》，中国社会科学出版社，2023，第51页。

拉图则扭曲了柏拉图哲学的意义。书中认为，“柏拉图……不满足于在定义时仅仅停留于一阶的句子，而是把一阶句子中的谓词提升为二阶句子中的主词。这样一来，他就既保证了型相的超越性和恒常不变性（因为是普遍的），又保证了型相在本体论和目的论上的根本性（因为做了主词）。如此一来，原本是究诘谓词意义上的类名而成就的型相，就成了一个独立的个别实体（Particular substance），这与它作为类名和谓词部分原有的普遍本性显然是不一致的。”[①] 以及，“柏拉图的型相实质上就是在命题中作谓词的东西，因此，个别事物分有型相，其意思就相当于说型相可以用来作命题中的谓词去谓述个别事物”。[②]

这里，作者明确地将柏拉图的型相论还原为语言的逻辑，用主谓词结构来解释型相与事物的关系，即用主谓词之间的逻辑关系说明型相与事物的存在关系。这一做法是否完全可行？尤其是断定“柏拉图的型相实质上就是在命题中作谓词的东西”，这就把柏拉图的实在论立场替换成了唯名论立场。因为，一个词语能够在命题中作谓词，并不蕴含它的存在和真，否则苏格拉底就不需要跟他人辩论何为词语的“型相”问题。[③] 而柏拉图的型相最基本的意义在于其本身的实存和真。型相论是形而上学，型相和事物的关系是一种存在论的关系，型相保证事物的存在与真实。但一般命题中的主谓词关系只是认识关系的表达，用柏拉图的话来说，它只是“意见”。比如，认为“A 分有 B，就等于说 B 可以谓述 A”[④]，将“分有”还原为命题中的谓述，但这种还原恰恰是柏拉图所反对的智者学派的做法。型相可以用概念来表示，也可以在语言中充当谓词，但不能反过来说，能在语言中充当谓词的就是型相。严格来讲，“分有”中尽管也会用到“是”，但这不是主谓逻辑中的赋义关系，而是

---

① 张守奎：《马克思历史唯物主义个体理论：语言哲学的分析》，中国社会科学出版社，2023，第 51 页。

② 张守奎：《马克思历史唯物主义个体理论：语言哲学的分析》，中国社会科学出版社，2023，第 66 页。

③ 〔古希腊〕柏拉图：《柏拉图对话集》，王太庆译，商务印书馆，2004，第 8 页。

④ 张守奎：《马克思历史唯物主义个体理论：语言哲学的分析》，中国社会科学出版社，2023，第 67 页。

存在关系，即主词所指事物以何种方式存在，以至于是其所是。智者学派正是通过屏蔽事物何以是其所是这一存在问题，从而取消了事物之本质与偶性的差别，使得本来目的在于探求真理的论述沦为单纯语言上的诡辩。

所以，将型相论的形而上学命题还原为语言逻辑的主谓关系命题，实际上取消了柏拉图的哲学努力，也意味着取消了形而上学的根本意义及合法性。与这种极端语言还原主义相对照，亚里士多德对柏拉图的批评和改造要更为温和，对柏拉图持一种更为同情的立场。亚里士多德取消了理念或形式与事物的分离性，但依然承认形式赋予了事物以存在和真。在亚里士多德那里，形式不是单纯的词语，而是“事物之所是”或事物的“本质”，形式和事物的关系也不仅仅是谓述关系，而是本质与其个体化对象的关系。只不过，亚里士多德的形式不像柏拉图的型相，它不能与个体分离。当然，亚里士多德也承认存在可以与个体分离的纯形式，如努斯、神。就此而言，亚里士多德更接近柏拉图，而不是唯名论。[①] 与亚里士多德相对照，可以看到，将古希腊哲人对型相或形式的形而上学探讨还原为后形而上学时代的语言逻辑分析，实际上可能犯了“时代错置”的错误。

五　对相关问题的讨论：方法层面

书中认为，从理念论来看，可以说柏拉图的理念脱离了个体，从而偏离了其拯救现象的初衷。但是，如果我们阅读柏拉图对话不是仅看对话中人物（哪怕是苏格拉底）的观点，而是统观整体文本，柏拉图的对

---

① 书中第二章为了捍卫亚里士多德的个体优先立场，将亚里士多德的形式解释为个别，将质料规定为个别事物。但是，这并不是因为形式本身即为个别性的，而是因为质料是形式借以实现自身所必需的工具。形式是“如此”，通过规定质料而成为“这个如此”。（参见亚里士多德《形而上学》的第七卷第八章）关于亚里士多德的“这个如此”概念的张力问题，参见徐长福《走向实践智慧：探寻实践哲学的新进路》，商务印书馆，2020，第143~145页。

话恰恰是更为接近个体的。因为那些对话本身就是以个体人物为主体而进行的活动，如同戏剧一般活生生地展现在观众（读者）眼前。[①] 就此而言，柏拉图的对话本身就是一种语言的实践性展示，这种展示显然已超出了以主谓关系为中心的语言逻辑。

那么，这就使我们需要进一步深究一个问题：以陈述句为中心的指谓分析方法是否适用于讨论实践问题，尤其是展示以个体为实践主体的活动过程。这也就是追问全书的一个方法论原则：个体的出场问题是否可以在主谓逻辑的层面得以解答，或如作者所言，至少“指出一个相对正确的方向”。[②] 如前所述，全书的方法是主谓关系分析即“指谓分析法”，分析的焦点是“S 是 P”这样的主谓句，也就是一般的陈述句或判断句。这个句式当然是西方哲学传统所涉及的主要句式，甚至是其存在论（Ontology）的源头。作者便顺理成章地以此为工具，对若干西方哲学理论（包括马克思的理论）进行分析。然而问题在于，这一句式和方法是否能够用来解答“个体如何是（或出场）”的问题？“个体如何是？”的问题固然能够在语言层面来探讨，但不能局限于主谓格式的陈述句。甚至可以说，将个体如何出场的问题限于“S 是 P”句式，恰恰扼杀了问题充分展开的空间。此话怎讲？

回到源头来看。西方哲学为何要以“是”（*einai*、*on*、*ousia*）作为哲思的焦点，要从巴门尼德说起。巴门尼德看到以往哲人们讨论万物的本原问题，但这些问题及答案都是以变动不居的世界现象为依据，是一些既是又不是的意见，而不是永恒不变的真理，即绝对的“是”。因此，他严格区分意见之路和真理之路，将万物本原问题进一步还原，形成一个更高级的“元本原问题”，即思维与世界的关系问题。[③] 这在认识论上就是主体与客体的关系问题，在语言逻辑上就是判断句中的主词与谓词

---

① 参见张文涛选编《戏剧诗人柏拉图》，刘麒麟、黄莎等译，华东师范大学出版社，2007。

② 张守奎：《马克思历史唯物主义个体理论：语言哲学的分析》，中国社会科学出版社，2023，第 286 页。

③ 参见汪子嵩等《希腊哲学史》第 1 卷，人民出版社，1988，第 591 页。

的关系问题。真理必然“是”而不能“不是”。因此，“是”作为判断句中联结主谓词的系词，实际上表达了主客未分时的总体性的真（或真理）。由此，“是”开始名词化，从动词的to be（*einai*）摇身一变为名词的being（*on*，*ousia*），成为形而上学的核心概念，并衍生出本体论这一哲学领域。[①] 很明显，这个词语的哲学化带有强烈的理论认知态度，即对万物之整体秩序的静观（沉思）。[②] 那么，理论认知态度之下的主谓判断句式，是否能充分呈现个体在世界中的实践生成过程呢？

赵汀阳明确提出，表达生活实践应该用to do的句式来代替to be的句式：

> 正因为生活事实是一种特殊的事实，生活事实所蕴含的问题便是单纯的“to be”格式所无法完全容纳的，或者说，生活事实与世界存在不同，它是由人的意志所影响的行为，这一点使得生活事实不像世界存在那样只是一个被给予的存在（the given thing）而是一个给予性的事实（the fact of giving），它具有比现实性更多的性质。这种多出来的性质就是生活的建设性或设计性。……由于人是一种能够反思自身的存在而且能够创造自身的存在方式的存在，人的存在所形成的就是“生活”而不仅仅是“生命”。在这里“存在”（to be）就发生了一种实质性的变化，它由无特征性的to be实现为有特征性的to do。显然，“做”比“在”多出了创造性的内容，它意味着一个根本性的存在论转变。……因此，生活的意义不能在to be中表达出来——to be太单薄了——而只能在to be的扩展式中来表达，于是，生活的存在论句型便是to be meant to do，或者说，

---

① 参见叶秀山《亚里士多德与形而上学之思想方式》，载宋继杰主编《BEING与西方哲学传统》（下），河北大学出版社，2002，第697~705页。

② 古希腊人所说的“沉思”（*theoria*），实际上就是“观看”（*theorein*），这个词后来衍生为“理论”（theory）。参见程志敏《理性本原》，《人文杂志》2001年第4期。

to be is to do。[①]

这段话的结论是“去是即去做”，不是说“是”可以有“做”的意思，恰恰相反，在西方哲学传统中，“是”表达的是主客对立的理论态度，而非主客合一的实践态度。

当海德格尔试图将 being 扭转到生存活动中来时，他所倡导的 being 恰恰不是主谓判断的系词。“‘锤子是重的’……这种句子在逻辑中是规范的例子和‘最简单的’命题现象的例子。……在操劳寻视中‘起初’没有诸如此类的命题。然而操劳寻视确有它自己的解释方式。用上述‘理论判断’的方式就可以说成是‘这把锤子太重了’，或不如说‘太重了’、‘换一把锤子！’原始的解释过程不在理论命题句子中，而在‘一言不发’扔开不合用的工具或替换不合用的工具的寻视操劳活动中。”[②] 这就是说，个体的生存活动实际上不是以主谓判断的结构展开的，因此，要用语言分析来说明个体的“出场”，全书的方法论就面临两个挑战。第一，“S 是 P”型式的句子如何展示具体行为。行为在语言表达中是以人名（或人称）为主词、以特定动词为谓词的句子，如“我写论文”，这显然不是判断句。然而，我们在书中看到的例句都是诸如“苏格拉底是人”“张守奎是中山大学的学生”“张岱年是北京大学的教授”这样的陈述事实的判断句，而没有一句行为句。第二，“S 是 P”句子如何展示谓词在主体实践中不断生成的丰富性。书中虽然不断强调“逻辑语言分析与实践生成论相结合”，然而，书中的例句却都是最简单的单句。这些单句并不能体现方法的要求——“使得主词-主体（行为主体）自身运行扩展开来，使其谓词得以充分展示，从而使得作为主词-主体的个体意义丰满起来”。[③] 它们既不能体现主词-主体的“运行”，更无法体现

① 赵汀阳：《论可能生活——一种关于幸福和公正的理论》（修订版），中国人民大学出版社，2004，第 18~19 页。

② 参见〔德〕海德格尔《存在与时间》，陈嘉映、王庆节译，商务印书馆，2018，第 223 页。

③ 张守奎：《马克思历史唯物主义个体理论：语言哲学的分析》，中国社会科学出版社，2023，第 282 页。

谓词意义的“扩展”，因为，前者需要看到主体在行动，后者需要看到这些行动与世界关联的连贯性。

作者认为，对于个体的具体性，指谓分析法能够“较为清楚地指出通达这种具体性的思维途径，仅此而已！真正要达到个体的具体性，唯有通过每一个个体自身的实践活动，包括其直接相关的符号意识活动”。[①] 那么，既然判断句无法具体地展示实践过程，似乎意味着具体的实践是不可说的，面对实践只能沉默？显然不是。对实践的言说包括两个层次：一是如作者所说的与实践“直接相关的符号意识活动”，二是对实践的叙述。前者直接伴随着实践过程，凸显的是实践的直接现实性，实际上，实践过程中的言说作为实践的辅助并不需要使用明确的主谓逻辑，更多是进行提示、指示、表意等行为的符号使用，如维特根斯坦所举的在建筑时向助手喊“板石！”的例子。[②] 后者在于间接性，是对发生的实践过程的一种理解或解释，显现出实践的意义性，这就需要使用明确的语言表述甚至叙述。理解实践的意义首先在于理解实践者作为个体的存在意义。[③] 谈到马克思对施蒂纳的批判的时候，作者认为“或许施蒂纳才真正抓住了问题的实质，他要求扭转传统质询问题的方式，要把‘概念的问题’即‘什么是人’转变为‘个人的问题’即‘谁是人’。前者强调的是人的‘本质’问题，即考察对主词进行意义填补和建构的谓词问题；而‘谁是人’则完全不同，它直接面对主词-主体本身存在的问题。”[④] 作者认为词句中的“我”究竟是“存在单元”还是“意义单元”的问题，只需诉诸直观将“我”落实为存在单元，便可解决。就实践而言，似乎通过直观到主体的存在就解决了“谁”的问题，然而，显现在“直观”中的，仅仅是实践者的物理形态。

---

① 张守奎：《马克思历史唯物主义个体理论：语言哲学的分析》，中国社会科学出版社，2023，第286页。

② 参见〔奥〕维特根斯坦《哲学研究》，韩林合译，商务印书馆，2013，第18~19页。

③ 狄尔泰说，“理解活动就是要从生活过程中发现某一环境下该过程的生产者。”〔德〕狄尔泰：《精神科学中历史世界的建构》，安延明译，中国人民大学出版社，2010，第184页。

④ 张守奎：《马克思历史唯物主义个体理论：语言哲学的分析》，中国社会科学出版社，2023，第226页。

阿伦特说："他（行动者）开创的行动通过言说向人显露出来，没有言语相伴，他的行动虽然也可以从其粗陋的物理形态上观察得到，但只有通过说出来的话语，那些物理形态才与他相关，宣布了他正在做什么，他做过什么和打算做什么。"[①] 这就是说，要想认识行动者的"谁"，不能仅仅通过直观其行动，而需要借助对行动的言说。但这种言说一旦采取了判断句的模式，就很快变成陷入对"什么"而非"谁"的言说。在阿伦特看来，实践始终处于一个脆弱的、变动不居的关系网络之中。"经由言说对'谁'的彰显，和经由行动的开端启新，都不可避免地要陷入这个业已存在的网络之中并遭受到其直接后果。言与行一起发动了一个新的过程，这个过程最终浮现为某个新来者独一无二的生活故事，并独一无二地影响到所有与他接触过的人的生活故事。……行动的故事也更多地向我们讲述了它的主体，讲述了故事的'主人公'。"[②] 故事最适于表达人类实践的意义，包括主体的"谁"。"故事唯一揭示出的'某人'是它的主人公，故事也是通过对言行的事后追溯，让一个与众不同的'谁'从最初的不可见变为可见的唯一媒介。换言之，某人是谁或曾经是谁，我们只能从了解以他为主人公的故事或他的传记中得知"。[③]

这种讲述个体实践过程的故事或传记，作为语言作品，广义而言就是"叙事"（Narrative，或"叙述"）。[④] 它是一种由诸多语句编织为整体的"文本"（Text），其中的语句显现每个具体的言与行，是构成整体的成分，而这个整体则彰显其中每个成分的意义，因为部分的意义只有在整体之中才能显现出来。在叙事文本这个语言结构体之中，既有从第三人称讲述主体行动和心理活动的行动句和判断句（如在小说和传记居多），也有从第一人称讲述自己行动和心理活动的句子（如在自传或回忆录中居多），还有诸多描写客观情境的判断句，不一而足。而且，这

① 〔美〕汉娜·阿伦特：《人的境况》，王寅丽译，上海人民出版社，2009，第140页。
② 〔美〕汉娜·阿伦特：《人的境况》，王寅丽译，上海人民出版社，2009，第144页。
③ 〔美〕汉娜·阿伦特：《人的境况》，王寅丽译，上海人民出版社，2009，第146页。
④ 关于叙事如何展现人类实践的意义，参见刘宇《实践哲学之诠释学路径——以叙事逻辑为中介》，《社会科学辑刊》2021年第5期。

些语句链接在一起，使主人公行动的连贯过程构成为“情节”。这个整体情节并不能只通过“直观认定”便确定其是否真实，而必须通过语言的编织予以呈现其整体上的真。比如，在历史叙事中，研究者们对同一条史料往往会做出不同的解释，做出不同的叙述。史料是可直观的感性材料，但它并不决定人们对事实的理解。感性直观中的“真”只是初级的材料意义上的真，而通过整体叙述显现出来的“真”才可能是实践的真。[①] 总之，能够彰显个体之“出场”的并不是单一的判断句，而是由各类句式的诸多句子连接和编织为一个整体的叙事文本；同时，该文本也不只是直接显现可直观的主体行动，更是对主体及其行动意义的理解和解释。[②] 这就意味着，以判断句为对象的指谓分析法在展示和说明个体实践问题上，存在方法论上的欠缺。[③]

六 对相关问题的讨论：立场层面

以上讨论了全书在具体观点以及整体方法上的问题，事实上，观点的问题源于方法，而方法的问题则源于立场。也就是说，方法是基于某种特定立场而选择出来的，该方法适合于充分显现该立场视角下所看到的现象，更适合于完成该立场所要求的对现象的解释。那么，本书采用指谓分析方法是基于何种基本立场呢？“将命题结构之主谓分析转换到现实实践主体上，就是命题中作为绝对主体的个别词指称对象与其自身的属性关系问题。在此意义上，可以说‘主谓关系分析’（指谓分析）

---

① 参见〔美〕海登·怀特《形式的内容：叙事话语与历史再现》，董立河译，文津出版社，2005，第1~32页。

② 参见〔法〕保罗·利科《从文本到行动》，夏小燕译，华东师范大学出版社，2015，第199~230页。

③ 实际上，关于如何呈现个体及其实践的具体性，历史上向来存在两条相互竞争的道路：逻辑进路和叙事进路。逻辑进路即以主谓判断句为核心的逻辑分析（*logos*），而叙事则是讲出丰富多彩的故事（*mythos*）。故事通过语言的编织或制作而成，便是古希腊人所说的“诗”（*poiesis*）。上述二进路之争也就是古希腊哲人所萦怀的“诗与哲学之争”：究竟是理性的分析还是形象的表现更能够展示人类实践的经验。

直接奠基于本体论和生成论的问题之上。"[①] 本书使用的指谓分析法始终强调个别词作为主词的绝对优先性，因为只有个别词才能直接指代现实中的个体。个体必须首先作为绝对的主词-主体来出场，然后才让谓词去填充其意义。这就意味着，在尚无谓词的情况下，个别词可以首先孤立地站到主词的位置上。也就是说，这种指谓分析的逻辑立场反映在存在论中，实际上就是个体的可以首先孤立地、不具有任何属性地站出来，然后通过实践发展出各种属性；反映在社会哲学之中，就是个体可以首先孤立地、不在任何社会关系之中地存在，然后根据自己的意愿并通过实践去构建各种社会关系。这就是奠定了全书之基调的个体主义（Individualism）立场。

全书在分析和评论不同哲学家的个体理论的时候，基本上是以个体主义立场为视角，这也就能够解释，书中为何或明或暗地倾向于为施蒂纳的"唯一者"理论进行辩护，或多或少地对马克思的"现实的个人"理论进行批评。因为施蒂纳的"唯一者"就是摆脱了一切属性和社会关系的、绝对孤立的个体，而马克思的"现实个人"却是已被给定了各种属性和社会关系的、被"束缚"着的个体。然而，尽管这一立场在分析诸个体理论时十分鲜明，但在解决个体与世界和解的问题上，却有所后退。在第六章末尾讨论个体与世界和解之动力问题时，作者并不满意罗素、哈贝马斯这类仅仅从主体内在需要出发而展开社会交往的思想进路，而更加青睐马克思的唯物史观进路，因为主体需要的产生和满足都取决于历史发展的过程。显然，前者是个体主义或主体主义的，而后者是历史主义的。书中所引的马克思的一段话明确地展现了这种历史主义立场，"一个人的发展取决于和他直接或间接进行交往的其他一切人的发展；彼此发生关系的个人的世世代代是相互联系的，后代的肉体的存在是由他们的前代决定的，后代继承着前代积累起来的生产力和交往形式，这就决定了他们这一代的相互关系。总之，我们可以看到，发展不断地进

① 张守奎：《马克思历史唯物主义个体理论：语言哲学的分析》，中国社会科学出版社，2023，第281页。

行着，单个人的历史决不能脱离他以前的或同时代的个人的历史，而是由这种历史决定的”。[①] 这段话是对施蒂纳个体主义立场的深刻批判，然而，书中只是在结尾部分讨论个人与世界和解的问题上才欣然接受这种历史主义立场。那么，一个问题便浮现出来：此处对个体主义立场的批判、对个人受限于历史这一根本事实的承认，与第五章对马克思“现实的个人”理论之限度的强调是相容的吗？二者之间是否存在矛盾呢？

如前所述，关于马克思的“现实的个人”，作者依据指谓分析法进行了如是评论：

> 马克思由于直接针对施蒂纳抛弃谓词的状况而发动攻击，结果导致他对“现实的个人”之“谓词”的方面过分突出，而忽视了对其作为主词之“指”方面的深入探讨。尽管他强调要把其落实为经验中的个人，但这样的个人如果不能落实为有名有姓的专名指称对象，那么它显然仍然是个普遍物。由此可见，马克思在悬置主词指称对象之现实存在性的基础上，企图把具有丰富意义的“现实的个人”实现出来的诉求，实际上并没有真正达到，他并没有真正解决主词与谓词以及个别与普遍的关系问题。[②]

马克思解决了个体与世界和解的动力问题，同马克思并没有真正解决主词与谓词以及个别与普遍的关系问题，这两个论断之间显然存在张力。因为，所谓的个体与世界的和解，转换成主谓逻辑话语，实际上就是主词与谓词、个别与普遍之联结的合理性问题。如果说在实践场域中，个体是通过社会关系和历史过程的中介来达到与世界和解的，那么，在逻辑或语言场域中，主词便只能通过描述社会关系和历史过程的谓词来

---

① 《马克思恩格斯全集》第3卷，人民出版社，1960，第515页。转引自张守奎《马克思历史唯物主义个体理论：语言哲学的分析》，中国社会科学出版社，2023，第277页注释5。

② 张守奎：《马克思历史唯物主义个体理论：语言哲学的分析》，中国社会科学出版社，2023，第9页。

实现丰富化。只不过，这个丰富化过程不可能体现在理论中，包括马克思本人的理论著作中，因为理论总是以概念为元素的。但马克思毕竟以范畴的言说方式（“现实的个人”）指向了处于具体社会关系和历史情境中的个体，而在理论著作中的这个指向鲜明地体现在了他的历史著作中。

那么，书中为何会出现这种张力和游移呢？根源在于个体主义立场本身的缺陷。这一立场是近代以来的主流意识形态，从霍布斯的自然状态中的孤立个人、卢梭的自然人到施蒂纳的唯一者，从笛卡尔的我思、洛克的白板心灵到罗素的原子主义，不论在社会政治哲学中还是在认识论中，这些抽象的个体总是先于属性和关系而存在的。查尔斯·泰勒称这种个体观为“点状自我”,[①] 麦金泰尔称之为“幽灵般的‘我’”,[②] 马克思也明确讲：“对于各个个人来说，出发点总是他们自己，当然是在一定历史条件和关系中的个人，而不是思想家们所理解的‘纯粹的’个人。”[③] 这一个体观已经是 20 世纪的现象学、社群主义和马克思主义共同批判的对象，无须赘言。需要说明的是，这种个体观如何影响了书中对马克思“现实的个人”概念的理解，以及要求主词与主体之对应须经直观认定的经验主义证实原则。[④]

作者认为，当马克思的“现实的个人”不能进一步下降到张三、李四等个体时，便显露出其限度。“现实中真正的‘现实的个人’只能是张三、李四或王五这样的一个个的活生生的、专名指称意义上的生命个体”，因此，“倘若真正的个体只是亚里士多德意义上的‘第一实体’，而马克思所谓的‘现实的个人’又不是绝对主词指称对象，即‘第一实体’意义上的东西，而只是个较靠近‘第一实体’的‘属’，那么这表

---

① 参见〔加〕查尔斯·泰勒《自我的根源：现代认同的形成》，韩震等译，译林出版社，2001，第 243~244 页。

② 参见〔美〕阿拉斯戴尔·麦金太尔：《追寻美德：道德理论研究》，宋继杰译，译林出版社，2011，第 41 页。

③ 《马克思恩格斯全集》第 3 卷，人民出版社，第 86 页。

④ 刘森林教授也提醒不要把“现实的个人”理解为孤立的个体。参见刘森林《何为“现实的个人”之现实性?》，《马克思主义理论学科研究》2017 年第 4 期。

明他所谓的‘现实的个人’一开始就不是现实的（可直观认定的）。”[①] 尽管作者对马克思的“现实的个人”（die wirklichen Individuen[②]，the real individuals[③]）一词做了明确的解释，即它是与抽象的、非现实的、观念的中的个人相对立的，但认为这个词语的意义及其诸多具体规定终究是谓词层面即普遍的。然而，马克思的“现实的”还有另一层意思，即与“现存的”相对立。这一义项显然来自黑格尔。黑格尔认为，“现实（Wirklichkeit）是本质和实存或内部和外部直接所形成的统一”，[④] 它一方面不同于思想中的抽象的东西，而是实存的东西，“完全起作用的东西”，另一方面，不能“把现实与可以摸得着的、可以直接直觉的东西混淆起来”，因为它是包含着运动过程的必然性的产物。现实包含着条件、事实和活动三个环节，尤其是“活动”这一最后环节，是“条件转变为事实和事实转变为条件的运动……这种运动不过是从潜在地包含着事实的各个条件中发挥出来事实来，并通过扬弃各个条件所具有的实存，而赋予事实以实存的运动。”[⑤] 所以，现实的事物不是如经验主义眼中的直接感知对象，而是历史发展的效应和结果。有学者考证了 Wirklichkeit 一词的原义：“‘现实’（Wirklichkeit）经常被人们从经验实存的意义上来理解，与当下即是的现存等同起来，这是日常生活意义上的‘现实’概念，不是哲学意义上的‘现实’概念。从字面上看，Wirklichkeit（现实）本来是与 Wirken（起作用、发生效果）、Wirksam（有效果的、有作用的）直接相关，意味着介入 Dasein（当下定在），成为 Existenz（实存）。”[⑥] 可以说，

---

① 张守奎：《马克思历史唯物主义个体理论：语言哲学的分析》，中国社会科学出版社，2023，第 233 页。

② *Karl Marx · Friedrich Engels Werke*，Band 3，Berlin：Dietz Verlag，1978，S. 20.

③ *Karl Marx Friedrich Engels Collected Works*，Volume 5，London：Lawrence & Wishart，1975，p. 31.

④ 〔德〕黑格尔：《逻辑学——哲学全书·第一部分》，梁志学译，人民出版社，2002，第 263 页。

⑤ 〔德〕黑格尔：《逻辑学——哲学全书·第一部分》，梁志学译，人民出版社，2002，第 263 页。

⑥ 刘森林：《启蒙与“现实”的开启：青年黑格尔派的现实观》，《山东社会科学》2020 年第 3 期。

黑格尔对现实性的理解是将这种哲学现实观进行了内在发展环节的剖析，而马克思的现实观则是进一步将其落实到经验的历史之中。

既然马克思心目中的“现实的个人”不是经验主义的直观对象，而是历史运动的产物和要素，那么，就不能仅靠个体认知器官予以直接性的观察（直观认定），而是要通过把握历史运动这一中介来进行理性的认识。当然，这个历史性中介既包括各种物质条件、生产方式、交往方式、社会关系等宏观事物的缘起、发展和变迁，也包括已经深度融入其中并参与其间的个体的生命故事这种微观事物。而这些历史运动，在语言层面便可以通过特定的历史叙事来呈现。只有这样，才能真正理解在历史现实中的各个个人。就此而言，马克思的历史著作《路易·波拿巴的雾月十八日》被视为依据唯物史观进行历史研究和叙事的典范，通过灌注着普遍理论的特殊历史叙事，我们才得以深刻地理解“路易·巴拿巴”这个专名所指称的那个人，个体才真正地“出场”了。这个“场”就是个体所处的社会关系和历史情境，所谓“出场”，就是个体在此关系情境中的实践活动和生命历程，而语言层面的“出场”则意味着，能够以表达特定社会结构和历史情境的叙述文本来充分理解该个体。总之，研究个体的“出场”问题，不能抛开“场”去说明个体，而是要研究“在场”的个体，需要首先说明个体所在之“场”以及个体如何“在”场。

当然，尽管个体主义立场的指谓分析法并未成功地把握唯物史观的个体观，但这一语言分析的进路还是值得肯定和进一步探究的。在笔者看来，书中有两个基本原则仍然是解答个体出场问题的必要前提：一是必须将唯物史观转换为实践哲学，探究个体如何在实践的场域中不断生成，这就需要通过实践语言来呈现；二是实践语句中的行动主体必须能够落实为专名（包括集合词）指称意义上的个体，尽管这一“落实”不是通过简单的直观，而是通过更为复杂的叙事。①

① 关于在马克思主义实践哲学中个体出场的问题，参见刘宇《马克思主义实践哲学视域下的实践具体化和实践叙事问题》，《哲学研究》2018 年第 6 期。

国家社科基金
后期资助项目
德性与功利的批判：
马克思实践哲学范式研究
The Transcendence of the Praxis and the Utilitarianism:
On the Paradigm of Marx's Practical Philosophy
袁凌新　著
中国社会科学出版社
德性与功利的批判
中国社会科学出版社

马克思实践哲学的范式革命与中国形态

——评袁凌新《德性与功利的批判：马克思实践哲学范式研究》*

李金和**

摘　要：马克思政治经济学批判范式的实践哲学，既与西方传统实践哲学具有思想上的承续关系，更是对西方传统实践哲学范式的根本变革。作为不仅“解释世界”，而且“改造世界”的马克思实践哲学，它也是建党百年来中国革命、建设和改革的哲学基础。袁凌新教授的著作《德性与功利的批判：马克思实践哲学范式研究》，以马克思主义的大历史观和实践观为视野，以马克思实践观的演变和政治经济学批判范式的演进为核心，从考察古希腊德性伦理实践哲学范式、近代功利伦理实践哲学范式到康德黑格尔对德性与功利的形而上学改造的思想史中，指认马克思政治经济学批判实践哲学范式的思想渊源与范式革命，具有历史的纵深感；从社会主义市场经济事实出发勾勒当代中国政治经济学的实践哲学范式，并对社会主义市场经济中的劳资关系和功利-道德问题做出反省，具有现实的穿透力。

---

* 本文系国家社科基金后期资助项目“政治人格建构：思想政治教育本质的历史唯物主义阐释”（项目编号：21FKSB022）成果。

** 李金和，湘潭大学马克思主义学院教授，博士生导师，主要研究方向为马克思主义价值理论与思想政治教育。

关键词：实践哲学；德性伦理范式；功利伦理范式；政治经济批判范式

马克思指出："全部社会生活在本质上是实践的。凡是把理论引向神秘主义的神秘东西，都能在人的实践中以及对这种实践的理解中得到合理的解决。"[①] 并由此指出："哲学家们只是用不同的方式解释世界，问题在于改变世界。"[②] 马克思以"改变世界"为宗旨的哲学，无疑是实践哲学。由此需要回答的问题是，以"改变世界"为宗旨的马克思的实践哲学，其"改变世界"的理论图式是什么？核心范式是什么？怎么改变世界？哲学家们"解释世界"的哲学是不是实践哲学？是什么形态的实践哲学？以"改变世界"为宗旨的马克思的实践哲学，与哲学家们"解释世界"的实践哲学是什么关系？有什么根本变革？中国革命、建设、改革如何坚持和发展马克思的实践哲学？形成了什么样的中国马克思主义实践哲学形态？袁凌新教授的著作《德性与功利的批判：马克思实践哲学范式研究》（中国社会科学出版社，2022），以马克思主义的大历史观和实践观为视野，以马克思实践观的演变和政治经济学批判范式的演进为核心，以马克思之前、马克思和马克思之后三个阶段为架构，聚焦马克思实践哲学的范式革命与中国形态问题，自古典至现代，再到当代中国政治经济学的实践哲学范式，立意高远，在历史、理论、实践的贯通中娓娓道来，不啻为一部兼具思想史的穿透力、学理深度和现实关切的创新之作。

一 德性伦理范式—功利伦理范式—马克思的政治经济学批判范式：实践哲学的生动画卷

"实践"是哲学中与人的现实生活紧密关联的一个核心概念，实践

① 《马克思恩格斯文集》第1卷，人民出版社，2009，第501页。

② 《马克思恩格斯文集》第1卷，人民出版社，2009，第502页。

哲学，即面向人的现实生活，以人的生活世界为出发点，对人的生活意义进行哲学探讨的哲学。这是通过物质活动以“改变世界”为宗旨的马克思实践哲学和以往哲学家们通过“解释世界”，以“影响世界”的实践哲学的共识。从社会历史发展的角度来看，实践具有本体论意义。实践创造了社会历史，创造了人的自由全面发展历程。问题在于，在思想的不同历史时期和不同的思想家那里，“实践”的内涵和意义不同，因而出现了不同范式的实践哲学。论及“实践理性的实用意义、伦理意义和道德意义”，哈贝马斯提出，“实践哲学的讨论始终都有三个源头，即亚里士多德的伦理学、功利主义和康德的道德理论。在这个紧张激烈的论辩场上，争论双方也都与黑格尔建立起了联系；黑格尔想通过其客观精神理论以及用德行（Sittlichkeit）‘扬弃’道德（Moralitaet）的理论，把古典的集体自由思想与现代的个体主义自由思想综合起来。”①

有比较才有鉴别，有鉴别才有正确的选择、坚持和发展。讲清楚以“改变世界”为宗旨的马克思实践哲学的理论图式和核心范式，彰显马克思实践哲学的科学性与革命性，不仅需要基于马克思文本的实践哲学理论阐释，而且需要基于与亚里士多德的实践哲学、功利主义的实践哲学和康德、黑格尔的实践哲学等的比较研究。“马克思的实践哲学不仅与其时代紧密相关，而且有赖于前人的历史。这种历史首先是社会物质实践的发展，同样还有植根于其上的思想史……马克思的实践哲学不是一座孤立的高峰，而是属于几千年人类智慧层峦叠嶂、连绵不绝的思想伟岳的整体。……只有把视域的镜头拉长拉宽，只有以历史的整体的纵深和开阔的视野，才能看清马克思及其思想的面目和地位。”② 为此，作者从古希腊实践哲学开始，到现代功利主义实践哲学（培根、霍布斯、洛克、曼德维尔、斯密、李嘉图等人思想）、康德、黑格尔对于古典希

---

① 〔德〕哈贝马斯：《对话伦理学与真理的问题》，沈清楷译，中国人民大学出版社，2005，第 60～61 页。

② 袁凌新：《德性与功利的批判：马克思实践哲学范式研究》，中国社会科学出版社，2022，“前言”第 1 页。

腊和现代功利主义实践哲学的承续、充实和改造，以致马克思以资本逻辑为中心对资本主义进行批判的，超越了古典德性和现代功利主义思想的实践哲学范式，整体刻画出实践哲学的生动画卷与科学的实践哲学范式。

前苏格拉底时期，智者普罗泰戈拉提出：“人是万物的尺度，是存在者存在的尺度，也是不存在者不存在的尺度。”[①] 西塞罗说，“智者把哲学从上天下降到人间，使注意力从外界自然转向人本身。”[②] 面向从上天降至人间的转轨，由苏格拉底奠基至亚里士多德完成的古希腊实践哲学，“把人主要理解为具有道德伦理性以及政治性，把理性、超越性、应然性、精神性、超自然性、政治性看作是人的核心和主导特性”，因而，“把作为人的存在方式和活动方式的实践，仅仅理解为一种纯粹的道德伦理和政治行为”，亦即“仅仅具有内在的目的和价值、内在追求和内在超越的道德实践”，马克思主义语境中的劳动实践不在其视域之内。[③] 从托马斯·库恩所说的作为共同体成员共同遵守的“模型和范例”的“范式”意义上说，由苏格拉底奠基至亚里士多德完成的古希腊实践哲学，是典型的德性伦理范式的实践哲学，或者说德性伦理实践哲学范式。“德性伦理实践哲学范式，其‘硬核’是德性伦理以及相关的城邦伦理、政治学。它关注了个人的人生意义、道德品性修养，以及社会政治关系等问题，如幸福、快乐、适度、勇敢、慷慨、节制、友善、正义等。”[④]

亚里士多德把真正的劳动者——奴隶，排除在外，否定了劳动者活动的“实践”性质和意义，体现了那个时代的阶级局限，该书从唯物史观的角度做出了深入细致的分析。亚里士多德认为，闲暇和自由表征了

---

① 北京大学哲学系、外国哲学史教研室编译《西方哲学原著选读》（上），商务印书馆，2009，第54页。

② 〔美〕梯利：《西方哲学史》（增补修订版），葛力译，商务印书馆，1995，第44页。

③ 袁凌新：《德性与功利的批判：马克思实践哲学范式研究》，中国社会科学出版社，2022，第3页。

④ 袁凌新：《德性与功利的批判：马克思实践哲学范式研究》，中国社会科学出版社，2022，“前言”第1页。

实践哲学的意义，但奴隶的劳动活动只是闲暇和自由的工具，排除于实践之外，劳动者不自由，自由者不劳动。而在马克思看来，社会历史的发展将消除历史的和阶级的局限性，未来社会将会出现劳动和闲暇、自由的统一。当然，我们不能用现代社会的公平正义标准来苛求人类社会的“童年”时期，无论马克思还是恩格斯，他们都肯定了古代社会奴隶制的必要性和重要意义。尽管奴隶制是一种对抗性的社会体制，但它却促进了古代社会的繁荣。没有奴隶制就没有古代社会繁荣的文化艺术和科学。这就是社会历史发展的辩证法。

社会历史辩证法还体现于，随着时代的发展，古希腊德性伦理实践哲学范式的问题日渐凸显，需要深化和超越。文德尔班指出，“道德越表现出有别于个人的天然本质，便越显示出关于诱导人遵循伦理命令的动机问题以及有关伦理命令的有效性的基础问题”，譬如：“道德的内容是什么？我们怎样认识道德的内容？伦理命令的合法性基于什么？什么使人采取道德行为。”[①] 作为资本主义生产方式的反映，在近代西方哲学中，这些问题的答案通过“以个人作为解释的出发点”的功利主义实践哲学，亦即功利伦理实践哲学范式集中体现出来：“个人欲望的满足被提高到作为伦理功能的价值标准。以此原则为基础而树立起来的实践哲学体系就是功利主义，功利主义多样化的发展构成这些思想复杂循环的旋转中心。”[②] 因而与古希腊德性伦理实践哲学范式相反，近代功利伦理实践哲学范式强调的是物质利益问题，利益成为不证自明的概念，个人利益成为道德伦理、经济和政治的解释原则。用席勒的话说：“功利作为这个时代的大偶像，用其强大的力量使所有的事物都屈服在它脚下。”[③]

对于功利伦理实践哲学范式系统深入的解读，体现了作者此方面深厚的学术功底，笔者认为也是此书的一大亮点。从功利主义哲学的概论、前导、展开，以及与古典经济学的融合，作者有诸多独到见解和学术创

① 〔德〕文德尔班：《哲学史教程》（下），罗达仁译，商务印书馆，1997，第 689 页。
② 〔德〕文德尔班：《哲学史教程》（下），罗达仁译，商务印书馆，1997，第 690 页。
③ 〔德〕席勒：《席勒美学信简》，高燕、李金伟译，金城出版社，2010，第 4 页。

建。如果就功利主义本身来谈，其话语的定义域难免狭窄、浅薄，缺少思想理论的广度与厚度。这也是功利主义屡被诟病的原因之一。作者阐明了功利主义理论并非不讲规则，并非一味以个人私利为中心，自爱、自利并非一定自私，它也强调社会伦理、集体的存在。例如，边沁所强调的“最多数人的最大幸福（the greatest happiness of the greatest number)”。作者还从功利主义与古典经济学有机融合的视角，深入分析和展开论述功利主义与经济学的关联，新意迭出。例如，以“斯密问题”为核心，对于《国富论》和《道德情操论》的解读、对于西斯蒙第、李嘉图、马尔萨斯三种不同思想倾向的解读，令人印象深刻。作者指出，应把功利主义理论与功利主义社会做一适当区分。不能以功利主义社会实践的狭隘性“损害”其理论的“周全性”，认为功利主义一无是处。在作者看来，功利主义作为一种思想动机，极大地推动了现代社会的发展，而且强调道德的共通感、个人与他人、个人与社会的平衡。当然，作者也指出，功利主义虽然声明了社会伦理和规则，但“逐利”的逻辑必定给社会带来难以治愈的危害。作者对“斯密问题”的解读就指出了这一点。斯密之后的资本主义社会、资产阶级的统治、“资本逻辑”的僭妄印证了这一点。

康德就敏锐指认和批判了功利主义的狭隘性。对于将“个人欲望的满足”提高到“作为伦理功能的价值标准”的功利主义实践哲学，康德认为，那只是技术的实践，而不是真正的实践哲学。他认为“人就他属于感官世界而言是一个有需求的存在者，在这个范围内，他的理性当然有一个不可拒绝的感性方面的任务，要照顾到自己的利益，并给自己制定哪怕是关于此生的幸福、并尽可能也是关于来生的幸福的实践准则。但人毕竟不那么完全是动物，面对理性为自己本身所说的一切都无动于衷，并将理性只是用作满足自己作为感性存在者的需要的工具。”① 康德区分了技术的“准则”和道德的“法则”，技术的准则表征了功利主义，

① 〔德〕康德：《实践理性批判》，邓晓芒译，人民出版社，2003，第84页。

道德法则表征真正的实践哲学。康德认为，技术准则体现了人类相互对抗的“非社会性”，但这种“非社会性”体现了“大自然隐蔽的计划”，客观上推动了社会的发展。这一点上，康德对于非社会对抗性的态度，不像卢梭那么消极。当然，康德是反对纯粹的醉醺醺的功利的幸福主义，强调道德实践哲学要排除感性功利的“污染”。康德主张：“我们是先天地被理性规定了要尽一切力量来促进世上至善的，这种至善在于把有理性的存在者的最大的福祉与他们身上的善的最高条件，也就是把普遍幸福与最合乎法则的德性结合起来。”① 这样，康德用先验理性对德性伦理实践哲学和功利伦理实践哲学进行了积极回应，并加以形而上学改造。

黑格尔的实践哲学与康德实践哲学既有相同之处，也有区别。两位先哲反思现代社会的发展，因应功利主义实践哲学，指认功利主义对于社会发展的动力机制，又试图对其负面效应进行理论矫正。两者都认为自由是人类发展的宏伟事业，这种自由不仅是功利主义谋求私利的自由主义，而且是意志的精神的自由。后来马克思对这种自由观进行充实改造。作者主张，“马克思的‘自由人联合体’、‘人的自由全面发展’等思想也是对两者事业的承续。”② 黑格尔与康德不同之处在于，康德认为道德的自由是至高无上的，它应该统摄历史，而在黑格尔看来，历史高于道德自由。由此看来，两者的自由观有细微的区别，康德更注重个体内在的道德意志的自由，而黑格尔从世界历史发展的角度认为，个人的道德服从于历史，自由的实现要通过家庭、市民社会、国家等环节。所以，黑格尔的哲学更有“历史感”、马克思主义意义上的“实践感”。作者认为，“黑格尔试图消除‘应然’和‘实然’的二元对立的努力鲜明而深刻地影响了马克思，并使他迅速成为一个‘黑格尔派’。”③

就理论与实践的关系而言，在康德那里，理论的东西与实践的东西

---

① 〔德〕康德：《判断力批判》，邓晓芒译，人民出版社，2002，第 310 页。

② 袁凌新：《德性与功利的批判：马克思实践哲学范式研究》，中国社会科学出版社，2022，第 120 页。

③ 袁凌新：《德性与功利的批判：马克思实践哲学范式研究》，中国社会科学出版社，2022，第 121 页。

是分离的。与康德相反，黑格尔认为，“理论的东西本质上包含于实践的东西之中”①，理论理念和实践理念“同一”于绝对理念。这样，在康德的基础上，黑格尔用绝对理念对德性伦理实践哲学和功利伦理实践哲学进一步加以形而上学改造。由此可以看出，黑格尔尽管提出了理论与实践的统一，并且提出劳动是人的自由本质的确证，从而发展了古典希腊德性伦理实践哲学范式，并通过家庭、市民社会、国家等更具体的环节进行论证，但这一切都笼罩在绝对精神的体系之内，从而窒息了其历史唯物主义的萌芽。

与康德、黑格尔用理性和理念“解释世界”不同，马克思揭示，“意识［das Bewußtsein］在任何时候都只能是被意识到了的存在［das bewußteSein］，而人们的存在就是他们的现实生活过程。”② 人们的现实生活过程，首先是关系人们吃喝住穿等直接生活的物质生产过程。基于人们的现实生活过程的科学的“解释路径”是：“从直接生活的物质生产出发阐述现实的生产过程，把同这种生产方式相联系的、它所产生的交往形式即各个不同阶段上的市民社会理解为整个历史的基础，从市民社会作为国家的活动描述市民社会，同时从市民社会出发阐明意识的所有各种不同的理论产物和形式，如宗教、哲学、道德等等，而且追溯它们产生的过程。”③ 因此，宗教、哲学、道德等等，“既不能从它们本身来理解，也不能从所谓人类精神的一般发展来理解”④，而要去思考它们是如何产生的客观的物质环境和社会关系，从对市民社会进行专业解剖的“政治经济学中去寻求”。⑤ 于是，哲学家们“解释世界”的实践哲学范式——古希腊德性伦理范式、近代功利伦理范式、康德黑格尔形而上学改造的近代德性伦理实践哲学，在马克思那里，为政治经济学批判范式为取代，并以其现实性、批判性、革命性而成为“改变世界”的实践

① 〔德〕黑格尔：《法哲学原理》，范扬、张企泰译，商务印书馆，1961，第13页。
② 《马克思恩格斯文集》第1卷，人民出版社，2009，第525页。
③ 《马克思恩格斯文集》第1卷，人民出版社，2009，第544页。
④ 《马克思恩格斯文集》第2卷，人民出版社，2009，第591页。
⑤ 《马克思恩格斯文集》第2卷，人民出版社，2009，第591页。

哲学范式。马克思的政治经济学批判实践哲学范式，其“硬核”是以物质生产的水平和关系为基础的人的自由发展问题。马克思不抽象地谈论个人的道德问题、利益问题以及社会的公平正义问题，这些问题只是马克思政治经济学批判实践哲学范式的“支援背景”。在马克思的政治经济学批判实践哲学范式中，这些因素不是独立存在的，它们究竟如何，取决于一定的经济发展水平、经济社会关系和经济社会制度。①

二 马克思实践哲学的政治经济学批判范式克服了德性的思辨和功利的滥觞

在马克思的政治经济学批判实践哲学范式中，道德不是独立存在而是受制于经济社会发展状况的要素，但马克思的一生，是以崇高的人类情怀关注人类解放、发展和自由的一生。马克思“改变世界”的政治经济学批判范式的实践哲学，其精神要旨，就是人类的解放、发展和自由。而这，正是理想的未来社会秩序及其政治德性的完美呈现，也正是奠基于功利主义又使其得以扬弃的价值理想的实现。这不仅仅是德性，而且是最高的德性，不仅仅是善，而且是最大的善，是人间至善。亚里士多德有言：“世上一切学问（知识）和技术，其终极（目的）各有一善；政治学术本来是一切学术中最重要的学术，其终极（目的）正是为大家所最重视的善德，也就是人间的至善。政治学上的善就是‘正义’，正义以公共利益为依归。”② 亦即，最高的德性和人间的至善，是“以公共利益为依归”，落实于每一个人的解放、发展和自由的人类解放、发展和自由。

从人类解放、发展和自由这一最高的德性和人间的至善来审视古希腊德性伦理实践哲学范式、近代功利伦理实践哲学范式、康德黑格尔形

① 袁凌新：《德性与功利的批判：马克思实践哲学范式研究》，中国社会科学出版社，2022，“前言”第1~2页。

② 〔古希腊〕亚里士多德：《政治学》，吴寿彭译，商务印书馆，1965，第148页。

而上学改造的近代德性伦理实践哲学，其片面性和局限性，还是非常明显的，同样，马克思政治经济学批判实践哲学范式的科学性和革命性，也是非常明显的。

在《尼各马可伦理学》开篇，亚里士多德提出："人的每种实践与选择，都以某种善为目的。"[①] 古希腊实践哲学中的"实践"，是道德的或政治的活动，是"求善"的活动。如何求善呢？在"幸福作为最高善""幸福与沉思""沉思与其他德性的实现活动"中，亚里士多德写道："幸福与沉思同在。越能够沉思的存在就越是幸福，不是因偶性，而是因沉思本身的性质。因为，深思本身就是荣耀的。所以，幸福就在于某种沉思。"[②] 真正的幸福生活是沉思的生活，沉思是最好的德性，是实践哲学最高等的实现活动，于是，由苏格拉底奠基至亚里士多德完成的古希腊德性伦理实践哲学范式，也就是陷入了一种德性的思辨。

亚里士多德的德性伦理实践哲学范式为什么陷入德性的思辨呢？就其自身的思想逻辑而言，在于其对人的活动和人的生活的三层次划分，以及关于德性的两层次界定。亚里士多德把人的活动分为三个层次：理论、实践和制作，把人的生活分为三个层次：享乐的生活、公民大会的或政治的生活、沉思的生活。在亚里士多德那里，理论的活动是形而上学的沉思活动，实践的活动是德性伦理的活动，制作或者技艺性的活动被排除在"实践"之外。而"德性"，亚里士多德认为，"分两种：理智德性和道德德性"，其中，"道德德性是明智的始点，明智则使得道德德性正确"。[③] 于是，德性伦理实践经"理智德性"和"明智"的中介不知不觉滑向了"沉思"和思辨。就其思想的社会根源而言，则在于其生活的古希腊奴隶制等级社会秩序。作为古希腊奴隶制等级社会秩序的思想反映，在《政治学》中，亚里士多德这样说："[如果不谈心理现象，

---

① 〔古希腊〕亚里士多德：《尼各马可伦理学》，廖申白译注，商务印书馆，2003，第3页。
② 〔古希腊〕亚里士多德：《尼各马可伦理学》，廖申白译注，商务印书馆，2003，第310页。
③ 〔古希腊〕亚里士多德：《尼各马可伦理学》，廖申白译注，商务印书馆，2003，第35、308页。

而专言身体，］自然所赋予自由人和奴隶的体格也是有些差异的，奴隶的体格总是强壮有力，适于劳役，自由人的体格则较为俊美，对劳役便非其所长，而宜于政治生活……这样，非常明显，世上有些人天赋有自由的本性，另一些人则自然地成为奴隶，对于后者，奴役既属有益，而且也是正当。”[①] 逻辑上没有等同关系的自然体格的“强壮有力”与社会等级的“劳役”和“奴隶”，自然体格的“俊美”与社会活动和社会等级的“政治”和“主人”，在这里被强制性地画上了等号，无疑是古希腊奴隶制等级社会秩序的反映，也只有从古希腊奴隶制等级社会秩序才能得到合逻辑的解释。

在康德、黑格尔形而上学改造的近代德性伦理实践哲学中，虽然明确主张“人是目的”，明确强调“人间（Mensch）最高贵的事就是成为人（Person）”，“法的命令是：‘成为一个人，并尊敬他人为人’”，[②] 但是因为“对抽象原则的偏好，对现实和私利的偏废”，在其先验理性和绝对理念的统摄下，“当原则和利益发生冲突的时候，原则几乎总是使利益的要求沉默下来”，[③] 因而没有也不可能跳出古希腊德性伦理实践哲学范式的思辨窠臼。

功利伦理实践哲学范式基于资本主义生产发展的实际，正视个人利益，也倡导社会利益，并为道德伦理确立起利益基础，无疑是历史的进步。但是因为功利伦理实践哲学的“利益基础”，根基上强调的是个人利益，也就导致了功利伦理实践哲学的个人中心主义。在《本真性的伦理》中，查尔斯·泰勒写道：“个人主义的黑暗面是以自我为中心，这使我们的生活既平庸又狭窄，使我们的生活更贫于意义和更少地关心他人及社会。”[④]

无论以德性或以功利为“硬核”的实践哲学，从两个极端来理解把

① 〔古希腊〕亚里士多德：《政治学》，吴寿彭译，商务印书馆，1983，第15~16页。

② 〔德〕黑格尔：《法哲学原理》，范扬、张企泰译，商务印书馆，1961，第46页。

③ 《马克思恩格斯全集》第3卷，人民出版社，2002，第493页。

④ 〔加〕查尔斯·泰勒：《本真性的伦理》，程炼译，上海三联书店，2012，第5页。

握人的实践，他们对实践的理解往往是抽象的、片面的。这两种实践哲学范式的弊端需要科学的实践哲学范式来矫正。马克思“改变世界”的实践哲学，“以其辩证的唯物的历史观为理论根基，以劳动生产为其逻辑起点，在此基础上吸收了德性伦理实践哲学的实践智慧、人的自由幸福和共同体的公平和正义理论，以及功利主义实践哲学对于社会发展的精神动力机制，又克服了两者的局限，以其特有的政治经济批判的范式检视和批判了以资本为核心的现代社会，提出了一切人自由全面发展的美好社会发展愿景。”① 作者分析指出，政治经济学批判集中体现了马克思实践哲学的科学范式。政治经济学批判的出发点——劳动生产实践观，即马克思实践哲学的逻辑起点，政治经济学批判的转向即马克思实践哲学的初步显现，以及对现代资本主义全面深度批判的成熟形态即马克思实践哲学的科学展开。尤其通过作者对《资本论》及其手稿的深入分析，资本消极的功利性、积极的功利性，以及在此框架内人的发展与社会形态之间的关系，得以唯物史观的、历史辩证法的阐明。

“从德性伦理实践哲学到近代功利主义实践哲学再到马克思的实践哲学，体现了古人的原始整体性——现代人的个性——未来社会人的个性基础上的整体发展这一否定之否定过程。”② 马克思“改变世界”的实践哲学始终关注社会历史的当下状况和人们现实生活过程中的直接感受，始终聚焦于人类摆脱现存社会关系、走向人类解放的现实途径，使过去的精神理想在现在和未来得到实现。

三　马克思政治经济学批判实践哲学范式的中国形态

马克思的思想博大精深，人们可以从不同专业、不同学科、不同视

① 袁凌新：《德性与功利的批判：马克思实践哲学范式研究》，中国社会科学出版社，2022，第6页。

② 袁凌新：《德性与功利的批判：马克思实践哲学范式研究》，中国社会科学出版社，2022，第299页。

域进行研究。即使是哲学方面，也有许多学者从“实践哲学”“经济哲学”“政治哲学”等方面去研究，甚至有不同的学者分别认为，马克思的哲学就是“实践哲学”“经济哲学”“政治哲学”，并且引发了不同观点之间的讨论。其实这种指认只是凸显了马克思哲学特征的某个方面，把马克思哲学某个方面的特征突出出来而指认为“第一哲学”，不足为据。马克思的（哲学）思想是一个体系，片面突出某一方面显然具有狭隘性。从该书的论述来看，尽管作者以马克思实践哲学为名进行研究，但他无意以“马克思实践哲学”指代马克思整个哲学，甚至整个思想体系。以实践哲学为名进行研究只是为了突出马克思思想体系的“实践性”，而且强调这种实践哲学研究必须超越哲学的“实践词句”，从“副本”（哲学）转换到“原本”（政治经济学）。作者指出，“从当前的国民经济的事实出发”，① “以学术体现思想，以思想关切现实”，② 马克思思想的实践性才能得以彰显。作者在第八章的第一节特意解析了“非现实的理论”与“非理论的现实”两个概念，令人印象深刻。“非现实的理论”是马克思着意批判的传统的形而上学，在当下学界仍然存在一些沉溺于文本、沉溺于概念逻辑演绎的现象。其实这并非完全不合理，它可以是学术研究的一部分，甚至是必要的。但问题在于，只沉溺于此，而回避现实，这就背离了马克思实践哲学的本真精神。这就是毛泽东批评的“古董鉴赏家”而已。“非理论的现实”这一概念，学者较少进行阐发。这一概念隐含于黑格尔“现实性”与“合理性”两个概念的关系之中，现实或现存的并非合理的，或者说并不是理论的。所谓的现实现存必须经过理论的反思，才可以确定是否合理，是否需要进行革命或者改革。实践哲学并非一味非批判地迎合现实，肯定现实，赞颂现实。若如此，则背离了马克思实践哲学“改变世界”的精神要旨。

① 《马克思恩格斯文集》第1卷，人民出版社，2009，第156页。

② 袁凌新：《德性与功利的批判：马克思实践哲学范式研究》，中国社会科学出版社，2022，第304页。

马克思实践哲学对资本主义政治经济活动的科学反思和批判，是实践哲学的科学范式，是建党百年来中国革命、建设和改革的哲学基础。马克思主义的中国化和时代化，既坚持了理论与现实相结合，反对了“非现实的理论”；又对中国的历史现实进行革命、建设和改革，反对了“非理论的现实”。建党百年来的中国革命、建设和改革，植根于人类历史发展和马克思主义的雄厚土壤之中，始终追求不断满足人民美好生活需要，不断实现社会政治秩序的完美德性和人的德性的丰厚圆满，从而最终实现每一个人的幸福和自由全面发展。正因如此，作者在深度阐释马克思政治经济学批判范式的实践哲学的发生发展与成熟形态，阐明马克思政治经济学批判实践哲学范式的科学性和革命性基础上，提出“当前的学术界应该构建新时代的政治经济学批判和‘资本论’批判，应该构建新时代的马克思主义实践哲学，以体现时代精神的精华”,[①] 并从社会主义市场经济事实出发勾勒当代中国政治经济学的实践哲学范式，继而对社会主义市场经济中的劳资关系和功利-道德问题做出反省。作者认为，构建新时代的马克思主义实践哲学“应该着重把握两个着眼点：其一，真正克服哲学的思辨形而上学，以马克思的政治经济学批判为灵魂把握时代问题……其二，与时俱进地发展马克思的政治经济学批判。”[②]

学术界应当直面社会主义市场经济事实及其矛盾，研究中国人民的美好生活需要，坚持和发展马克思政治经济学批判范式的实践哲学，构建反映中国人民美好生活需要的政治经济学批判实践哲学范式，为当代中国的真实问题发声，这是毋庸置疑的，也是中国马克思主义哲学界的义务和责任。问题是，社会主义市场经济条件下的社会发展问题和人的发展问题与当代中国政治经济学的实践哲学范式是什么关系？当代中国

① 袁凌新：《德性与功利的批判：马克思实践哲学范式研究》，中国社会科学出版社，2022，第7页。

② 袁凌新：《德性与功利的批判：马克思实践哲学范式研究》，中国社会科学出版社，2022，第300页。

政治经济学的实践哲学范式，是不是来源于对社会主义市场经济中的劳资关系和功利-道德问题的反思和批判，来源于对社会主义市场经济条件下社会发展问题和人的发展问题的反思和批判？如果是，那么著作最后两章——“当代中国政治经济学的实践哲学范式”和“社会主义市场经济语境中的社会发展和人的发展”，在逻辑结构和内容叙述上，是否需要适当调整？从现有内容来看，作为落脚点的最后一章——“社会主义市场经济语境中的社会发展与人的发展”，理解为马克思政治经济学批判实践哲学范式视域下的“社会主义市场经济语境中的社会发展与人的发展”，亦即基于马克思政治经济学批判实践哲学范式对“社会主义市场经济语境中的社会发展与人的发展”做出反思和审视，似乎更符合逻辑。也就是说，最后一章，逻辑上，似乎与第五、六、七章的“马克思实践哲学范式”更紧密，而与第八章的“当代中国政治经济学的实践哲学范式”之间，反而存在某种程度上的脱节。这样，反过来，又在一定程度上影响了著作对“马克思之后”中国“与时俱进地发展马克思的政治经济学批判”——“当代中国政治经济学的实践哲学范式”——的阐释，同时也影响了马克思实践哲学范式的革命性意义和指引性意义。这是其一。

其二，当代中国政治经济学的实践哲学范式，学术界的构建固然是其中不可或缺的有机组成部分，但是其典型形态，应该是在中国化时代化的马克思主义重大理论创新成果中。《中共中央关于党的百年奋斗重大成就和历史经验的决议》指出：“党之所以能够领导人民在一次次求索、一次次挫折、一次次开拓中完成中国其他各种政治力量不可能完成的艰巨任务，根本在于坚持解放思想、实事求是、与时俱进、求真务实，坚持把马克思主义基本原理同中国具体实际相结合、同中华优秀传统文化相结合，坚持实践是检验真理的唯一标准，坚持一切从实际出发，及时回答时代之问、人民之问，不断推进马克思主义中国化时代化。”[①] 党

① 《中共中央关于党的百年奋斗重大成就和历史经验的决议》，人民出版社，2021，第66~67页。

的二十大报告进一步指明："中国共产党为什么能，中国特色社会主义为什么好，归根到底是马克思主义行，是中国化时代化的马克思主义行。"①

中国化时代化的马克思主义重大理论创新成果——毛泽东思想、中国特色社会主义理论体系、习近平新时代中国特色社会主义思想，来源于中国革命、建设和改革的实践，落脚于中国革命、建设和改革的实践，是"改变世界"的实践哲学。它们来源于对中国历史和中国政治经济社会事实的反思和批判，是对中国政治经济社会事实与问题的政治经济学批判。从这一意义上说，马克思政治经济学批判实践哲学范式的中国形态阐释，亦即作者所说的"当代中国政治经济学的实践哲学范式"阐释，从建党百年来中国政治经济变迁和演进的事实出发，首先聚焦中国化时代化的马克思主义重大理论创新成果，依据中国革命、建设和改革的历史进程，分两大层面——"当代中国政治经济学的实践哲学范式"的世界观方法论、立场观点方法和四个时期②的基本范式，阐明中国马克思主义政治经济学批判实践哲学范式的典型形态，继而基于学术界的马克思主义政治经济学批判实践哲学范式阐释，阐明中国马克思主义政治经济学批判实践哲学范式的学术构建，或许是更全面、更深刻，也更合逻辑的阐释，而且也更能完整呈现作者所构想的以马克思为核心，分马克思之前、马克思和马克思之后的三阶段"马克思实践哲学范式研究"结构。

① 习近平：《高举中国特色社会主义伟大旗帜 为全面建设社会主义现代化国家而团结奋斗——在中国共产党第二十次全国代表大会上的报告》，人民出版社，2022，第16页。

② "新民主主义革命时期""社会主义革命和建设时期""改革开放和社会主义现代化建设新时期""中国特色社会主义新时代"，《中共中央关于党的百年奋斗重大成就和历史经验的决议》，《人民日报》2021年11月17日。

国家社科基金后期资助项目

马克思的教育思想及其意义

Karl Marx's Thought on the Poly-technical Education

田毅松　著

北京师范大学出版集团
BEIJING NORMAL UNIVERSITY PUBLISHING GROUP
北京师范大学出版社

现代性危机治理的教育方案

——评田毅松《马克思的教育思想及其意义》

李基礼[*]

摘　要：田毅松副教授的《马克思的教育思想及其意义》一书，从哲学的整体主义视角出发把握马克思的教育思想。在该书中，作者认为马克思教育思想面对的背景和问题是社会理性化和人的理性化及其后果。社会理性化表现为世界祛魅、社会分化和大工业发展，从而导致教育的主智主义泛滥和技术主义与过度专业化；人的理性化导致人的意义丧失和自由丧失、人格分裂或片面发展。马克思提出以综合技术教育为主要内容的教育革命，超越了让人完全服务于物的专业教育或技术教育，旨在培养自由而全面发展的人，从而破解社会现代性的弊病和人的问题。因此，《马克思的教育思想及其意义》一书为我们把握马克思的教育思想提供了重要的理论思路。

关键词：现代性；理性化；综合技术教育；马克思教育思想

当今中国，教育被提升到前所未有的高度，教育强国建设已成为推进现代化的战略先导和民族复兴的基础工程，教育问题成为党和国家关心的重大政治问题。与此同时，作为社会阶层流动的重要通道，教育也时刻触动社会的敏感神经，成为经久不衰的公共议题。教育与现代性的

---

* 李基礼，首都师范大学马克思主义学院教授，主要研究方向为《资本论》哲学、现代社会理论。

关系问题向来是现代社会理论研究的重要理论问题。然而，马克思作为现代社会理论三大奠基人物之一，不管是在东方还是西方，他的教育思想没有引起足够的关注，对马克思教育思想的系统性研究就更少了。田毅松副教授的《马克思的教育思想及其意义》（北京师范大学出版集团，2022）一书是近年来这方面不可多得的著作。该书不同于一般从教育学视角出发逐个分析教育相关问题的研究，而是从一种哲学的整体主义视角出发，把马克思理论定位于现代性理论，指明马克思的教育思想立足于现代资本主义社会，针对现代资本主义社会产生的“人的问题”，实现了以“综合技术教育”为主要内容的教育革命，明确教育的目标是培养自由而全面发展的人，从而实现在现代资本主义社会的“总体”中把握教育的革命性意义。

一 教育的背景：社会理性化及其后果

教育作为一种实践智慧古已有之。在讨论马克思教育思想产生的背景之前，作者花费了很大的篇幅（相当于后面一章的内容）来讨论什么是教育的问题，从教育思想的谱系到教育的类型进行了详细的梳理。就教育的谱系而言，作者从古希腊开始，梳理了由苏格拉底开创、柏拉图发展的认知主义教育，由亚里士多德开创、古罗马的西塞罗等继承的自由教育，以卢梭为代表的自然主义教育和人文主义教育，以及20世纪以来教育思想的多元化趋势。通过上述梳理，提炼出教育的三大特征：一是教育对象指向人，培养人是教育的核心内容；二是教育兼具理论性和实践性；三是教育与社会紧密相连。紧接着作者枚举了相关代表性思想家对教育的分类，雅斯贝尔斯把教育划分为经院式、师徒式和苏格拉底式三种教育类型，蔡元培提出“五育”思想，以及后来影响最大、按照学科门类或专业进行划分的新“五育”观念，这“五育”就是道德教育、智力教育、美术教育、体育教育和劳动教育，对此作者花了很大篇幅来阐释被误解的道德教育。以上内容为我们把握马克思对教育的理解、马克思教育思想的定位提供思想史背景，但作者并没有接着阐释马克思对教育理解，以及如何定位马克思的教育思想。原本以为作者会把这些问题留在第二节来阐述，但第二节却转向研究选题确定的思路、马克思教育思想的文献基础和现有研究的述评。如此就让本部分的论述意图不够明确，而且花如此大的篇幅来梳理教育思想史，导致本书对主要问题的呈现不够直接。因此，下面亟须回到问题本身，也就是马克思教育思想面对的社会背景是什么。

任何教育思想观念都是特定社会的产物，马克思教育思想扎根的社会背景就是现代社会。把握马克思教育思想的社会背景，问题不在于指出这一背景，关键在于如何理解这一背景，也就是如何理解现代社会。作者对现代社会的理解没有局限于马克思自己对现代社会的诊断，而是从现代社会理论的广阔视域来把握现代社会或现代性的内涵。作者借用施特劳斯对现代性的分析揭示了现代性的双重面向，即世界祛魅和社会分化，从吉登斯对马克思思想的解读中揭示大工业是资本主义最重要的特征之一。作者综合这些思想家对现代社会或现代性的分析，集中阐释现代社会三方面的规定，即世界祛魅、社会分化和大工业。

首先，世界祛魅。[①] “祛魅”是韦伯用于描述现代社会宗教世俗化的一个独特概念，指的是在西方宗教改革过程中，上帝成为一个绝对超验的存在，任何人“不仅不可能通过魔力获得恩宠，而且任何方法都是不可能的”，由此“把魔力从世界中排除出去”，[②] 祛魅后的世界成为一个仅受因果关系控制的物理化世界，而这样的世界恰恰是能够被人的理性所把握的，由此世界也就变成了一个理性化的世界。那么什么是理性化呢？作者借用施鲁赫特对理性主义的解释进行了说明，而施鲁赫特的解

① “祛魅”德文为Entzauberung，英文为disenchantment，除了译为“祛魅”，还译为“去魅”“除魔”“解咒”“去神秘化”等。

② 〔德〕马克斯·韦伯：《新教伦理与资本主义精神》，于晓、陈维纲等译，生活·读书·新知三联书店，1987，第79~80页。

释实际上源自韦伯在《儒教与道教》一书中的论述。[①] 在此书中，韦伯指出了理性化的三层意思：一是现实的理论化，即通过冥思苦想获得的概念体系或系统化的理论来把握世界或现实的方式；二是行动的工具理性化，即“通过精益求精地设计合适的手段，有计划、有步骤地达到某种特定的实际目的”；[②] 三是生活方式的理性化，即通过追求利益最大化来实现人生目标和进行社会制度安排。在作者看来，世界理性化导致了三重后果：一是近代科学技术的兴起，由此推动了生产力的快速发展；二是人们自由的丧失和意义的丧失；三是政治系统的官僚化。从作者的分析来看，政治系统的官僚化实质上构成了人的自由丧失的重要原因。世界祛魅和世界理性化是现代社会的双重面向，从否定方面来看，体现为传统社会尤其是传统世界观的祛魅；从肯定方面来看，体现现代社会尤其是现代世界观的理性化。

其次，社会的分化。关于社会分化，作者综合了韦伯的行动类型分化理论、格里芬的领域分化或分离理论和哈贝马斯的系统分化理论。这也意味着我们可以从三个方面来理解和把握现代社会的分化问题。在行动分化方面，目的理性行动从行动中分化出来，独立成为现代社会最典型的行动类型。韦伯把人的行动区分为目的理性的、价值理性的、情绪的和传统的四种行动类型，在传统社会向现代社会转型过程中，价值理性行动和目的理性行动凸显出来并发挥了关键作用。价值理性行动体现在新教伦理与资本主义精神之间的关系上，在现代资本主义产生过程中，遵从新教伦理的价值理性行动发挥至关重要的作用。而在资本主义产生之后，目的理性行动成为主导行动类型，这种行动的主要领域是市场。在领域分化方面，作者根据格里芬的研究，认为分化主要体现在如下两方面：一是宗教与政治的分离，也就是宗教世俗化并成为私人领域的事

---

① 〔德〕马克斯·韦伯：《世界宗教的经济伦理·儒教与道教》（最新修订版），王容芬译，广西师范大学出版社，2008，第28~29页。

② 〔德〕马克斯·韦伯：《世界宗教的经济伦理·儒教与道教》（最新修订版），王容芬译，广西师范大学出版社，2008，第28页。

务，而政治、教育等领域摆脱教会控制；二是经济领域与政治的分离，这是现代社会中最重要的分离，这种分离使得以经济活动为主要内容的市民社会领域独立于政治领域，并为一系列哲学文化思想奠定了基础。在系统分化方面，作者借用哈贝马斯的理论，也阐述了两方面的分化：一是社会系统从生活世界中分化出来，而社会系统进一步分化经济系统和政治系统，经济系统以货币为媒介承担系统整合功能，而政治系统以政治权力为媒介承担系统整合功能；二是文化价值系统分化，按照哈贝马斯所提出的有效性主张，文化价值系统分化为认知、道德和审美三大领域，认知领域形成的知识是社会规范，规范领域形成的是道德与法律观念，审美领域形成的知识是自主艺术和自我表现的价值。然而从哈贝马斯的分析来看，这两方面的分化是不同层面的，把它们并列起来有待进一步理清。

最后，大工业的发展。作者从吉登斯对马克思关于资本主义社会的解读出发，把大工业视为资本主义或现代社会最重要的特征之一，甚至认为机器大工业是资本主义社会的主要特征，并分析了大工业对现代社会产生的多方面影响。一是大工业使得分工越来越广泛。这种分工既是生产领域的分化过程，也是理性化过程，这种理性化的积极作用是推动复杂劳动的简单化和生产效率的提高，消极作用是导致工人的畸形、片面发展。二是大工业要求采用机器生产，机器成为资本主义生产方式的基础。通过机器，自然力和自然学科并入生产过程，推动生产力的巨大发展。然而由于机器服从资本增殖，于是资本主义社会出现"机器吃人"的现象。三是大工业使得人类征服自然的能力达到前所未有的高度。大工业不断把自然力卷入生产过程中，然而在资本主义社会，自然改造服从资本逻辑，而不是遵从自然自身的生态逻辑，必将导致自然环境的破坏和生态危机。四是大工业使竞争普遍化。大工业生产有对廉价生产资料的需要，为了确保庞大的产品能够销售出去，市场需要不断突破民族国家边界，形成了世界市场，使竞争从区域扩张到全国、从一国扩展到全球。这种普遍化的竞争关系导致民族对立、城乡对立等，也使人与人之间的关系片面化和简单化。上述针对大工业生产对现代社会影响的分析中，有一个问题需要进一步考察，即大工业是否会必然导致现代社会的负面影响。从主流观点来看，这些负面影响恰恰不是因为大工业所导致的，而是推动大工业背后的社会关系力量——资本逻辑导致的。

在作者看来，现代社会上述几个方面实质上都是“社会的理性化过程及其后果”。[①] 世界祛魅与社会理性化既可以说是一体两面，也可以说恰恰是理性化导致世界祛魅，尤其是现代科学技术把世界简化为一个物理世界，使得神圣世界无所遁形。而社会分化背后的力量仍然是理性主义或理性化，尤其是工具理性的作用不容忽视。机器大工业同样是如此，它“体现了现代社会的理性化特点，而且这种理性化对社会产生了重要影响”。[②]

在完成对现代社会理性化的诊断之后，作者紧接着分析了理性化对教育的影响，这种影响在理论层面表现为教育的主智主义，在实践层面表现为技术主义和过度的专业化。我们首先来考察理论方面的影响，作者认为主智主义传统在西方历史悠久。在哲学上，苏格拉底开启了主智主义传统；在教育上，近代以来由培根开启的知识教育就是典型的主智主义。主智主义本质上是理性化的典型表现，而教育整体上的理性化表现为教育部门从原本所处的系统中分化为一个独立的子系统。教育主智主义的兴起一方面导致道德教育（价值观教育）式微和知识教育的兴起，另一方面导致理性化计算渗入道德教育之中，功利主义原则在道德教育中大行其道。接下来我们考察实践方面的影响，作者认为主要表现在两方面：一是使教育具有技术主义倾向，而技术主义则直接导致教育功利化这一结果；二是导致学科内部分化，其突出表现就是学科的过度专业化，由于教育是培养人的工作，这不仅影响学科的健康发展，还会直接导致受教育者的片面化。

以上我们概述了作者对现代社会的诊断及其对教育的影响，现代社

---

① 田毅松：《马克思的教育思想及其意义》，北京师范大学出版集团，2022，第 58 页。

② 田毅松：《马克思的教育思想及其意义》，北京师范大学出版集团，2022，第 44 页。

会理性化导致教育理性化，教育理性化具有危害性，也就是产生了一种畸形的教育类型，那么这种教育类型则是马克思要革命的对象。在阐述完马克思教育革命的社会背景之后，紧接着作者考察了教育对象，从教育学的角度来看，就是要考察学情。

二 教育的问题：自由丧失与片面发展

在不断理性化的社会中，作为社会主体的人处于一种什么样的状态，面临什么样的困境呢，这就是作者所要讨论的教育的问题域，即“人的问题”。关于人的问题，作者仍然遵从思想史的研究路数，从启蒙运动以来现代人的产生或发现展开分析。通过对康德到黑格尔等德国古典哲学家关于启蒙思想和人的问题的理论的研究，作者认为启蒙运动确立和张扬的是人的理性和主体性，而这恰恰是现代社会理性化的另一个维度，人的理性化。而人的理性化的消极后果主要体现在两个方面，即意义与自由的丧失和人格分裂。

首先，我们考察意义丧失与自由丧失的问题。作者对现代社会所做的理性化诊断，在人的问题必将延续韦伯的两个主题，即意义丧失和自由丧失，哈贝马斯在《交往行为理论》中借用并发展了这两个主题，作者正是借用两位思想家的思想资源进行了阐释。一方面，社会理性化导致人的意义丧失。在社会理性化的进程中，文化价值领域发生分化，艺术、道德与科学知识相分离，价值判断与事实判断相区分，或者说“应当怎么样”与“是什么”相区分，价值领域的知识成为缺乏统一标准的主观知识，价值多元化不可避免，价值世界成为“诸神之争”的领域。面对不同价值观皆可的局面，人们选择何种价值观作为自己的人生意义就失去了绝对意义，从而容易陷入虚无主义之中，最终导致人的意义丧失。另一方面，社会理性化导致自由丧失。在社会理性化的进程中，工具理性摆脱价值理性，成为塑造社会制度的理性力量，导致社会制度的官僚化。在官僚制中，个体行为要服从组织的目的合理性，而不能诉诸自己的价值理性判断和决策，也就是个体只能服从组织规则，以组织效率为旨归，不能根据与组织系统无关的价值观来行动。由此，个体被同化为组织的“小齿轮”。我们对上述两个方面只做了简要的论述，而本书根据韦伯和哈贝马斯的相关文献做了更为细致的阐释。

其次，我们来分析人格分裂的问题。作者认为，“分化是社会理性化的外在表现，那么人格分裂就是人自身的理性化的后果”。[①] 那么人格分裂是如何产生的呢？作者认为，人格分裂是现代社会的产物，随着市民社会从作为共同体的传统社会中分化出来，即市民社会与国家分离，整个社会就分化为经济与政治两大领域。个体在不同领域的互动方式塑造了不同的人格，形成了与之对应的双重人格，即经济人格和政治人格。作者着重从思想史的维度分析了人的经济人格和政治人格的内涵及其演变。人的经济人格的本质规定是理性人，这一概念源自斯密的“理性人假设”，它包含自利和理性两层含义，自利也就是追求利润或利益最大化，而理性则表现为如何实现利益最大化的手段和计算行为。人的政治人格的本质规定就是公民，公民作为国家的成员身份，在洛克式的自由主义和卢梭为代表的古典共和主义的语境中具有不同的含义，前者偏重公民个人权利，旨在防止国家对个人权利的威胁和侵犯，体现的是一种消极自由，而后者偏重公民成员资格，旨在鼓励参与公共政治生活和公共事务，体现的是一种积极自由。作者认为，尽管这种区分随着经济在马克思主义哲学中被确定为“基础”，从而使得两种人格得到融贯性的解释，但并没有否定人格分裂在社会生活中的普遍存在。不过我们也要注意到，社会个体的经济人格和政治人格实质上是相互关联的，政治人格实质上是经济人格的补充，政治人格维护经济人格，政治人格最终是为了维护个体的经济利益及其最大化。

在阐述完现代人的问题后，作者单独列一节来阐述马克思对人的问题的论述，其主要目的是为了考察“除了‘意义丧失’‘自由丧失’

① 田毅松：《马克思的教育思想及其意义》，北京师范大学出版集团，2022，第 67 页。

‘人格分裂’等主题外，马克思有没有对‘人的问题’进行过独到的论述，如果有，应该如何理解这些论述”。[①] 在作者看来，马克思对人的问题的论述经历了从思辨哲学方式向人的经验描述和实证研究的转变，在观点上则经历了从异化观到片面化看法的演变过程，马克思的对人的问题的这些看法“实质上是对‘意义丧失’和‘自由丧失’的不同表述”。[②] 就此而言，马克思关于人的异化理论和片面化的观点与韦伯和哈贝马斯对人的问题的诊断是一样的。当然，由于韦伯和哈贝马斯与马克思相比，是更为晚近的思想家，也就是说他们只是接受了马克思的观点。

关于人的问题，作者一开始似乎说上述人的问题是人的理性化的后果，或者说是由人的理性化导致的，然而从分析中发现，人的问题实际上是社会理性化的产物，是人的理性化的消极方面，具体体现在两个方面，即自由丧失和意义丧失、人格分裂（或片面化），也可以说是三点。根据后面对马克思精神教育的分析，作者把精神上的完善也视为人的全面发展的一个方面，其目的是解决“现代大工业中人的价值或意义丧失问题”。[③] 那么与之对应，我们可以把意义的丧失归结到人的片面发展方面。与现代人的人格分裂为经济领域的理性人和政治领域的公民不同，人原本还作为精神的存在者，在这方面的片面化则表现为精神的萎缩和瓦解。因此，马克思教育思想所面临人的问题可以归结为两个方面的问题，即人的自由丧失和片面化发展。

根据作者对教育背景和教育问题两部分内容的论述，可以这样认为，社会理性化塑造了现代人，造成了人的问题；反过来，现代人又深化了社会的理性化。因此，要从现代性危机中摆脱出来，从马克思的思想来看，一方面要进行社会革命，使人类社会实现从资本主义社会到共产主义社会的转变；另一方面就是要通过教育革命进行人的变革。作者认为，

---

① 田毅松：《马克思的教育思想及其意义》，北京师范大学出版集团，2022，第73页。

② 田毅松：《马克思的教育思想及其意义》，北京师范大学出版集团，2022，第75页。

③ 田毅松：《马克思的教育思想及其意义》，北京师范大学出版集团，2022，第142~143页。

马克思的教育革命的主要内容是综合技术教育，这也是破解现代社会导致“人的问题”的主要方案。

三 教育革命：综合技术教育及其目标

对综合技术教育的阐释，作者没有从回应现代社会理性化及其人的问题着手，而是从西方近代自由主义教育所具有的革命性意义出发展开讨论。为了直面问题本身，下面我们重点梳理马克思的综合技术教育是什么，为何能够化解现代社会中人的问题的相关内容。

作者从马克思的原始文献细致考察了马克思关于综合技术教育的相关论述，从综合和技术两个关键词聚焦综合技术教育的内涵。从词源考察来看，这里的“综合”不是针对单一课程教学内容而言的，而是针对整个学校的课程体系，技术教育必须是多方面的。这里的技术不同于传统社会以手工业为基础的手工技术，而是以现代大工业为基础的现代技术。综合作者对这两个概念的阐述，似乎可以推断出综合技术教育的内涵，即一种与服从单一技术的专业教育相对的多方面的技术教育。那么我们能否简单地把综合技术教育简单地理解为学习多种技术呢？作者在文中没有明确的论述。从参考作者在文献综述中提到、仍具有较高理论价值的王焕勋的《马克思教育思想研究》一书发现，综合技术教育是“在现代科学基础上对一般技术原理和一般技术操作的学习和掌握”。[①] 这里的综合包含纵向的综合和横向的综合两个维度，纵向的综合指的是作为现代工业基础的现代科学，它是整个工业生产的科学基础；横向的综合是指对整个生产系统技术的掌握。

那么综合技术教育又如何化解现代社会中人的问题呢？这一问题的破解关乎综合技术教育的目标，作者明确指出，“综合技术教育的目标就是培养自由而全面发展的人”。[②] 通过培养全面的人，从而克服现代社

---

① 王焕勋主编《马克思教育思想研究》，重庆出版社，1988，第226页。

② 田毅松：《马克思的教育思想及其意义》，北京师范大学出版集团，2022，第101页。

会把人片面化的问题；通过培养自由的人，从而克服劳动者“自由的一无所有”的问题。下面我们就具体来分析综合技术教育如何克服现代社会中人的问题，实现自身教育目标。然而，作者在分析综合技术教育目标时，并没有把重心放在如何实现目标上，而是对教育目标本身即自由人和全面发展的人两个概念进行思想史考察。因此，书中对上述问题并没有直接的解答，只能从作者对两个概念的思想史考察中寻找间接答案。

综合技术教育的目标之一是培养自由人。根据作者的分析，马克思对自由人的理解经历了一个过程，然而与综合技术教育相对应的自由人乃是“发展了自由个性的人”，这一概念具体包含两层含义：一是摆脱了外在必然性束缚的人，外在必然性束缚既包括物质世界对人的束缚，也包括社会对人的束缚，在这里主要是摆脱后一种束缚，从而使个体成为“联合起来的劳动者”；二是充分行使自己自由权利的个体，能够形成并发展自己的自由个性。那么这种自由人何以可能呢，是不是由综合技术教育来承担这一使命呢？对这个问题，作者通过考察《共产党宣言》给予了回答，自由人或“人的自由”的实现需要三个构成要件：一是消灭阶级对立，二是联合体的存在，三是人与人之间竞争或对抗关系的消除。然而根据马克思的理论，阶级对抗是一切对抗的前提和根源，第一和第三个要求是同一的，只是表述方式不同而已。然而一旦消除了一切阶级对抗，那么整个社会趋向成为一个联合体，也就是说消灭阶级对抗和成为一个联合体是一体两面的事情。马克思在《共产党宣言》中指出，这个联合体就是“自由人联合体”。如果从《共产党宣言》的论述来看，自由人得以可能的前提条件是消灭阶级对抗，也就是推翻资产阶级统治，建立共产主义社会。这一点正如作者在阐述共同体时所指出的，真正的共同体是实现个人自由的前提。由此可见，自由人的产生源自社会革命，而不是综合技术教育，而且作者也指出，真正的共同体为综合技术教育付诸实践提供了前提。那么现在的问题是，在作为真正共同体的共产主义社会，已经是一个自由人的联合体，综合技术教育在自由人的培养方面起怎样的作用呢？对此作者在文本中没有做出回应。

综合技术教育的目标之二是培养全面发展的人。作者认为，同自由人一样，全面发展的人也是一个有待厘清的概念。通过对“全面发展的人”的概念梳理，马克思的“全面发展的人”的概念主要包含这几层意思：一是不同于西方主流教育思想的精英主义立场，马克思把教育对象扩大到了劳动者阶层；二是不同于轻实践活动而重人的精神层次的追求，马克思强调生产实践活动的重要性，当然马克思并没有因此而忽视精神教育，而是将之视为教育的主要内容之一。至于到底什么是“全面发展的人”，作者没有进一步说明。那么综合技术教育如何培养全面发展的人呢？作者回到了马克思在《资本论》中关于人的片面化论述，指出要破解这一个问题，就必须依靠综合技术教育，那么如何依靠呢？这里只有一句概括性的话，即“让工人按照现代大工业的原则不断在部门间流动，通过这种多部门、多学科的生产锻炼和教育而克服这种片面性”。[①]

综合技术教育以自由人和全面发展的人为目标，从而能够针对现代社会中人的自由的丧失和人格分裂（或片面发展）加以诊治，那么还有一个问题，即人的意义丧失问题该如何解决呢？对此作者不再求助于综合技术教育，而是转向马克思的精神教育思想。至于马克思如何通过精神教育破解意义丧失的问题，作者没有做更多的论述。总之，通过教育革命化解现代社会中人的问题，不仅要通过综合技术教育，还要通过精神教育。

四　结语

以上对该书主要内容的梳理和概述遵循作者所阐明的思路来展开，作者开篇指出，“逻辑上讲，在分析马克思的综合技术教育思想之前，必须对其时代背景进行介绍和分析，指出马克思的教育思想意欲解决的那些问题，应该如何理解这些问题与教育之间的关系。本书的基本观点

① 田毅松：《马克思的教育思想及其意义》，北京师范大学出版集团，2022，第141页。

是，马克思的教育思想是他在对现代性批判的基础上提出的现代性危机（即资本主义社会危机）的解决方案”。[①] 然而，在我们沿着这一思路概述相关内容时，发现还有诸多内容甚至还有一到两章的内容难以循着上述思路加以概述。究其原因，应当是该书没有完全按照上面的逻辑展开论证，第七章对马克思的道德教育的阐述遵循的是从教育的内容来考察马克思的教育思想。

作者在按照上述思路阐述马克思的教育思想时，也如作者所说的“稍显‘拖沓’”，不过这里说的不是作者所指的没有直接开始讨论综合教育技术的定义、内容、目标等，而是针对论证过程本身。在论证过程中，该书对每一个方面内容的阐述时，作者对相关概念都要从思想史和马克思的文献来展开考察，比如对什么是自由、全面发展的人进行一番概念史和思想史的考察。这种考察体现了作者扎实的理论功底和文献功底，其优点是在比较中有利于我们准确把握相关核心概念的内涵，但不足之处是易于导致主要问题淹没，甚至遗忘对主要问题的回应，使本书的论证逻辑不够凸显。就本书的论证逻辑而言，这种考察方式可能不是最佳方案，因为上述所言的逻辑需要聚焦马克思的教育思想到底面临什么样的社会背景和现实问题，马克思的教育思想是如何回应和破解这些问题的。

就如何来把握马克思的教育思想所处的社会背景和问题域时，作者展现宏大的理论视域。对现代社会和人的问题的分析综合韦伯、涂尔干、吉登斯、施特劳斯、哈贝马斯等人对现代性和现代社会的看法，其中主要的观点来自韦伯和哈贝马斯，为我们深刻理解现代社会提供了丰富的思想资源。基于这种判断，分析了马克思的教育思想如何为现代性危机提供解决问题的方案。这种思路的优点十分明显，那就是对现代性及其问题的理解更加全面丰富，在此基础上使得马克思的教育思想在回应现代性问题上更具现实性和针对性。然而，在阐述马克思的教育思想时，

① 田毅松：《马克思的教育思想及其意义》，北京师范大学出版集团，2022，第26页。

还有一条更为内在的思路，这就是从马克思对现代社会的诊断出发来阐发马克思的教育思想。也就是说，马克思的教育思想是源自他自己对现代社会的认识，他的教育思想与他对现代社会的诊断之间有一种内在的逻辑必然性。当然，在这里，如果作者借用其他思想家的思想中对现代社会进行诊断的观点与马克思的诊断没有对立和冲突，那么两种阐述思路都具有其可行性和特殊的价值。但是如果有冲突的话，那么就存在哪种诊断更为科学合理的问题。从作者目前的论述来看，现有的诊断主要源自韦伯和哈贝马斯的观点，他们两者的观点与马克思的观点在对根本问题的判断上的确存在差别甚至冲突。尽管作者在文中对两方面的观点进行融贯性阐释，然而从理论的彻底性上来看，即使要嫁接两方面的观点，也存在以谁的理论前提为主的问题，如果从内在阐释思路来看，应以马克思对现代社会诊断的核心观点为前提和基础似乎更为合理。

以上是针对该书论证思路展开的一些讨论。这些讨论一方面期盼作者做出更深入的研究，另一方面也构成马克思教育思想进一步研究的方向和空间。在本书的讨论中还有一些问题需要进一步讨论，如教育革命能否推动社会革命，如何发挥作用；马克思的综合技术教育在当前社会主义社会如何展开；我国当前的高等教育和职业教育是否属于马克思的综合技术教育，如果不是，又该如何走向综合技术教育等，希望对该书的讨论能够掀起马克思教育思想研究新高潮。

国外马克思主义政治法律名著译丛
法的一般理论与
马克思主义
［苏联］帕舒卡尼斯 著
姚远 丁文慧 译
商务印书馆
The Commercial Press

帕舒卡尼斯的“商品交易法学”及其理论效应

——评帕舒卡尼斯《法的一般理论与马克思主义》[*]

王金霞[**]

摘　要： 帕舒卡尼斯是苏联法律哲学界的重要思想家，其成名作《法的一般理论与马克思主义》开创的商品交易法学注重从马克思主义的基本理论出发进行学理化建构，从而发展了马克思主义法学，并产生了广泛的国际影响。商品交易法学主张资本主义提供了现代法律确立的现实条件，商品交易关系产生最发达的法律形式。帕氏不满意凯尔森的纯粹法理论、社会学心理学立场的法理论，也对马克思主义法学脉络中的伦纳、斯图契卡的观点进行了批驳。帕氏的观点在西方学界引发了热烈而持续的关注和批判，也有学者进行了理论重构。然而，其理论具有过于强调商品交易的简化倾向，批判功能也略有缺乏，在方法上也呈现一定的主观性。尽管如此，商品交易法学作为马克思主义法学发展史上的重要范型，现今依然具有重要的参考意义。

关键词： 帕舒卡尼斯；一般法理论；马克思主义法学；商品交易法学

---

* 本文系陕西省教育厅青年创新团队计划项目“马克思主义法社会学基本问题研究”（项目编号：23JP181）的阶段性成果。

** 王金霞，西北政法大学法治学院讲师，西北政法大学法治文化研究中心主任，主要研究方向为马克思主义法学、法治文化、法社会学、法律影视等。

帕舒卡尼斯1891年2月23日出生于俄国特维尔州（Tver），曾先后就读于圣彼得堡大学和慕尼黑大学，专攻法学与政治经济学，1918年加入布尔什维克党，在莫斯科地区短暂地任过地方法官和巡回法官，20世纪20年代初做过苏联外交事务人民委员会顾问。然而，帕氏在苏联的大清洗运动中被宣布为“人民公敌”，未经公开审判即遭定罪行刑而于1937年蒙冤死去，直到1956年3月才获得平反。[①]

帕舒卡尼斯在马克思主义法学的发展脉络中是极具原创性的法学家，也是苏联时期少有的具有广泛国际声誉和学术影响力的马克思主义法学家。1924年帕舒卡尼斯出版其成名作《法的一般理论与马克思主义》[②]，由此一跃成为苏联法律哲学界的重要思想家。其对正统马克思主义的突破和开创的商品交易法学也被国际学术界所瞩目和赞赏。哈佛大学著名的法哲学家罗斯科·庞德（Roscoe Pound）曾指出其在1934年研究苏联法律时就对帕舒卡尼斯主要著作的德文译本印象深刻，并尝试学习俄文以翻译帕氏的著作。[③] 另一位著名美国法哲学家朗·富勒指出，不同于维辛斯基的著作充满了意识形态的谩骂，帕氏的著作是严谨的学术讨论，并独创性地在不违背马克思主义的基础上发展了马克思主义的理论。[④]著名的苏联法律研究专家伯尔曼则称，帕氏试图概括法的一般理论，比迄今任何马克思主义者都更为深入地剖析法律的性质，是复杂的学术建构并含有大量知性内容。[⑤] 意大利著名马克思主义哲学家奈格里（An-

---

① *Great Soviet Encyclopedia*, A translation of the third edition, NewYork: Macmillan, and London: Collier Macmillan Publishers, 1982, 19: 319.

② 〔苏联〕帕舒卡尼斯：《法的一般理论与马克思主义》除了有俄文版（1927年出版了第三版）外，还有德文版、英文版、法文版等，影响广泛。中文版主要有两个译本，一是杨昂、张玲玉译本（中国法制出版社，2008），从德文版译出；二是姚远、丁文慧译本（商务印书馆，2022）。

③ See John N. Hazard's Foreword in Piers Beirne and Robert Sharlet edited: *Pashukanis: Selected Writings on Marxism and Law*, London: Academic press (1980), p. xi.

④ Lon. Fuller, Pashukanis and Vyshinsky: A Study in the Development of Marxian Legal Theory, 47 *Mich. L. Rev.* 1157, 1948-1949.

⑤ H Berman, *Justice in the USSR: An Interpretation of Soviet Law*, Harvard University Press (1963), pp. 26-53.

tonio Negri）尤其肯定帕舒卡尼斯著作的伟大及其与西方马克思主义学术谱系的广泛联系。[①] 帕氏的学术著作和学术观点展现了广泛而持续的学术影响力，在西方成为诸多学者的研究主题，在马克思主义法学的学术传统中作为一种重要研究进路。[②]

对帕氏学术观点的全面解读远远超过本文所能处理的问题范围，然而帕氏提出的商品交易法律学说主要是在讨论法律上层建筑与经济基础之间的关系，核心观点极为明确。帕氏认为，马克思主义的法理论不能流于“带有微弱法学色彩的经济形式史，或者制度史”，[③] 而应该同样致力于建立法的一般理论。其代表作《法的一般理论与马克思主义》在德文版中有一个副标题——对基本法律概念的试评，基本倾向即是要论证法律、规范、法律主体、国家、违法等基本法律概念的客观经济基础，特别是建立法律形式与商品交易关系之间的联系。以下主要在明晰其核心理论观点的基础上阐释其广泛的理论效应。

一　资本主义提供了现代法律确立的现实条件

帕舒卡尼斯在俄文第二版序言着重对其理论观点进行了概要的总结，导论中尤其强调了全书的基本观点，帕氏认为，“唯有资产阶级-资本主义

---

① Antonio Negri, “Rereading Pashukanis: Discussion Notes”, translated from the Italian by Lorenzo Chiesa, in Stasis, Vol. 5, No. 2, 2017, pp. 8-49.

② 除前面引用的论文和著作外，对帕氏理论进行讨论的代表性论文或著作还有 Stephen J. Powell, Legal Nihilism of Pashukanis, 20 U. Fla. L. Rev. 18（1967-1968）; Nigel Simmonds, Pashukanis and Liberal Jurisprudence, 12 J. L. & Soc'y 135（1985）; Michael Head, Rise and Fall of a Soviet Jurist: Evgeny Pashukanis and Stalinism, 17 Can. J. L. & Jurisprudence 269（2004）; R. Koen, In Defence of Pashukanism, 14 Potchefstroom Elec. L. J. 103（2011）; Matthew Dimick, Pashukanis' commodity-form theory of law, in *Research Handbook on Law and Marxism*, Edited by Paul O'Connell and Umut Ozsu, Edward Elgar Publishing, Inc. 2021: pp. 115-138; 等等。

③ 〔苏联〕帕舒卡尼斯：《法的一般理论与马克思主义》，姚远、丁文慧译，商务印书馆，2022，第 18 页。

社会才为社会关系中的法律因素达致充分明确性，创造了全部必要条件”。[①]

帕氏的观点可以在马克思的理论体系中找到诸多依据。马克思说，“新思潮的优点又恰恰在于我们不想教条地预期未来，而只是想通过批判旧世界发现新世界”。[②] 资本主义社会这个“旧世界”确实是马克思本人的论述重点，马克思不主张树立任何教条主义的旗帜，而是在批判其所处的变化的资本主义社会中发现共产主义社会的密码。在马克思那里同样存在对照资本主义理解法律形式的可能性和现实性。马克思说：“资产阶级，由于开拓了世界市场，使一切国家的生产和消费都成为世界性的了。”[③] 世界性的市场需要世界性的法律，而现代合同法、国际经济法等规范的形成，正是伴随着这一过程。在资本主义社会的条件下，“过去那种地方的和民族的自给自足和闭关自守状态，被各民族的各方面的互相往来和各方面的互相依赖所代替了”。[④] 正是资本主义给了现代法律体系和法治原则以真正确立的机会，正是资本主义社会的生产力和生产关系提够了一种对法治的广泛需求，并且为这种需求提供了一种现实的可能性。如法治的普遍性正是需要依赖这种现实的普遍性的确立，统一的法律体系才可以适用于一个相互依赖和相互往来的主权国家范围。所以马克思才说，“各自独立的、几乎只有同盟关系的、各有不同利益、不同法律、不同政府、不同关税的各个地区，现在已经结合为一个拥有统一的政府、统一的法律、统一的民族阶级利益和统一的关税的统一的民族”。[⑤] 这里讲的统一性为法律的普遍性奠定了重要的现实基础。

为了论证前述基本观点，帕氏在马克思主义的经典文献中找到更多支撑，恩格斯在《反杜林论》“道德和法。平等”一章中指出的，“从资产阶级社会的经济条件中这样推导出现代平等观念，首先是由马克思在

---

① 〔苏联〕帕舒卡尼斯：《法的一般理论与马克思主义》，姚远、丁文慧译，商务印书馆，2022，第22页。

② 《马克思恩格斯文集》第10卷，人民出版社，2009，第7页。

③ 《马克思恩格斯文集》第2卷，人民出版社，2009，第35页。

④ 《马克思恩格斯文集》第2卷，人民出版社，2009，第35页。

⑤ 《马克思恩格斯文集》第2卷，人民出版社，2009，第36页。

《资本论》中作出的”。[①] 商品是天生的平等派和昔尼克派。商品交换为法律平等奠定彻底的实践基础，也即资本主义的社会经济条件为现代法律的价值体系提供实践基础。相对于马克思主义经典作家，帕氏对法律制度在资本主义社会的普遍确立做了更为充分和广泛的论证。帕氏指出，人类关系法律化必然伴随着资本主义经济的发展，如伴随着社会分工的推进，私有财产得以普遍确立，尤其是基于流通的私人所有权，成为唯一且普遍的所有权形式；土地所有权也从领主控制和农场主雇佣的关系中解放出来，从而丧失其封建特征，成为土地私人所有权的资产阶级法。[②] 公法和私法的划分在逻辑上有许多区分的困难，但是具有资本主义的现实基础，资本主义社会的典型特征是一般利益脱离了私人利益并与之相对立，如果忽略逻辑上的困难而把保护一般利益（general interests，也有翻译为公共利益）的法对应公法、保护私人利益的法对应私法，公法仅能在其不断同私法相排斥的运动中得到发展，在资本主义社会这种排斥才会如此显著，公法和私法的划分才更加具有现实性。[③] 帕氏观点所蕴含的内在普遍性在一位美国法学家泰格那里，获得了更为充分和具体的论述，泰格主要从新兴资本家社会和衰落封建结构之间的斗争入手，探讨了现行法律的发展渊源。[④] 总之，资本主义生产生活实践提供了现代法律体系确立的客观现实基础，法律因素也在社会生活和资产阶级的意识形态中取得决定性的意义。“人体解剖是猴体解剖的一把钥匙”，分析最抽象、最纯粹的法权形式后，就可以运用到历史上的具体事物。

---

① 《马克思恩格斯文集》第 9 卷，人民出版社，2009，第 111 页。

② 〔苏联〕帕舒卡尼斯：《法的一般理论与马克思主义》，姚远、丁文慧译，商务印书馆，2022，第 168~169 页。

③ 参见〔苏联〕帕舒卡尼斯《法的一般理论与马克思主义》，姚远、丁文慧译，商务印书馆，2022，第 70~71 页。姚远、丁文慧译本中的“一般利益”，在杨昂、张玲玉译本中翻译成“公共利益”，公共利益在此更能方便理解。参见〔苏联〕帕舒卡尼斯《法的一般理论与马克思主义》，杨昂、张玲玉译，中国法制出版社，2008，第 56 页。

④ 〔美〕迈克尔·E. 泰格：《法律与资本主义兴起》，纪琨译，上海辞书出版社，2014，第一版前言。

二　商品交易关系产生最发达的法律形式

不同于凯尔森等人的规范学派（实然与应然之间的绝对区分，法律体系即为由基本规范层层授权的应然规范体系[①]）主张的“规范产生法关系”，马克思主义的基本观点认为，法律关系不仅要从逻辑的角度，而且要从现实的角度进行分析，法律规范建立在客观规范的基础之上，现实的物质关系优先于规范。例如如果没有债务人还债，相关的规范就只能认为是不存在的。正如马克思在《道德化的批判和批判化的道德》（书中马克思同一个真正的社会主义者，卡尔·海因茨展开了一场大论战）中讲道：“其实，如果资产阶级从政治上即利用国家权力来‘维持财产关系上的不公平’，它是不会成功的。‘财产关系上的不公平’以现代分工、现代交换形式、竞争、积聚等等为前提，决不是来自资产阶级的阶级政治统治，相反，资产阶级的阶级政治统治倒是来自这些被资产阶级经济学家宣布为必然规律和永恒规律的现代生产关系。”[②] 可见，不管是政治统治还是法的关系，都能在物质关系中找到自己的根源。帕氏则尤其指出，商品和货币经济的存在是基本的前提，没有它们所有的规范都失去了意义，只有在这种基本条件下，法律主体才在自我为中心的现实的人中找到物质基础，法律没有创造它们，而是发现它们。正是纠纷和利益的冲突唤醒了法律形式、法律上层建筑。如在诉讼程序中，从事经济活动的主体第一次以当事人的面貌出现。法在历史上始于诉讼，只是后来容纳了先前的纯粹经济关系或事实关系，这些关系由此才开始取得双重的即经济的兼法律的性质。[③] 这里帕氏强调的是以抽象逻辑形式表达出来的法律形式是具体的、现实的经济关系的产物。

---

① 〔奥〕汉斯·凯尔森：《纯粹法学说》第二版，雷磊译，法律出版社，2021，第6、11页。

② 《马克思恩格斯全集》第4卷，人民出版社，1958，第331页。

③ 〔苏联〕帕舒卡尼斯：《法的一般理论与马克思主义》，姚远、丁文慧译，商务印书馆，2022，第168~58页。

这里需要重点讨论的问题是，法律中一般存在私法和公法的划分，私法的客观基础似乎容易说明，然而，公法如立法权和行政权不能等同于债权人追索债务的私法关系，公法关系则可能采取一种更加具有创造力的方式，如启蒙时期思想家们的自然法理论、社会契约理论都更多出于一种主观的建构，进而提供了整个公法理论的基础。帕氏认为，“国家法只能作为私法形式在政治组织领域内中的映射而存在，否则就根本不能成为法”。[①] 一般利益与私人利益的相互对立中，一般利益无意中采取了私人利益的形式，亦即法的形式。[②] 也就是说，在帕氏看来，资本主义的法律体系当中私法相对于公法具有某种优先性，公法必须以私法为基础，公法必须优先保护私法关系。他写道：“实际上，法律雾障最坚固的核心恰恰在于私法关系领域。正是在这里，法律主体，（用拉丁文表述）即 persona，恰如其分地体现于利己主义经济主体、所有者、私利担当者的具体人格。正是在私法中，法律思维的运动最流畅、最稳靠，而且它的建构采取了最完备、最严整的形态。”[③]

在私法关系中，商品交易关系处于核心的位置。资本主义社会提供法律因素的现实必要条件，商品交易关系则是这些现实必要条件中最为关键的因素，资本主义经济的核心特征即为商品经济。帕氏“力求法的形式趋近商品形式”，他指出：“法仅存在于资产阶级社会，……我向来断定而且依旧断定，商品生产者之间的关系催生了最发达、最全面、最完备的法权中介作用……”[④] 可见，说法律仅存在于资产阶级社会是因为其拥有最发达、最全面、最完备的法律形式，在此之前还有不发达的、萌芽的形式，它们只是分有了最完美法律形式的部分特征。那么，在商

① 〔苏联〕帕舒卡尼斯：《法的一般理论与马克思主义》，姚远、丁文慧译，商务印书馆，2022，第 69 页。

② 〔苏联〕帕舒卡尼斯：《法的一般理论与马克思主义》，姚远、丁文慧译，商务印书馆，2022，第 70 页。

③ 〔苏联〕帕舒卡尼斯：《法的一般理论与马克思主义》，姚远、丁文慧译，商务印书馆，2022，第 45 页。

④ 〔苏联〕帕舒卡尼斯：《法的一般理论与马克思主义》，姚远、丁文慧译，商务印书馆，2022，第 10 页。

品交易关系中如何获得最发达的法律形式？首先，主体范畴在法权形式的分析中具有决定性的意义，而在资本主义的实际条件下，人才彻底从动物学意义上的人转变成为法律上的主体。资本主义首先是一个商品占有者的社会，商品不能自己走到市场上去，必须求助于他们的监护人。商品当中凝结的无差别的人类劳动放在交易中以交换价值的形式展现出来，人不再被当作物来看待，在交易中人是被定义为物的对立面，即主体，其意志在物中起支配作用。市场联系揭示出专门法权意义上的主客对立，在市场中主体才显示出其最为充分的形态。其次，商品交易中，双方按照自己的意愿做自己的事情，主体获得一种自由自决的权利，而这种自由自决的权利在商品交易中得到充分的展现。正如帕氏指出的："实际上，权利主体这一范畴显然是从市场交换行为中抽象出来的。正是在这类行为中，人们才切实兑现了形式上的自我规定之自由。"[①] 第三，商品形式和法律上的平等之间存在紧密的联系。可以说，现代平等观念源自资产阶级社会的经济条件。马克思说，在封建生活当中，每一项权利都是特权，所有权利都被认为是特殊主体或者限制人群的独有附属物。在资本主义充分发展后，法律具有了抽象的特征，每个主体都成为自由而平等的抽象法律主体，这在资本主义社会才具有现实性基础。帕氏认为，这种最简单、最纯粹的法律形式在交换行为中得到了其物质基础，不同的商品拥有者之间相互妥协，达成自由意志基础上的合同或协议，抽象法律主体的自由和平等在现实的合同中变得逼真起来。[②] 这样，在现实商品交易关系也就获得了最发达的法律形式，成为帕氏论证理路中最为核心的部分。

三 商品交易法学的理论对手和批判指向

帕舒卡尼斯的《法的一般理论与马克思主义》具有宽广的理论视

---

① 〔苏联〕帕舒卡尼斯：《法的一般理论与马克思主义》，姚远、丁文慧译，商务印书馆，2022，第82页。

② 〔苏联〕帕舒卡尼斯：《法的一般理论与马克思主义》，姚远、丁文慧译，商务印书馆，2022，第75~87页。

野，可以从帕氏和其他学者的相关争议中明确其基本观点。

苏联重要的法学家斯图契卡在他的《法与国家的革命作用》中指出，法律是符合统治阶级的利益并为这个阶级有组织的强制力所保卫的一个社会关系的体系。[①] 帕舒卡尼斯在一定程度上受到了斯图契卡的影响，因为从社会关系体系定义法律同样具有社会现实基础，但是帕氏不满意斯图契卡的核心理论建构。帕氏指出，斯图契卡还只是探讨了法的一般理论方面的一系列问题，但还没有将它们联合成体系的统一体，斯图契卡的理论建构缺少法的一般理论的自觉。如果法自始至终被解释为任何社会关系的形式，那么我们就可以断定，解释者还看不到法的特征。[②] 帕氏自认在斯图契卡的理论基础上更进一步，可以更为精确地描述法权形式，需要在交换关系中寻找法权形式的起源。

凯尔森的纯粹法理论也是帕舒卡尼斯批判的对象，在学术上具有成熟的一般理论建构。新康德主义的基本主张，“具体的‘你应当’，只能通过援引另一种应然而获得证成。在逻辑的框架内，我们不可能从［自然］必然性推出应然，也不可能做出相反推论。”[③] 凯尔森继承了这些基本观点，而主张法律学是规范性的科学而非因果性的科学，在法律的规范体系是沿着等级阶梯从基础规范层层授权的体系。帕氏则认为，这样的规范体系不关心制定法的来源和客观基础，“这样的一般法理论什么都不去解释，预先回避现实的事实亦即回避社会生活，忙于探讨规范，而毫不关心规范的起源（此乃元法学层面的问题!）或者规范与物质利益之间的联系……这样的理论完全谈不上科学。”[④] 法理论层面另外一个极端，社会学立场和心理学立场的法理论虽然把法解释为有其起源和发展过程的现象，然而却通常不考察法本身的形式，它们自始就运用着性

① J. Hazard ed., *Soviet Legal Philosophy*, Harvard University Press, 1951, p. 20.

② 〔苏联〕帕舒卡尼斯：《法的一般理论与马克思主义》，姚远、丁文慧译，商务印书馆，2022，第18页。

③ 〔苏联〕帕舒卡尼斯：《法的一般理论与马克思主义》，姚远、丁文慧译，商务印书馆，2022，第15页。

④ 〔苏联〕帕舒卡尼斯：《法的一般理论与马克思主义》，姚远、丁文慧译，商务印书馆，2022，第17页。

质上外在于法律的概念，而缺少了内在视角之下法的一般理论的建构，因而同样难以令人满意。

奥地利法学家卡尔·伦纳是马克思主义法学发展过程中同样具有原创性的学者。帕舒卡尼斯在其书中多次引用伦纳的观点，支持伦纳“法律学的终点就是法科学的起点”等观点，但是不同意伦纳的核心理论建构。伦纳认为，“法律制度，就其规范内容而言保持不变，但它不再保留先前的社会功能”。① 如弗洛因德诠释伦纳观点时所举的例子，法律如同小孩手中的积木，小孩一直用同样的积木建造庄园、工厂或是火车站。法律制度是极其刚硬抽象的、一堆成型化了的命令，法律的规则内容（静态的）同其经济与社会功能（动态的）之间的差异，是诠释马克思主义法学的关键。即规则不变而功能转变。② 帕舒卡尼斯则指出，如果从规范及其功能的角度分析，可以得出恰好与伦纳相反的结论，即规范发生改变而其社会功能一仍其旧。因为一方面，封建和行会的财产形式（有限的财产形式）就具有摄取他人无偿劳动的功能，资本主义的财产形式则更是具有这样的功能。另一方面，商品—资本主义阶段的财产权，才获得了完全性和普遍性，在农民依附于土地的那个时代中的行会手艺和农业经营，就会从中发现一整套限制财产权的规范，资本主义阶段的财产权才更少限制，本质才成为某种彻底的自由，规范本身确是在发生细微和重要的改变。③ 从帕氏的观点来看，法律规范远不是固定成型的积木，而是处于和现实相互塑造的动态过程之中。财产权也远不是个体与自然之间的单纯关系，结合资本主义的商品交换才获得最为彻底的形式。

---

① 〔奥〕卡尔·伦纳：《私法的制度及其社会功能》，王家国译，法律出版社，2013，第240页。

② 〔苏联〕帕舒卡尼斯：《法的一般理论与马克思主义》，姚远、丁文慧译，商务印书馆，2022，第5~6页。

③ 参见〔苏联〕帕舒卡尼斯《法的一般理论与马克思主义》，姚远、丁文慧译，商务印书馆，2022，第90~95页。

四 商品交易法学的批判性评论与理论重构

帕舒卡尼斯的商品交易法学获得广泛好评的同时，也在西方学界引发了广泛的批评，还有基于批评基础上的理论重构，这些批评和重构也是更进一步理解帕舒卡尼斯的可靠路径。

英国学者休·柯林斯把帕舒卡尼斯的分析归结为朴素的唯物主义解释，其对社会实践决定意识行为的机制缺乏一种说明。另外，这种解释也容易陷于“简化论”的窠臼之中，他把所有的法律规范解释为商品交换的反映，然而法律也不能忽视与生产过程之间的内在联系。[①] 左翼学者沃林顿曾指出帕舒卡尼斯的理论建构可能存在的几个弱点：①错误的否认前资本主义的法律；②过分强调交换而误解了马克思；③忽视国家强制的作用和阶级斗争的作用；④忽视法律在塑造经济生活方面的互动作用；⑤其法律消亡的观点也存在内在矛盾。[②] 迪米克则指出，①商品交易法学把交换优先于生产，这与马克思在《资本论》中的基本观点不符合；②因为法律是资产阶级的制度，帕氏的法律理论过于理想主义，把法律只是当成了意识形态的迷恋物（fetish）；③商品交易法理论过于依赖它与交易活动的关系，因而容易归结为简化论和粗糙的唯物主义解释；④帕氏在共产主义社会对法律消亡的预言过于轻视其政治影响，以至于他的理论可能对斯大林的“恐怖法学”负有部分责任。[③] 这些评论的细致论证并不一定充分，也不一定符合帕氏的原意，但商品交易法学确在一些方面存在一些理论的弱点。核心的方面即是商品交易法学事实上要建立法律（法权）形式与商品交易之间的内在关系，具有很高的论

---

① 参见〔英〕休·柯林斯《马克思主义与法律》，邱昭继译，法律出版社，2012，第109页。

② R. Warrington, Pashukanis and the Commodity Form Theory, in *Marxian Legal Theory*, Edited by Csaba Varga, Dartmouth, 1993, pp. 187-198.

③ Matthew Dimick, Pashukanis' Commodity-form Theory of Law, in *Research Handbook on Law and Marxism*, Edited by Paul O'Connell and Umut Ozsu, Edward Elgar Publishing, Inc. 2021: p. 127.

证负担，需要更多的精细论证。

阿兰·斯通对商品交易法学进行了理论重构的尝试。斯通对帕舒卡尼斯的理论赞赏有加，认为帕氏的著作开启了很多马克思主义者对法律的兴趣，斯通本人的观点也受到帕氏的较大影响。帕氏理论的优点有以下几点。其一，对法律上层建筑和经济基础之间的关系做了很好的比较和说明。其二，帕氏的分析和传统的法律作为统治阶级意志的观点相容，并避免粗糙的工具主义解释。其三，帕氏在法律规则和技术性规则之间做了区分，为进一步提炼本质法律关系提供了基础。同时，斯通也指出，帕氏的“化约”方式有点过于简化，尤其帕氏没能把公法作为资本主义法律关系的重要组成部分，如行政法、环境法等对资产阶级利益的限制。①

斯通认为，本质性法律关系反映和定义一个社会的基础性经济关系，在资本主义社会这些本质性法律关系包括所有权和合同法。因此，对法律和经济基础之间关系的讨论就转换为本质性法律关系和经济基础之间的关系，也即所有权、合同法与经济基础之间的关系。就合同法而言，合同的本质包括了合同双方彼此的承诺，一方去做某事，另一方承诺相应的对价。这是一种自愿性的安排，双方都可以自由进入而并没有被奴役和强迫。在资本主义社会的关系当中，如资产阶级和劳动者，买方和卖方，债权人和债务人等，合同关系都处于这些关系的核心。从所有权的角度来说，没有私人所有权的法律，资本主义社会不可能繁荣。资本主义时期的所有权和之前的所有权有很大的差别，封建时期的所有权概念嵌入了一般所有权和私人所有权，其中内涵一种要求履行特定义务的社会责任，并且在使用个人财产时常表示一种看管关系（stewardship）。然而，在资本主义时代，所有权和私人所有权等同，即自然人或拟制人的排他性的占有、使用、收益、处分的权利，所有权的权能变得更加多样，所有权的使用变得更为自由和开放。

然而，在斯通看来，资本主义和本质法律关系还要求更多，它还要

① Alan Stone, The place of law in the Marxian structure-superstructure archetype, 19 *Law & Soc'y Rev*. 39, 1985. 后文对斯通观点的介绍主要基于此文。

求信用（credit）和为资本扩张而与其他财富主体进行合作（combination）。信用与合作都是契约型关系，都是本质性法律关系的组成部分而使得资本主义得以扩张。资本主义生产分配等过程讲究获利，尤其讲究循环获利（M-C-M，货币-商品-货币）。在这永不停歇追求利润的过程中，就要去建立和发展一个良好的信用体系。一般认为这个信用体系包括两个方面的重要内容，一是在买卖过程中的迟延交付，另一个则是不同主体之间的借贷关系。这些构成了第三种类型的本质性法律关系。第四种类型的本质性法律关系则是合作，合作不仅是指在相对方之间的（买卖双方、资本家和工人等），还指在分享共同利益的主体之间存在的结合。前一种合作可以纳入契约关系，后一种合作则组成商业组织如公司以降低商业风险。

这些本质性法律关系成为理解马克思、恩格斯关于经济结构和上层结构之间关系理论的起点，是对资本主义经济结构的核心构成的一种法律表达。这些本质性法律关系可以提供很多次级概念，如买卖和按揭，刑法中的盗窃、抢劫和欺诈，侵权法中的侵占、严格责任等。相似的，也有一些法律规制如环境法、最低工资法案等在一定程度上修正或者侵蚀本质性法律关系，但是本质性法律关系仍为一个分析的基础概念。

然而，这些本质性法律关系还需要和具体的法律决定之间建立联系。为此，斯通又提出了派生性次级关系的概念（derivative subrelation），如所有权是本质性法律关系，而地役、租赁等则处于派生性次级关系。信用法律体系的派生性次级关系则包括证券、破产、留置权等。他指出，派生性次级关系是处于本质性法律关系和具体的法律规则之间的位置，本质性法律关系通过派生性次级关系而对具体的法律规则产生影响，进而经济结构也通过层层传导而对具体的法律规则产生影响，如图 1 所示。

不仅是私法体系构成本质性法律关系，斯通的论证指出，公法体系以及那些与资产阶级利益相冲突的法律规则也是和本质性法律关系相容的。帕舒卡尼斯的论证指出商品交易法律关系产生最发达的法律形式，在所有权、合同、信用和大规模合作的前提下，这些本质性法律关系则可能产生利益集团，这些是立基于资本主义社会的多种划分。这些划分

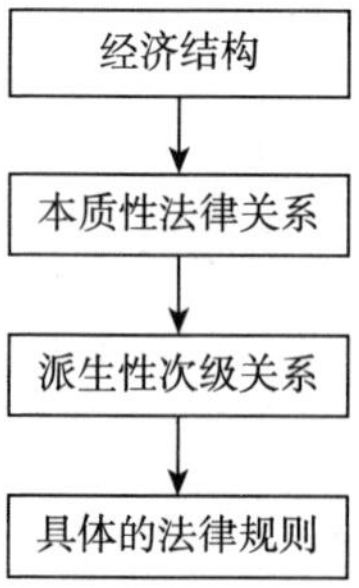

图1　本质性法律和具体法律的关系

包括规模，政策利益（出口商还是进口商），职业（金融家和具体实业家），产业（保险和商业银行）以及大型的公司（如 A. T. &T. 美国电话电报公司，IBM）等。中间阶级（如管理者、官僚机构和不同职业者），过渡阶级（如旧秩序的残余），生产、分配、交换之外的底层群体等等也会与其他群体一起，形成多种多样的共同利益，工人阶级也成为这些利益集团中的一部分。这些由本质性法律关系而逐渐形成的利益集团会逐渐形塑一个国家的公法秩序和其他法律秩序。

在帕舒卡尼斯所开启的方向上，斯通所进行论证具有更加细致的概念化建构和逻辑链条，在理论上进行了深化，在实践和历史层面上也进行了拓展。

五　商品交易法学的理论评析

帕舒卡尼斯为马克思法律的经济基础命题作了一个更为细致的论证，把商品交换和法律形式的内在联系揭示出来，基于学术化讨论和学理性建构对马克思主义法律理论的发展做出了原创性的贡献，在我们的时代依然具有极为重要的参考意义。然而，帕氏本身为了适应斯大林时期变化的政治形势，也在不断修改其早期的理论，甚至最终几乎完全否定了自己的基本理论建构，并没能坚持其学术观点的独立性和持续性，[①] 尽

① 〔澳〕迈克尔·黑德：《叶夫根尼·帕舒卡尼斯：一个批判性的再评价》，刘蔚铭译，法律出版社，2012，第19页。

管我们对此也不能过于苛责。就其理论建构的内在视角来看，也可能存在诸多不足之处。

帕氏的理论具有多大的普遍性这是值得质疑的，如前述西方学者质疑其商品交易的认识存在与马克思的观点不一致的情况，如资本主义最重要的是生产的过程，交易只是这一生产过程中的一部分。法律理论不只关心交易，更应该关心生产，但帕氏似乎把生产排除在其理论核心之外。帕氏的理论也难以应对现实的迅速变化，商品生产的改变在发展过程中已经变化成为现代的世界体系，因此他的理论不能被视为环球的、普世的理论，只能应用到小型的商品生产阶段。这一点上，国内外学界已经有比较充分的论述。[①] 事实上，生产、分配、交易、消费更应作为一个整体来理解资本主义。如果从时间维度的向前和向后两个向度来看，商品交易法学更多在向前的维度具有意义，对于理解资本主义和前资本主义的法律体系具有意义，但在时间上向后的维度可能会解释乏力。从我们的时代来看，可能更加需要对资本主义的扩张性解释，并且基于消费的批判（如消费社会、景观社会等的批判）可能更加具有活力。在法学的领域，这些年崛起的网络法学、数字法学等的客观基础，可能是基于生产、分配、交换和消费的整体性变迁，而不能仅仅化约于交换。

帕氏的理论也被指是完全缺乏阶级性和强制性，尽管这种指责并不一定准确，帕氏在《法的一般理论和马克思主义》一书中，也用一章的内容讨论法律和意识形态的问题，在讨论国家的性质时，也不忘国家的强制性，他是对苏联的马克思主义法律理论过分强调暴力、压制有所不满的反弹而已。不过商品交易法学对资本主义社会的法律论证有余，其理论的批判功能则略有缺乏。帕氏的商品交易法学明显对马克思主义法学的一些核心概念，如异化等概念所具有的批判性重视不够。商品生产、交换等环节不仅具有正面论证的价值，其所蕴含的异化方面也是批评资本主义及其法学的核心方面。在这一点上，帕舒卡尼斯所批判的伦纳的

---

① 除前述国外的相关讨论外，我国台湾学者洪镰德同样强调这一点。参见洪镰德《法律社会学》，（台北）杨智文化出版社，2001，第 281~285 页。

理论可能更加具有批判性。①

还有，帕氏的理论建构在方法论上也具有一定的主观性，尽管马克思主义的理论倾向是试图找到诸多法律概念的现实基础，而其理论建构本身则可能具有自身批判的问题，商品交易法律理论的论证更多的是理论上的论证和建构性讨论，并没有多少现实的、历史的客观基础。如果要阐明其理论，要论证这么一个普遍性极高的命题，在历史史料中攀爬翻滚是难以避免的，而帕氏的著作主要只是一本讨论基本法律概念的“小册子”。如著名的法律史专家哈罗德·伯尔曼在其《法律与革命》一书当中深刻挖掘了西方法律的中世纪传统，用以建构其一般性的法的社会理论，论域涉及一个整全的法律体系，囊括了教会法、城市法、庄园法、商法、封建法、王室法体系等等。② 相应的，商品交易的法律理论在现代法律体系的确立如何就产生一种最发达、最普遍和最完备的法律形式，在每一种法的体系中其历史和实践的转换机制如何，依然需要做更多基于史料的补充论证。在这个方向上即使是前述斯通进行的实践拓展也可能远远不够，同样得仰赖更多后世学者的探索。

---

① 〔奥〕卡尔·伦纳：《私法的制度及其社会功能》，王家国译，法律出版社，2013，第7页。

② 参见〔美〕哈罗德·J. 伯尔曼：《法律与革命》第1卷，贺卫方等译，法律出版社，2018，第194~501页。

博文锐评

“类”的解体与重生

——从青年黑格尔派到马克思*

崔琳菲**

摘　要：马克思恩格斯在《德意志意识形态》中批判了青年黑格尔派，主张要将现实的人从观念的束缚中解放出来，人要在劳动分工和生产交往的过程中生成人的本质。这完全区别于以往唯心主义对人的解释，即认为人的本质是先验的普遍观念。但是，马克思恩格斯的这一思想变革绝不是通过与其理论前提断裂的方式突然地产生的；相反，他们与当时的论战对手青年黑格尔派拥有共同的思想框架，即“个体—类”的二元结构，他们的思想变革是在对这一结构进行批判性重构的过程中完成的。马克思恩格斯在青年黑格尔派讲不下去的地方接着讲，最终在《德意志意识形态》中呈现出唯物史观的雏形。

关键词：青年黑格尔派；“个体—类”二元结构；《德意志意识形态》；社会分工；唯物史观

马克思和恩格斯在《德意志意识形态》中对以青年黑格尔派为代表的“德意志意识形态家们”展开批判，并初步建立起唯物史观。马克思

---

* 本文系作者崔琳菲博士学位论文《“类”的解体与重生——从青年黑格尔派到马克思》“导言”的修订版。

** 崔琳菲，华东师范大学哲学系讲师，主要研究方向为历史唯物主义、早期马克思哲学思想和德国观念论。

在“序言”的开头提道：“迄今为止人们总是为自己造出关于自己本身、关于自己是何物或应当成为何物的种种虚假观念。他们按照自己关于神、关于标准人等等观念来建立自己的关系。他们头脑的产物不受他们支配。他们这些创造者屈从于自己的创造物。他们在幻象、观念、教条和臆想的存在物的枷锁下日渐委靡消沉，我们要把他们从中解放出来。我们要起来反抗这种思想的统治。”[①] 这其中，何为“思想的统治”？马克思为何要从“思想的统治”入手来批判青年黑格尔派？马克思对青年黑格尔派的批判又在何种意义上有助于发现唯物史观？

要回答这三个问题，就不得不首先退回到黑格尔留下的理论难题，这也是青年黑格尔派批判黑格尔的理论起点。所谓“思想的统治”，是指用先验的观念限制个体的思维和行为，在本文中就是指“类”的统治。在关于人的本质问题上，以德国哲学为代表的一种传统的哲学思维认为人的本质具有两个维度：其一为具有主观任意性的个体自我；其二为具有完善性潜能的普遍本质，个体要通过理性认识到人类的普遍本质，并且有意识地引导自己的行为，使自己向着人类的完善性本质发展。例如，黑格尔在《精神现象学》中详细地诠释了自我意识如何通过圆圈运动实现自身与绝对精神的统一。但是，这种对人类的普遍本质的先验设定会自觉或不自觉地对个体意识加以束缚，以至于阻碍个体的自由发展。青年黑格尔派就将黑格尔的绝对精神的哲学视为一种“类”对个体统治的典型，鲍威尔、施蒂纳和费尔巴哈等人主张反思和批判这种不加限制的、具有“类神”意义的理性。因此，他们号召宗教批判，从天国回归尘世，杜绝从一开始就从具有完善性的本质存在出发。在19世纪40年代初期，鲍威尔、施蒂纳、费尔巴哈等青年黑格尔派进行论战的一个核心主题就是批判黑格尔“类”的统治。鲍威尔以自我意识的“批判”为武器，反对黑格尔宗教哲学中的客观理性对个体的压制；施蒂纳认为“唯一者”才是“现实的人”，不存在任何个体之外的“类”的实存；费

① 《马克思恩格斯文集》第1卷，人民出版社，2009，第509页。

尔巴哈则通过对基督教本质的揭秘，将神的本质还原为人的本质。但是，马克思并不满意他们对“类”的解构，从《德意志意识形态》序言第一段就能看出，马克思认为他们仍然沉溺于头脑中的意识变革，并未成功地瓦解“类”的统治体系。为此，马克思和恩格斯需要继续对“类”进行解构，他们打破了对人本质的形而上学规定，将人聚焦于所处的具体历史环境中，去思考人的现实本质，由此进入唯物史观的新视域。

因此，本文将以反抗“思想的统治”的理论逻辑为契机，再次切入“黑格尔—青年黑格尔派—马克思”的思想史发展过程，展开青年黑格尔派和马克思恩格斯对于现实的人如何摆脱“思想的统治”的讨论。值得提前说明的是，此举的目的并非在于回答“马克思是如何成为马克思”这一问题，而是在于，将这段思想史置入动态的历史环境和思想发展的双重背景中，探析青年黑格尔派进行思想改革的现代性底色；并在此基础上，探析马克思和恩格斯究竟如何内在地、而非断裂式地将历史唯物主义深深嵌入德国观念论之后的现代性历史浪潮之中。

一　传统研究路径及其缺憾

本文对马克思思想形成史的解读不同于这样一种传统观点，这种观点认为，马克思恩格斯是站在了青年黑格尔派的对立面上，才能完成对传统观念论的超越并真正走向唯物史观。① 这种解读自然是无误的，但

① 20世纪上半叶之前的研究者对青年黑格尔派的态度是基本否定的：19世纪至20世纪初正是自由资本主义发展到垄断资本主义的关键时期，第二国际成员将关注的重点集中在工人革命和政治经济学问题上，而青年黑格尔派都被视为不关注现实问题的观念论者。这一观点在格奥尔格·卢卡奇（Georg Lukács）1926年的《莫泽斯·赫斯和观念辩证法的问题》中表现得最为强烈。卢卡奇认为，赫斯的行动理论没有发展下去的客观原因，在于当时德国现状并未达到资本主义发展的条件，因而他只能在经验层面吸纳英法的情况，并用语词进行简单的观念辩证法处理，从而使其理论带有浓烈的乌托邦色彩，最终不得不回到道德主义的老路上去。由于青年黑格尔派对黑格尔的历史辩证法和政治经济学的内容缺乏了解和认同，他们没有能力为马克思恩格斯创立唯物史观提供富有成效的理论资源。不仅如此，《德意志意识形态》早期各版的编者也都持有这一基本态度：1926年，当《德意志意识形态》第一章以德文原文首次发表时，梁赞诺夫就指出，唯物史观的发现并（转下页注）

是也会给读者造成困惑：马克思刚到柏林时还加入了青年黑格尔派的“博士俱乐部”，如何在短时间内就能突然站在同行人的对立面上去批判他们并且还能阐发出更新的理论？如果不细读这段历史，可能会将“黑格尔—青年黑格尔派—马克思”这一思想史链条仅仅理解为一种对前人的断裂式的突进批判，这种理解带来的问题在于：使读者简单接受他们各自理论的外在样态，不再深究其中每一派对前人的“破”与“立”之间的连续性和深层原因，因而更无法对他们的“破—立”理论的成功与否做出恰当的评价，进而丧失展开一段重要而精彩的思想史的机会，遗漏掉其中宝贵的理论资源。

关于青年黑格尔派和马克思恩格斯在“现实的人如何摆脱思想的统治”问题上给出的不同方案，学界已对此有过不少讨论，其中具有代表性的意见大体上可以分为四类。

第一，内在超越论。与认为马克思恩格斯对青年黑格尔派理论是一种“简单抛弃”不同，有一部分学者认为马克思恩格斯对青年黑格尔派的理论是从逻辑框架内部进行改造和超越的，其中比较知名的是日本学者广松涉提出的“从异化论逻辑向物象化论逻辑”理论。广松涉认为马克思是通过不断克服黑格尔哲学才走向共产主义的，而这一过程具体体现为与青年黑格尔派的重合与交战，并且“决不只是以费尔巴哈作为单线”，而是“在黑格尔左派自身内部介在着三种潮流及其综合”。[①] 广松

（接上页注①）非马克思恩格斯剽窃历史学家或经济学家的成果，他们早在1844年底就认识到，“没有对工业的知识就没有对历史真相的认识，所以他们充分涉猎了他们当时所知道的全部文献”（《梁赞诺夫版〈德意志意识形态·费尔巴哈〉》，夏凡编译，南京大学出版社，2008，第13页），并通过对费尔巴哈的系统批判创立了唯物史观。这种意见持续到20世纪中期，直到1965年巴加图利亚在编辑新版《德意志意识形态》时还声称，《关于费尔巴哈的提纲》已经标志着马克思恩格斯与从前的一切哲学划清了界限，因此编者为这一版“费尔巴哈”章划定了共计四部分26小节的结构，只有第一部分第1节和第二部分第1节才是对德意志意识形态——即青年黑格尔派与马克思恩格斯思想关系——的总体论述，其他部分都属于马克思恩格斯自己独创的唯物史观论述，与青年黑格尔派关系不大。这一情况出现的原因也有一部分是因为当时青年黑格尔派的一手文献资料失传，直到20世纪中叶，有一大批学者集中重新整理和出版青年黑格尔派的著作，青年黑格尔派理论的真实原貌才更加清晰。

① 〔日〕广松涉：《唯物史观的原像》，邓习议译，南京大学出版社，2009，第158页。

涉提出“从异化论逻辑向物象化论逻辑”的飞跃，主要根据是1845年以后马克思对“异化”的理解发生了质的变化：马克思在1844年还没有超越青年黑格尔派的水平，因为他依旧将人的本质理解为某种超越性本质，人的发展就是要经历自身本质的异化及异化的扬弃；但是，《德意志意识形态》却是以社会分工为基础实现了一次逻辑逆转，人的本质既不在费尔巴哈的“类”之中，也不在具体的现实个人身上，而在“关系态”[①] 中。马克思意识到了精神的自我异化与自我复归这一“大循环”存在的唯心主义先验人性论的问题，因而用了更新的概念装置，即物象化论逻辑，完成了向成熟时期的思维框架的转变。

第二，后康德主义的反思论。特里·平卡德（Terry Pinkard）认为康德之后一直存在的问题就是“规范性权威是否可以抵御进一步的挑战”,[②] 青年黑格尔派实则就是在后黑格尔的基础上，以康德主义的方式在重新阐释康德主义留下的“规范性权威”——青年黑格尔派都毫无疑问保留了这一点——他们将其称为“普遍的自我意识”。此后留下两个问题：其一，是否要保留“普遍的自我意识”？其二，应该在何种意义上保留“普遍的自我意识”？其实，第一个问题的答案就蕴含在对第二个问题的回答之中。青年黑格尔派的工作在于，重新划定了作为认识论的“普遍的自我意识”和作为存在论的“普遍的自我意识”，他们都将后者在不同程度上解体了，此举维护了德国古典哲学的荣光；但在认识论上，他们并不支持“普遍的自我意识”的瓦解，此举更是旗帜鲜明地站在了德国哲学一贯的立场上，更具体地讲，是最大限度上保留了黑格尔主义对康德主义的推进。在此背景下理解马克思对青年黑格尔派的批判和唯物史观的创立则有助于深入理解马克思哲学与德国传统哲学的接点，即他们关涉的命题都是：人如何在现代性中处理自我与统摄性结构的关系？只不过，在费尔巴哈之后，观念的现实和经验的现实分家，唯

---

① 〔日〕广松涉：《物象化论的构图》，彭曦等译，南京大学出版社，2002，第61页。

② 〔美〕特里·平卡德：《德国哲学1760-1860：观念论的遗产》，侯振武译，中国人民大学出版社，2019，第380页。

物史观是在后者的基础上探讨德国观念论留下的问题的。卡尔·洛维特（Karl Löwith）、奥古斯特·科尔纽（Auguste Cornu）、沃伦·布雷克曼（Warren Breckman）等人都在这一思路上提出过自己的具体意见。

第三，以新 *MEGA* 第Ⅰ部门第5卷（《德意志意识形态》）编者为代表的学者认为要以“论战”的方式审视唯物史观的诞生和青年黑格尔派的意义。Ⅰ/5卷编者认为，“马克思和恩格斯的核心思想和概念的起源不能视为对前人理论结果的继承，而应是与同时代人激烈论战的过程中产生的。在这种情况下，马克思恩格斯的理论起点不是始于与费尔巴哈的论战，而是在批判鲍威尔和施蒂纳的过程中形成的。”[①] 按照这一说法，马克思恩格斯起初并不是按照目前我们看到的两卷著作的方式来构思和阐述唯物史观的，而是在与青年黑格尔派论战的过程中阐述所谓的唯物史观的。把马克思恩格斯创立唯物史观的过程纳入与青年黑格尔派论战的思想语境，在客观上会使青年黑格尔派理论成为探讨唯物史观生成史的建构性因素，对于纠正过去那种只把青年黑格尔派视为反例予以彻底排斥的做法具有重要的意义。

第四，各类专题研究。有不少学者以青年黑格尔派与马克思之间的某一个具体话题为切入点展开研究，比如波兰学者兹维·罗森（Zvi Rosen）在《布鲁诺·鲍威尔和卡尔·马克思——鲍威尔对马克思思想的影响》一书中对马克思与鲍威尔的思想进行了比较研究，西奥多·兹洛茨司基（Theodor Zlocisti）的《赫斯：社会主义文集（1841-1847）》（1921年）开启了赫斯与马克思思想关系的研究序幕，劳伦斯·斯特佩列维奇（Lawrence Stepelevich）的英译鲍威尔著作《对无神论者和反基督教徒黑格尔最后审判的号角》（1989年）等涉及青年黑格尔派的原始文献的作品相继问世，兰培德出版社（Peter Lang）在本世纪初以丛书的形式出版了20余本青年黑格尔派研究专著等等。这类研究目前在世界各地越来越

① Karl Marx/Friedrich Engels, *Deutsche Ideologie*, *Manuskripte und Drucke*, *Text*, *Apparat*, Bearbeited von Ulrich Pagel, Gerald Hubmann und Christine Weckwerth, In: *MEGA*② *I/5*, Berlin, De Gruyter, Akademie Forschung, 2017, *Apparat*, S. 728. 以下简称 *MEGA*② *I/5*。

受重视和欢迎，国内学界也加入了讨论的阵营。

根据目前学界对此问题的研究来看，各家理论百花齐放，但各自又或多或少存在一定的缺憾。

第一，虽然广松涉的"内在超越说"深入了马克思恩格斯思想形成史的内部逻辑肌理，有效地改变了马克思对青年黑格尔派理论进行简单抛弃的传统认知，但遗憾的是，广松涉仍然是在传统超越论的延长线上，认为马克思在接受了赫斯的影响之后，放弃了青年黑格尔派的思维框架而采用了全新的理论结构，这其中仍然存在马克思走向成熟的逻辑突变，未能更全面地分析马克思究竟何以能够超越同时代人。第二，延续派的意见虽然从哲学史的视角来看，更具有连贯性和流畅性，但是将马克思与青年黑格尔派视为一个整体的做法无疑会强调二者的连续性和相似性大于差异性，如此的缺憾就在于难以明确马克思超越青年黑格尔派而走向唯物史观逻辑的突破性意义。第三，以新 *MEGA* 编者为代表的论战说支持者开启了更新同时也更为细致的讨论范式。然而，虽然从原则上此举确实有助于抬高青年黑格尔派的理论价值，但仅就"论战说"本身而言，还未能有效深入马克思和青年黑格尔派理论的内部框架，故而在解释马克思究竟何以能够迅速超越于同时代人的根源问题上稍显乏力。第四，其他各类专题研究的最大问题在于都没能以一个统一的思路和视角统括青年黑格尔派诸理论家和马克思的思想内容，这就会使得当读者着眼于微观的、具体的青年黑格尔派哲学家理论时，陷入纷乱零散的困境，甚至会将青年黑格尔派的努力视为无用的废料，又回到传统的思路上，即认为马克思创立唯物史观的原因在于有了思想上的"突变"。

因此，本文着力寻找一个能够从整体逻辑上统摄从青年黑格尔派到马克思思想的逻辑框架，并在这个逻辑框架内部找到马克思恩格斯对青年黑格尔派理论的超越，这种超越必须是在同一视域下的内部超越，绝非外在的简单抛弃。正如广松涉所主张的，不应该笼统地将青年黑格尔派理论的发展视为马克思主义的前史，否则会误以为马克思与其前人理论有巨大断层，"这种做法不仅歪曲了历史事实，而且把马克思思想形成过程从一开始就被掩盖了。”[①] 并且，如果仅以青年黑格尔派各自未能实现他们的理论目标就对他们盖棺定论是远远不足够的，正如恩格斯在《路德维希·费尔巴哈和德国古典哲学的终结》中所说的，“必须从它的本来意义上‘扬弃’它”。[②]

二 “个体—类”的二元结构

本文试图在同一个思考问题的视域和标尺下，基于宏观逻辑不离开具体理论的原则，将青年黑格尔派和马克思恩格斯的理论放在同一个思想发展脉络中进行分析和考察，以期更好地呈现唯物史观诞生之初的理论原貌。但是本文并不打算从哲学史的发展脉络中去“再现”这一过程，而是要站在特定的立场上重述这段哲学史的发展：笔者认为，“黑格尔—青年黑格尔派—马克思”这三者之间前后相继的批判关系不能以传统的断裂视角来看待，相反，后者对前者的批判是完全建立在后者诉诸前者的理论前提的基础上的。当以更宏观的视角来看待这三者之间关系的时候就会发现，批判与决裂的背后是更深层次的认同与延续：青年黑格尔派反对黑格尔不假，但是他们所“立”的理论根基恰恰证明了他们根本未能脱离黑格尔的理论结构；更有意思的是，马克思意识到了这一点并且成功完成了青年黑格尔派想要完成却无法完成的任务，而马克思的方式就是借助青年黑格尔派的理论前提去扬弃它，或者说，以脱离青年黑格尔派的方式延续了他们的问题意识并解决了它。简言之，本文将采取“延续”而非“断裂”的视角去审视这段思想史的发展过程，证明他们的理论内容是前后接续的，从结构上看，他们所要处理的理论其实是同一个问题。

本文所给出的这个统一的结构性视角就是“个体—类”的二元结构。所谓“个体”，就是指历史上每一个现实的、具有主观能动性的个

① 〔日〕广松涉：《唯物史观的原像》，邓习议译，南京大学出版社，2009，第159页。

② 《马克思恩格斯全集》第28卷，人民出版社，2018，第330页。

人——但这一维度在不同思想家的不同历史时期可能会有不同表述，比如在黑格尔哲学中以“自我意识”“市民”“历史个人”等概念呈现，在青年黑格尔派诸人理论中常以“我”“唯一者”“自我意识”“个体意识”“单个人”“现实的人”等概念出现。所谓“类（Gattung）”，这里借鉴了费尔巴哈的术语，即关于“人（der Mensch）”的本质的哲学。但是，本文的“类”概念不单单指费尔巴哈的“类”，而是在此基础上做了扩大化的理解，例如，黑格尔的“绝对精神（der absolute Geist）”将它定义为超越经验个人存在的、人类的普遍本性，而人要向这个普遍本性去运动。在青年黑格尔派的理论中，这一概念通常以“实体”“绝对理性”“绝对权威”“绝对意志”、大写的“人（MENCH）”和“我（ICH）”等语词来表述。在本文中，“类”有四重具体所指：①以黑格尔的“绝对精神”为代表，在人的本质问题上存在“思想的统治”的弊端，因其有本质主义限制力，本文将黑格尔的理论首先划定为“个体—类”的纵向结构，即“类本质”会在一定程度上限制个体的自由意志；②以费尔巴哈人本主义的“类”哲学为代表，将人的本质从彼岸世界拉回此岸世界，以人类全体的普遍性作为人的现实本质的模式，费尔巴哈的方式在一定程度上规避了①的问题，但仍然保留了纵向的“个体—类”的二元结构；③以马克思在《德意志意识形态》中提出的新理论为代表，将人的本质视为以劳动生产和分工交往为核心而形成的社会关系本质，并且此处的社会关系是人通过自身后天的劳动活动而生成的，并不是一开始就被给定的先验预设，因此，本文将此处的变化称为“‘类’的重生”，重生后的“类”关系就是马克思理论中的现实社会，而它最大的特点是“个体—类”的横向的二元结构；④新的“类”统治结构，即马克思在《德意志意识形态》之后所诠释的资本的统治逻辑，这是在上述的横向的个体生成社会的过程中出现的，资本代替了原有的思想的统治成为现实的统治，压制个体的行为和思维，限制着个体的自由发展，是马克思及其后的批判理论家们讨论的话题。

“个体—类”的二元结构并非青年黑格尔派对黑格尔的误读。黑格尔要在后康德主义的地基上发展出同时具备具有“个体理性模式”和“普遍理性模式”的双重结构，他通过精神哲学、法哲学、历史哲学和宗教哲学等多个维度都在证明这个双重结构的存在。这既是黑格尔在康德之后的创举，同时也会遗留下青年黑格尔派所指出的与现代性不相容的理论遗憾。19世纪初的青年黑格尔派在“三月革命前（Vormärz）”[①]这场德国本土的启蒙运动大背景下，从反对泛神主义的大讨论出发，旗帜鲜明地反对黑格尔的宗教哲学，开启了对“类”的解构的现代化序章。实则，不应该因为马克思对青年黑格尔派的批判就认为青年黑格尔派的理论不再具有价值，相反，回到当时的历史时代中，当人们以上帝为标尺，构建“类本质”来引导自身行为时，实际上已经开始了作为“自我教育（Bildung）”的自我反思，这是以个人主体视角才能完成的哲学革命，代表着启蒙运动之后的巨大进步。当然，思想史的进程从来不会在某一个节点上完全停滞，而是不断向前流动：人们从情感宗教主义中生发出新的思考，即关于什么样的生活是“自己”的生活这个问题之后，主体意识领域出现了分裂：如何能在保持个体性的同时继续遵从普遍性的原则？康德给出的方案是“自我决定”。在康德以后的思想史背景下去理解黑格尔的话，与其说是黑格尔本人“造成了”普遍主义过度化的问题，不如说是黑格尔的遗产有可能会留下普遍主义过度化的潜在风险。为了不致使哲学退回到康德以前，也为了让德国哲学更加能够跟得上现代化的脚步，青年黑格尔派对黑格尔哲学进行局部改造，以期彻底消灭其回归康德以前的过度普遍主义而无个体意志的风险。

三 “类”的解体与重生

1. 青年黑格尔派对“类”的解构

从结构性的思维模式来看，要破除黑格尔留下的“类”对“个体”

---

① “三月革命前（Vormärz）”从广义上是指1848年德国革命之前的时期，狭义上可以理解为从1830年法国的七月革命起，到1848年德国革命之前的时期，它是德国思想文化界后发的一场启蒙运动，是传统日耳曼语系的民族遇到政治和文化危机后的一场思想自救。

具有规约性和统摄力的纵向二元结构难题，有三种具有代表性的解构方法：①使“类”下沉，②使“个体”抬升，③在此结构之外的第三条道路，或说非哲学的影像论方式。

第一，使“类”下沉。这是指攻击具有统摄性意义的“类”，强调“类”并非外在于人的，而是本身就在人自身之中的，这种方法是使具有“类”意义的理性下沉，强调这是个体所具有的理性的潜能，从而把改造外部世界的能力收归到个体自身中，使个体把握推动历史发展的能动性。这种解构方式的代表人物是布鲁诺·鲍威尔。早期鲍威尔（1845年之前）的哲学思想是非常清晰的，由于他发现了理性主义内部的痼疾，即理性主义越发达，个体意识的自由度越弱，故而他主张在理性主义内部来解决这个问题，他采取的方式是将理性以“潜在”的方式居于每个个体之上，个体意识能够直接表达理性，并以此为依据开始自我意识对外部世界的创造活动，来化解个体意识与绝对理性之间的二元分裂。为此，他最需要解决的问题就是：自我意识为何以及怎样具有创造外部世界的第一动力？从这里开始，鲍威尔虽然宣称自己不满于黑格尔的宗教哲学思路，希望在理性主义内部解决理性主义的问题，但是在黑格尔本人划定的道路上并未有真正的超越——因为黑格尔在《精神现象学》“意识”章中已经解决了上述问题，而鲍威尔本人对此并无实质性的改动。也正是这一点，鲍威尔在1842年前后陷入了自我矛盾的境地：对个体理性完全不加限制可能会存在理性的泛滥和自由的滥用之危险，故而鲍威尔在自我意识之上设置了“普遍的自我意识”作为理性之规范性存在，这一概念在鲍威尔哲学中有两次非常重要的应用，其一是鲍威尔的反宗教思想，其二是鲍威尔对犹太人问题的态度。“普遍的自我意识”是对黑格尔主义立场的再次回退和确认，也注定了鲍威尔哲学失败的命运。

第二，使“个体”抬升。这是指不承认一切在个体之外的权力，首先解构各种各样的古代和现代的权力谎言，使人们意识到一切关系性结构的源头都是基于个体与个体之间的契约而形成的，只不过随着时间的推移，这种契约背后的权利义务关系不再对等，契约所形成的结构成为了压迫人的存在。在解构一切中迷现象之后，人们应该意识到自己才是唯一的。这种解构方式的代表人物是麦克斯·施蒂纳。他构建了“唯一者”的体系，认为在个体之外没有任何实存的权力关系，应该对以往一切哲学上的观念统治和政治模式中的权力关系进行祛魅；但在理解“交往”这个概念的时候，想当然地将其视为充满爱的类本质状态，在这个状态下，人类社会是不会自发地形成异化劳动和雇佣劳动的。施蒂纳认为“无主人”就无异化劳动，只要每一个“我”都是最本来的状态，就没有不平等的人与人之间的关系，自然也就没有私有财产和雇佣劳动。他诉诸的方式是暂且抛弃一切社会关系，让“人”，即“我”，从源头上恢复一种本源的、平等的状态，然后再组成社会，一切就迎刃而解了。这种方式自然是不现实的。虽然施蒂纳花了相当多的篇幅去解释关于“交往”的问题，但说到底都未能回答“唯一者究竟如何进行交往”这一问题。因此，施蒂纳所采取的将个体绝对化的解构方式依旧未能真正有效。

第三，在此结构之外的第三条道路，也是非哲学的影像论方式。这是指“个体—类”的纵向二元结构本身就是观念的产物，它未能区分此岸与彼岸的界限，而一旦意识到人的理性认识能力只能在此岸世界产生作用，就会对以“类”结构为代表的宗教崇拜祛魅，由此意识到要破解上述难题，需要首先明确何者为主体，何者为客体，进而才能对人的本质产生更准确的理解。这种解构方式的代表人物是路德维希·费尔巴哈。费尔巴哈从批判黑格尔哲学入手，为了规避哲学走向主观性的无尽深渊，他主张用“对象实在法”建立认识的客观性，并以此为据对宗教崇拜进行认识论上的还原。但他并未克服“个体—类”的纵向二元结构，而只是对其做了人本主义的置换。但是后世对于费尔巴哈的批判不应该是针对“人究竟有无完善性的本质”这一问题，而在于进一步追问，“人究竟有无完善性”这一问题能在何种程度上解答“人如何获得自由”这一更为根本的问题。如此来说，费尔巴哈确实在终结德国观念论的道路上迈出了十分重要的一步：直到费尔巴哈，人们才明白青年黑格尔派真正的诉求不是探讨理性究竟存在于绝对者的一侧还是存在于个体的一侧——这是黑格尔留下的争论，而是要探讨理性作为工具，是否真正有助于人获得自由和解放。从笛卡尔到青年黑格尔派，理性在不同程度上都是个体的工具，这一工具是通过“理性直观”发挥作用，而费尔巴哈最先清醒，个体所能确证为真的工具从来都不是理性，这恰恰是因为理性始终保留着主观性而丧失了客观性的维度，真正能使个体确证自身为真的，是感性的手段，即感性确定性，这是通过对象来确证自身的客观方式，避开了以往主观哲学从起点处就存在的错误。费尔巴哈以回到笛卡尔为手段，在延续康德主义的基础上完美地绕开了黑格尔主义的潜在风险。因此，对费尔巴哈的批判实则是对整个青年黑格尔派，乃至整个德国观念论的批判——如恩格斯所言，德国古典哲学终结于此。

2. “类”的重生

如果说马克思只是发现了青年黑格尔派的问题而后就站在了他们的对面，继而才发现了唯物史观规律的话，那么，马克思在 1844 年完成对鲍威尔的批判之后就已经达成了与青年黑格尔派决裂的目标，因为鲍威尔哲学所代表的意识第一性哲学的问题完全可以囊括整个青年黑格尔派，甚至整个观念论哲学的问题，如此一来也就无须再就关于施蒂纳和费尔巴哈的理论多费口舌了。很显然，马克思在《德意志意识形态》中关于唯物史观的表述是紧密地与对青年黑格尔派的批判联系在一起的，这就意味着：马克思绝非简单地告别了青年黑格尔派。相反，他是在发现青年黑格尔派理论问题之后，进一步地将他们的理论进行拆解，在各有吸收的基础上分别批判，如此一步一步地打开了唯物史观的视域。第一，马克思站在费尔巴哈的唯物主义立场上批判了鲍威尔，随后又在对费尔巴哈的批判中深化了对历史唯物主义的认识。第二，马克思在批判施蒂纳的过程中，发现绝对个体主义的问题在于其无法形成动态的历史关系，但马克思也据此更新了自己对共产主义的认识，并在批判施蒂纳的过程中形成了对唯物史观基本原理的初级表述。第三，马克思虽然承认费尔巴哈的"感性确定性"使"人"焕然一新，但这只能推演出无历史的静态唯物主义，只有通过改造和叠加费尔巴哈的单一主客二元结构，才能真正将唯物主义的方法应用于把握动态的历史规律。

正是这种拆解使马克思意识到青年黑格尔派的理论中的"主体性"都没有"主体间性"的维度，只有"小我—大我"结构，没有"我—你"，或者说是"小我—小我"的结构。溯源来看，这是因为青年黑格尔派理论家们要处理的是德国传统以来的理性越界问题，当理性占据了"大我"的位置时，"小我"会在不自觉中被消解，因此他们的任务是将"大我"重新解释为是属于人自己的，而不是属于神的。但是，他们都没有意识到，所谓的"大我"的存在本身是否是被设定的——这个问题域是只能跳脱出"小我—大我"的结构才能被反思的，而马克思就是通过分工，意识到"我—你"的"小我"在横向层面是可以形成社会的，而不需要"大我"的顶层引导。

马克思和恩格斯通过借鉴黑格尔的市民社会理论，同时吸收了古典政治经济学派的理论，认为应该彻底消灭一切形式上的"内在理性"对人的压制。由此，马克思将"个体—类"的纵向结构改造为横向结构：并不存在居于个体之上的普遍性，"社会"作为现实的"类"，是由个体的相互交往而形成的。马克思认为真正应该探讨的是，人与人自发地由于交往活动而形成社会，那么在社会这个横向层面上的权力运转逻辑究竟是怎样的。这一想法是他在批判青年黑格尔派的过程中逐渐清晰的，最终被他表述在《德意志意识形态》的"费尔巴哈"章中：横向的关系是个人生成社会，并且这一生成的流动历史是通过交往、分工和生产为尺度来考察的。横向二元结构的三个要点在于：第一，"类"是"诸个人（die Individuen）"组成的社会，是与个人在同一平面上的现实，是"横向的"而非跃居于个体之上的存在；第二，作为"类"的社会并不是预先给定的、外在赋予人的，不应将社会理解为"一开始"就存在的，恰恰相反，社会是由人生成的，这个生成的过程是动态的，而这个动态的过程就是历史本身；第三，马克思将"个体—类"的二元结构变成横向的举措是极具意义的，这不仅仅体现为彻底克服了观念论的问题，更在于，只有在上述的横向逻辑中，才能发现历史发展的动力是隐藏在横向的生成性逻辑中的。马克思指出，决定社会历史不断变化和发展的决定性因素是以分工和交往为核心考察要素的生产力，而这一点构成了观察“流动的历史”的基本要素，这是费尔巴哈式唯物主义所不能具备的，也是唯物史观的核心所在。马克思在关于人的本质的认识上，终于完成了对唯心主义认识传统的颠覆，最终在《德意志意识形态》的“费尔巴哈”章中消解了青年黑格尔派一直试图消解的思想的统治结构，也就是本文所说的“个体—类”的纵向二元结构。

四 结语

本文把关于人的本质问题的讨论置于“黑格尔—青年黑格尔派—马克思”的流动的思想史中考察，以“个体—类”的二元结构为统一视角，诠释了青年黑格尔派和马克思恩格斯在“绝对精神的瓦解”上所做的前后相继的努力。马克思保留了黑格尔主义中“个体—类”的二元结构，并未陷入个体主义的结构性失衡，同时，将具有统摄意义的观念上的“类”替换为社会分工与交往体系，以此重新树立现实个体的自我确证方式——人是社会关系中的现实的人，而非以完善的观念引导自身发展的人。但是，理论发展到这里远远没有结束。马克思进一步深入探究社会分工与交往体系时，发现了资本的秘密。这意味着，原先“类”结构中的“思想的统治”被“资本的统治”所取代，资本操控了社会分工和交往体系，个体依旧没能恢复自主性，虽然可以破除宗教意识对个体的束缚，但无法逃离雇佣劳动关系所带来的更现实的、更隐蔽的、资本化了的压迫和奴役。为此，马克思及其后继者们对资本展开了一系列批判，在新的“类”结构中继续寻找个体恢复主体自由的方式。

不需要的赘疣？

——历史唯物主义不需要规范性理论的几个论证及反驳

苏晨生*

摘　要：马克思主义研究当中的规范性转向使历史唯物主义与规范性理论的关系问题成为学术界一直争论不休的问题之一。马克思对道德的负面性评价使很多评论者从不同的角度认为历史唯物主义不需要规范性理论，它们可以被重构为下面四种论证：①无关性论证；②无效性论证；③非法性论证；④有害性论证。它根据马克思将道德视为意识形态而认为规范性理论是社会发展的障碍，历史唯物主义应当摒弃规范性理论。然而，上述观点并不能充分证明历史唯物主义不需要规范性理论，相反，后者对于前者来说具有重要意义，对它们的反驳成为建构马克思主义规范性理论的必要前提。

关键词：历史唯物主义；规范性理论；道德；马克思伦理学

自从西方马克思主义在20世纪七八十年代或更早经历了规范性转向或政治哲学转向之后，规范性理论与马克思主义的关系问题便成为西方马克思主义，尤其是分析的马克思主义的核心论题之一。评论者们围绕

* 苏晨生，中国人民大学哲学院博士生，主要研究方向为马克思主义伦理学、AI伦理学。

规范性理论在马克思主义中的位置、历史唯物主义需不需要规范性理论等问题展开了激烈的争论。而发生在大洋彼岸的马克思主义发展史中的这一重要转向在经历了几十年的酝酿之后，近年来在中国的马克思主义研究中引起涟漪，关于马克思伦理学的研究在当代也逐渐成为热门。

道德问题一直是马克思主义研究当中十分棘手的问题。马克思对道德的否定性态度——曾宣称要给道德“宣判死刑”[①]——以及他对历史唯物主义的科学的（即价值无涉）自我理解，[②]使得从规范性的角度研究马克思本身的合法性，从早期的马克思主义开始就受到了质疑。这种质疑一直伴随着马克思主义的发展史。本文将聚焦于其中的一个问题，即历史唯物主义需不需要规范性理论。这一问题涉及马克思主义的伦理学（Marxism Ethics）是否可能的问题，即如果认为历史唯物主义不需要规范性理论，那么任何关于马克思主义伦理学的建构都是无效的。因此，它在马克思伦理学研究中占据十分重要的位置。在本文中，我将主要分析那些认为历史唯物主义不需要规范性理论的观点，在重构其论证的基础上进行反驳。根据对目前已有观点的分析与重构，我认为主张历史唯物主义不需要规范性理论的论证有以下几种，从论证的效力上从轻到重依次为：①无关性论证（irrelevance argument）；②无效性论证（ineffective argument）；③非法性论证（illegitimacy argument）；④有害性论证（harmfulness argument）。无关性论证认为历史唯物主义是关于社会历史发展的因果性解释，与规范性理论没有关系。无效性论证认为历史唯物主义持一种决定论的观点，而在决定论的前提下，规范性理论对于历史发展来说是无效的。非法性论证认为历史唯物主义主张道德并不是孤立的社会现象，而将其视为一种可以进行理论化分析的规范性理论就是非法的。有害性论证认为道德是一种需要被摒弃的意识形态，它非但无助

① 《马克思恩格斯全集》第3卷，人民出版社，1960，第490页。

② 马克思曾说共产主义者从不进行“道德说教”（《马克思恩格斯全集》第3卷，人民出版社，1960，第275页），而是“揭示”。在《资本论》序言中马克思曾主张用自然科学的方式对资本主义生产方式进行观察（《马克思恩格斯文集》第5卷，人民出版社，2009，第8页）。

于社会发展，反而是社会发展的障碍，将规范性理论引入历史唯物主义是有害于后者的发展。我认为以上四种论证都站不住脚，无论是从马克思主义本身的角度，还是从后马克思主义的角度来看，将规范性理论从历史唯物主义当中抽离出来，认为与其无关乃至有害的观点是难以想象的。下面我将依次分析这四种论证，并提出反驳意见。

一 无关性论证及其反驳

正如上文所说，无关性论证认为马克思主义主要是一种关于社会发展的科学解释，不是什么规范性理论。这一观点的代表是美国著名哲学家布莱恩·莱特（Brain Leiter），下面我将以他的观点为代表，重构这种论证，并给出相应的反驳。

莱特的观点十分鲜明，认为历史唯物主义作为一种关于社会发展规律的因果解释并不需要规范性理论，二者并不相关（irrelevance）：

> 经典马克思主义，显然包括马克思本人，有一个科学的自我概念（scientistic self-conception）。理论的目标不是证明共产主义在道德上是可取的或公正的（morally desirable or just），而是构建一个关于社会经济变化的充分描述性（descriptive）和说明性（explanatory）的解释，它将在政治组织和革命活动中有实践的回报（practical payoffs）。在马克思主义看来，人们需要的不是正义的理论，也不是善与正义的理论，而是一种用来理解——使其可见——限制他们生活的社会经济因果关系网络的智力工具（intellectual tools）——即占统治地位的阶级如何试图通过将他们的统治解释为合法的和符合普遍利益的来保持统治地位；经济实力如何定义主导地位，等等。[①]

---

① Brian Leiter, "Marxism and the Continuing Irrelevance of Normative Theory", *Stanford Law Review*, Vol. 54, No. 5, 2002, pp. 1129-1151. 实际上在某种程度上柯亨也持这样的观点，莱特所说的"经典的马克思主义"正来自柯亨，只是在关于规范性理论的态度上，二者持相反观点。

在他看来，除了早期的马克思短暂地关注规范性理论之外，其所有后期成熟的作品都致力于提供一种关于社会发展的“因果解释理论（causal-explanatory theory）”，这种描述性或者解释性的理论不是为社会主义革命进行辩护，也不是为了在道德的层面上证明共产主义比资本主义社会更好，而只是在事实的层面上解释社会发展的规律。在他看来，只要人们按照这种理论所描述的事实行动，那么在实践上就一定能够带来回报。莱特之所以如此坚信他的观点，主要在于他认为马克思关于资本主义的一些事实性的判断到现在仍旧是正确的，比如资本主义不平等的扩大化、资本主义全球化的趋势、社会占统治地位的意识形态仍旧是统治阶级的意识形态等。如果马克思对于资本主义社会的这些事实性的判断仍旧是正确的，那么就不需要通过引入规范性理论来为马克思主义辩护。[①]

当然，莱特认为将马克思主义诠释为一种因果解释性的社会理论面临的一个困难就是无法说明共产主义革命的动力问题，即人们为什么要进行反抗的问题，这是一种价值无涉（value-free）的描述性理论无法提供的。因为对资本主义社会必然产生它的掘墓人、必然走向反面的事实性描述[②]与无产阶级推翻资本主义的革命活动之间无法建立起因果关系。换句话说，马克思“缺乏足够的个体心理学（individual psychology）来解释为什么人们会像他理论预测的那样行动”。[③] 无产阶级革命是一种规范性的要求，即它要求无产阶级应当按照这种理论所预测的结果（即资本主义社会必然会被更高的社会形态所取代）去行动，但如果认为马克

① 莱特在这里主要针对的是柯亨的观点，后者认为将规范性理论引入马克思主义的一个重要原因就是它在事实层面对资本主义社会做出的判断以及对资本主义发展结局做出的预测在今天都已经被证伪而在后马克思主义时代缺乏吸引力，马克思主义在当代如果还要具有吸引力的话，就只能在规范的层面上为它所提出的价值性主张（比如社会平等）辩护。不过可惜的是莱特在这里并没有展开充分论述，也没有对柯亨的观点做出回应。

② 当然这里暂且认为这是一种事实，因为我们将在下面看到，为历史唯物主义需要规范性进行辩护的一个理由是这些情况并不是事实，资本主义并没有产生它的掘墓人。

③ Brian Leiter, “Why Marxism Still Does Not Need Normative Theory”, *Analyse & Kritik*, Vol. 37, No. 1-2, 2015, pp. 23-50.

思主义是一种因果解释的理论，那么就无法在规范性的层面上提出要求。显然，莱特并没有否认马克思确实提出了这样的革命要求，这样一来，他所面临的问题就是如何在不引入规范性要求的前提下说明无产阶级革命的合理性和必要性。

莱特将这样一个无产阶级革命动力问题转化为一个心理学问题，即为什么人民要采取暴力反抗行为？他们的行为是出于理性还是非理性的？他认为马克思在关于革命如何爆发的问题上是一个休谟主义者，后者主张人们的行动与理性无关，而是由非理性的因素（欲望等）所驱动的，而马克思在这方面持类似的观点。其依据是马克思关于革命爆发的条件的阐述，[①] 具体而言有三个条件：①大规模的贫困化；②真正的资本主义全球化（亦即贫困的全球化）；③生产力的大幅度提高。前两个条件使得受资本主义支配的广大无产阶级意识到自身所处的状况将继续恶化下去（无产阶级阶级意识的觉醒）——如果不进行反抗的话；条件③则为这种反抗提供了物质基础。换句话说，共产主义革命的爆发是因为无产阶级在资本主义社会中面临着越来越艰难的生存处境，而当人们无法忍受这样的生存处境的时候，那么革命自然会爆发。在这里，莱特强调促使这种革命爆发的原因正是一种非理性的欲求，即无产阶级的基本生存欲求无法得到满足，他们别无选择，而只能选择反抗。这种心理学式的解释排除了对无产阶级革命动力的规范性论证，即以阶级利益为核心的论证，[②] 这种论证主张共产主义革命是要实现无产阶级的共同利益，但在莱特看来，这是对无产阶级的一种规范性要求，而这种要求对于无产阶级的反抗活动来说是多余的。无产阶级的反抗是现实状况的必然结果，这是一种心理因果关系，而不是从别的地方引入超出无产阶级认知

① 《马克思恩格斯文集》第1卷，人民出版社，2009，第538~539页。

② 莱特在这里似乎针对的是伍德（Allen W. Wood）的观点，后者提出了“阶级利益论题”（Class Interests Thesis），认为这是马克思的核心主张，也是进行资本主义批判的基础，当然也可以视为呼吁无产阶级进行革命的规范条件（Allen W. Wood，“Justice and Class Interests”，*Philosophica*，Vol. 33，No. 1，1984：9-32.），莱特在这里的论证则直接否定了阶级利益的必要性，即在一种关于社会发展的因果解释中，并不需要通过抽象的阶级利益使无产阶级进行反抗，他们的反抗是自然的心理过程。

范围的东西，比如在他看来无产阶级革命并不需要使他们知道什么是正义、什么是道德上正确的。

莱特将马克思主义解释为一种不需要规范性理论的因果解释的社会理论具有代表性，在早期马克思主义者考茨基那里已经出现（当然最早还要追溯到恩格斯），在苏联法典化的马克思主义那里达到高潮，但这并不能说明这种观点是正确的。正如古尔德（Alvin W. Gouldner）利用韦伯的“理想型”做出的“两个马克思主义”的判断，即完整的马克思主义是由科学的马克思主义和批判的马克思主义共同构成的（前者强调了马克思因果解释的科学性；后者强调了马克思主义存在的规范性因素），两种因素既存在矛盾，也是统一的马克思主义的共同构成部分，①这一点被学界所广泛承认，只是在这两种因素在马克思主义当中占据何种地位的问题上，评论者们莫衷一是。在莱特的解释中，我们一般所认为的马克思主义当中存在的规范性问题在本质上仍旧是一个因果解释的问题，只是这种因果关系不是严格意义上的因果链条，而是心理学意义上的因果关系。换句话说，马克思主义当中的规范性因素可以被因果解释所取代，这是莱特的无关性论证的关键所在。那么，事实是否真的如此？或者说莱特的这种解释是否充分？

我认为他对无产阶级革命动力的解释是不充分的。为了避免在革命动力的问题上重新使规范性因素偷偷溜进来，莱特将革命的动力问题事实化，只是这种事实化的解释依赖的不再是一种社会性事实，而是心理学事实；但正是这一点上暴露了他的解释的局限性。尽管莱特正确解释了共产主义革命的动力，但他只是解释了必要条件，而没有解释充分条件。我认为如果要充分解释共产主义革命的话，规范性的因素是不可或缺的。莱特认为共产主义革命并不需要规范性理论作为动力，他们的革命完全是由现实因素所决定的，即单纯是为了反抗无法忍受的残酷现实，即当人们基本的生存欲求无法得到满足时，人的心理因果机制会促使他

① Alvin W. Gouldner, *The Two Marxisms: Contradictions and Anomalies in the Development of Theory*, London: The Macmillan Press LTD, 1980, p. 34.

们做出一定的反抗，这种反抗是非理性的心理作用，而不是一种理性的考量（比如对阶级利益的诉求和对社会正义的追求），在这一点上莱特将马克思解释为一个休谟主义者意在说明理性无法对人们的行为产生影响。[①] 这种解释对于历史上发生的大多数革命来说是有效的，但很难充分解释共产主义革命。

为了清楚说明这一点，可以将革命或者反抗行动分为两种，破坏性的反抗和建设性的反抗，或者借用积极和消极自由的说法就是消极革命和积极革命，莱特的心理学解释实际上对于前者是有效的，但对于后者是无效的，而共产主义既有消极属性，更有积极属性。马克思和恩格斯一直强调社会主义是一种科学理论，它区别于空想社会主义的重要方面就是它的科学性，社会主义从空想到科学这一命题蕴含着共产主义革命以科学的理论为指导，这意味着这种革命必须要制定明确的革命目标和斗争策略，而这些无疑需要规范性的指导，尤其是革命目标。尽管莱特可以认为目标本身是科学分析或者因果解释所预测的结果，而不是从别的地方拿来的，因此也不需要规范性理论，但将革命的目标付诸现实的过程不能不引入规范性的因素。如果革命的目标仅仅是反抗残酷的生存处境，那么无法将共产主义革命跟历史上其他形式的革命相区别。实际上，在现实的无产阶级革命中，规范性的目标及其激励作用占据了很大的比例，因为仅仅有反抗残酷的生存条件还不足以体现出共产主义革命的特殊性，在这个过程中共产主义作为一种理想的激励作用，不仅在马克思那里得到了承认，在现实的革命运动中也占据了重要力量。莱特对革命动力的解释只是将人视为一个具有欲求能力的自然人，而忽视了人的社会性以及观念的力量。我认为对于共产主义革命来说，反抗现实的消极理由只是必要条件，而建立一种新的社会秩序的积极理由是充分条件，二者的结合是对共产主义革命的充分解释，莱特为了拒绝重新引入

---

① 休谟在《人性论》中认为理性并不能成为意志（即行动）的原因，它不能单独成为行动的动机，激情或者情感（非理性因素）才是行动的原因，参见〔英〕休谟《人性论》，关文运译，商务印书馆，1980，第451~456页。

规范性的因素而对革命动力的心理学解释无疑是不充分的。

退一步讲，即便认为莱特关于革命动力的解释是充分的，他的论证也不成立，因为要使他的论证成立，必须说明革命活动本身如何在一种关于社会发展的因果解释理论中成为需要考量的因素或者变量，因为革命活动对于社会历史的发展具有至关重要的影响，而这种影响势必会对社会发展趋向的预测产生影响，一种科学因果解释的社会理论必须将这一点考虑进去。然而，莱特并没有对这一关键的因素做出解释。革命活动是一种不可控、其结果是很难被预测的因素，它给一种科学的因果解释理论造成的影响，不仅表现在会改变预测的结果，更表现在因果解释本身的可能性会受到挑战。因果解释的前提是被解释的对象（explanandum）一定是可以被理解的，即具有可理解性（intelligibility），对于一个没有原因的事件，任何所谓的因果解释都是无效的，而革命的不可控因素将直接挑战这种因果解释的可能性。

莱特论证的第三个局限是无法解释马克思对资本主义的规范性批判。如果认为马克思主义是对社会发展的因果性解释，那么是否能够在这种因果性解释的基础上附加一种规范性评价呢？不管他如何解释这一点，都无法否认马克思对资本主义进行道德谴责的事实，而这一事实是因果性解释必须要面对的。资本主义必然会产生它的掘墓人、必然会走向自己的反面，从这一事实中无法推断出资本主义在规范性的层面上是错误的，这是因果解释所不允许的，就像我们无法从洪水频发这一事实中必然推出它在道德上是错误的，如何将这种规范性判断与他对马克思主义的因果性解释相容，这是莱特需要解决的问题。当然，有一种回应是，莱特会认为马克思的这种道德批判在马克思主义当中是无关紧要的，即道德批判不是马克思对资本主义的系统性评价，更多的是他的个人评判，与他的事实性描述并无关系。从某种程度上看确实如此。道德谴责无论如何不会直接影响资本主义的发展，因而也不会对马克思对资本主义发展的因果性判断产生实质性的影响。但不能否认的是，这种道德谴责的间接影响是巨大的，而这种间接影响往往与规范性的革命吁求同频共振，就此而言，不能认为道德谴责是完全无关紧要的。

二 无效性论证及其反驳

与莱特的无关性论证一样，无效性论证同样对道德或者规范性理论本身没有做出判断，而只是认为伦理学理论对于社会的发展无法起到任何作用，不管是积极的还是消极的。这种论证预设了一种决定论的社会发展观，即认为历史唯物主义承诺了社会发展具有必然性，就像马克思在《资本论》中说的“铁的必然性”一样，在这种必然性面前，一切理论都是无效的。这一点不难理解，因为通常的观点认为在一个决定论的世界中，任何主观性的意识、理性（非理性）选择、欲望以及观念（包括理论体系）都无法对其做出实质性的影响。也就是说，决定论否定了自由的存在，这意味着以自由为前提的道德伦理对于世界本身来说是一种虚假的表象。

长期以来，在马克思主义的发展史和诠释史中，将历史唯物主义视为一种决定论的观点占据着重要地位。直到今天，关于马克思主义与决定论/非决定论的争论仍旧在继续，以波普尔为代表的历史决定论的诠释认为，马克思主张历史可以被精确预测，这一观点必然使其成为一种不精确乃至注定是错误的历史理论；[①] 经济决定论的支持者则认为马克思暗示了“社会的广泛特征，文化及其制度的许多或所有方面，以及所有个人的态度、欲望，甚至可能是所有个人的行动，都是某些宏观经济力量的必然结果”。[②] 与此同时，很多评论者也认为马克思“心中有一种由技术决定的（technologically determined）历史观”。[③] 如果以上各种不同

① 参见〔英〕卡尔·波普尔《开放社会及其敌人》第2卷，郑一明等译，中国社会科学出版社，1999，第315页。

② Roy Weatherford, *The Implications of Determinism*, London and New York: Routledge, 1991, p. 6.

③ Bruce Bimber, "Karl Marx and the Three Faces of Technological Determinism", *Social Studies of Science*, Vol. 20, No. 2, 1990, pp. 333-351.

版本的决定论诠释是正确的话，那么下面的推论似乎是合理的，即如果认为社会历史的发展有其必然规律、共产主义必将代替资本主义，那么在这种历史的必然性面前，人们无须做什么便可以坐享其成，也不用在规范性的层面论证共产主义是正确的，更不用说通过暴力革命实现它。事实上，很多评论者正持此类观点，比如金里卡认为："当过去的马克思主义者相信社会主义是必然的（inevitable），就没有必要去解释社会主义为什么是合意的（desirable）。社会主义不过是被历史发展预先决定好了的一个阶段性终点。资本主义由于其内部矛盾将自我瓦解，因为越来越贫穷的无产者除了推翻资本主义制度将别无选择。作为革命基础的，是经济矛盾而非道德依据"。[①] 在这其中，比较特殊的是柯亨，他虽然是主张将规范性理论引入马克思主义当中的主要代表，但在决定论方面他有类似的观点，并且在他的不同著作中反复提及，比如他这样认为："当这些特征（即柯亨总结共产主义革命的六个特征：多数派、生产、剥削、贫困、无物可失、革命——引者）汇集在一起的时候，规范性的社会主义主张就没有那么必要了。当人们由于自己境况的紧迫性被迫进行社会主义革命并处于有望成功的良好形势之中时，你就不必去证明社会主义革命作为原则问题的正当性"。[②]

具体到规范性的层面，如果对历史唯物主义的决定论诠释是正确的，那么这意味着任何规范性的主张，比如对资本主义的道德批判、对无产阶级的道德激励以及对共产主义的道德擘画都将失去意义。在这种情况下，讨论历史唯物主义需不需要规范性理论已然没有什么价值，因为不管这些因素存不存在、是否构成历史唯物主义不可或缺的一环，它都无法对社会现实的"铁的必然性"产生丝毫影响。可以看到，相比于以莱特为代表的无关性论证，无效性论证在否定规范性理论上更为彻底，尽管莱特的科学主义立场在很大程度上可以被还原为一种决定论，但他还

---

① 〔加拿大〕威尔·金里卡：《当代政治哲学》（上），刘莘译，上海三联书店，2004，第303~304页。

② 吕增奎编《马克思与诺奇克之间——G. A. 柯亨文选》，江苏人民出版社，2007，第166页。

是给共产主义革命及其必要性留下了空间，这在使他面临论证不融贯的风险的同时，也削弱了彻底性，而以决定论为基础的无效性论证直接使任何规范性的因素失去意义。

当然，这种更加彻底的主张面临的困难也更多。我认为可以从以下几个方面反驳这种观点。首先最直接的就是否认马克思历史唯物主义是任何形式的决定论，如果不认为历史唯物主义承诺了决定论，那么建立在决定论基础上的论证也将失效。这种反驳方式虽然比较彻底，但有很大的论证负担，因为拒绝承认历史唯物主义是一种决定论并不容易，一方面它需要复杂的论证，另一方面也面临马克思本身的挑战。比如在《资本论》中，马克思看到资本主义存在“铁的必然性发生作用并且正在实现的趋势”,[①] 如果无视马克思的这一论断而笼统地认为历史唯物主义并不是历史决定论，这不是一种严谨的做法。

第二种反驳方式是悬置历史唯物主义是否承诺了决定论，而是认为决定论可以与行动自由相容，这样一来即便是决定论的指控也不能必然推出规范性理论是无效的。从一般性的角度来看，决定论与自由的关系是伦理学乃至形而上学经常讨论的一个问题，很多学者指出二者实际上并不矛盾，可以相容，在坚持一种决定论的前提下可以与自由相容。决定论认为“世界是由决定论支配的（或受决定论支配），当且仅当，给定事物在某一时刻 t 的特定方式，其后事物的发展方式是作为自然法则而被确定（fixed）的”。[②] 也就是说，决定论认为任何行为的发生都由自然规律支配，或者说任何行为都有其原因，在通常的理解中，如果认为决定论是真的话，那么意味着人将毫无自由可言。然而，在名为《自由和决定论的相容性》（*The Compatibility of Freedom and Determinism*）的文

---

① 《马克思恩格斯文集》第5卷，人民出版社，2009，第8页。

② Carl Hoefer, "Causal Determinism", *The Stanford Encyclopedia of Philosophy* (Spring 2016 Edition), Edward N. Zalta (ed.), URL = <https://plato.stanford.edu/archives/spr2016/entries/determinism-causal/>.

章中，尼尔森（Kai Nielsen）挑战了这个观点，[①] 认为二者在逻辑上是相容的，而主张不相容的观点出现了两个方面的错误：①没有足够重视自由概念在日常生活中的真实（actual）角色，即一般所说的自由是行为自由（freedom of conduct）而不是意志自由（freedom of will），即人在不受强迫（compulsion）或者约束（constraint）的情况下做他所想做的就是一种行为自由；②没有足够重视决定论的真正含义，他认为决定论是说任何事件（event）、状态（state），包括人的行为（action）和态度（attitude），都有一个原因（cause），即任何发生的事都有一个充分的原因。[②] 因此，尼尔森认为在行为自由和任何一个行为都有原因之间在逻辑上并不冲突，可以相容。尼尔森论证的关键是行为自由是不受强迫或者约束，而这与任何行为有充分的原因之间没有必然的关系。在他看来，我们之所以会认为自由与决定论是冲突的，在于混淆了自然因果律（laws of nature）中的必然性和法律规定（legal laws）的必然性，二者虽然都有必然性（must），但有根本差别，前者只是说行为的发生有规律，后者则是一种受强迫的行为过程，日常生活中经常将自然规律与强迫或者约束等强力（force）等同起来，但实际上自然律并不蕴含有强迫的意思。决定论所主张的是行为有充分的原因，而上文的分析表明这并不蕴含有行为受强迫的意思，因此在他看来，即便决定论是真的，仍然存在自由的可能。

从历史唯物主义的语境来看，马克思所说的历史发展的规律性和必然性正是决定论所说的任何事件的发生都有充分原因，而这并不蕴含着历史上任何事件的发生都是受强迫而发生的，即便如上文中莱特所说的无产阶级的反抗是出于现实的心理动机，但具体到个人身上，仍旧有自由选择的空间，比如有的人会因为受不了每天 50 元的工资而进行罢工示

---

① 以下分析见 Kai Nielsen，“The Compatibility of Freedom and Determinism”，in Robert Kane，ed.，*Free Will*. Oxford：Blackwell Publishers Ltd，2002，pp. 39-46。

② 尼尔森区分了强决定论（hard determinism）和弱决定论（soft determinism），不过他对此没有进行区分，只是认为前者主张决定论与自由不相容，而后者与自由相容。

威，而有些人则会很满足。因此，这其中有很大的自由空间。我认为在社会历史领域将决定论与自由对立起来的不相容论是错误的，它实际上是建立在混淆了宿命论（fatalism）和决定论的前提下，尤其是无效性论证所持有的论据是宿命论而非决定论。由于二者分享了一些共同的原则，即事物的发生具有必然性和可预测性，因此常常被等同起来。但实际上存在根本性的差异，不能从决定论中推出宿命论，因为二者所说的必然性有所不同。宿命论认为一切发生的事情必然会发生，不管我们是否采取行动都无法影响它的发生。二者的区别在于，决定论，正如伯恩斯坦（Mark Bernstein）强调的，是一种"因果关系的必然性（causal necessity）",[①] 而宿命论的核心是事情发生的必然性，它排斥了主观力量对某一发生事件的可改变性，而决定论并不必然排斥人的行为的自由选择，它只是强调这种自由选择必须遵循因果必然性规律。

对于历史唯物主义而言，可以在承认决定论的前提下主张人的行为对于历史的发展具有重要影响，二者是可以相容的，正如谢尔曼（Howard Sherman）所说，"在经济学家可能调查和发现社会历史规律的意义上是决定论，同时在敦促个人参与政治斗争以影响历史的意义上承认自由意志，这是完全一致的。我们不能改变历史，因为没有预定的历史要改变，但我们可以创造历史，因为历史总是由人类在一定的社会和自然条件下的行为创造的"[②]。马克思强调历史的必然性，意在说明人的行为不能超出特定的历史条件，这并不意味着否定了人的行为对于历史发展的影响。而一旦承认人的行为能够对历史发展产生影响，那么就无法否认规范性力量的有效性，因为人的行为是意图导向性或者意向性的，规范性的价值是决定行为的意向性的重要因素。

---

① Mark Bernstein, "Fatalism", in Robert Kane, ed., *The Oxford Handbook of Free Will* (1 ed.), Oxford: Oxford University Press, 2009, pp. 65-82.

② Howard Sherman, "Marx and Determinism", *Journal of Economic Issues*, Vol. 15, No. 1, 1981, pp. 61-71.

三　非法性论证及其反驳

非法性论证认为，规范性理论将道德视为一种孤立的社会现象进行研究并提出一些非时间-历史或者超历史的价值主张，是历史唯物主义所不允许的。而将这种规范性理论引入历史唯物主义是一种非法行为，因为它给历史唯物主义添加了它所排斥的东西。非法性论证的论证结构可以简单地表述为下面的三段论：①历史唯物主义拒斥任何独立的、非时间-历史性的理论或者观念体系；②规范性理论是一种将道德视为独立于社会背景的非时间-历史性的理论体系；③历史唯物主义拒斥规范性理论。

正因为如此，非法性论证又可称之为冲突论，即认为历史唯物主义与规范性理论是冲突的，如果坚持历史唯物主义，就不能接受规范性理论。

大前提①无疑是正确的，这是历史唯物主义的基本主张。在马克思看来道德、宗教等作为一种意识形态是呈现在人们头脑中的观念性存在，它们只是对“实际活动的人”① 的现实生活的反映并受其支配，也就是说在本体论的层面上它们不具有独立性（也就是马克思说的“独立性的外观”），而是依附于现实生活，因此马克思说它们“没有历史，没有发展”。小前提②是很多评论者进行这种非法性论证的关键，在他们看来，历史唯物主义必然拒斥对规范性理论的研究，我们也不可能指望历史唯物主义能够对规范性理论做出什么贡献，二者是冲突的。比如格伊思（Raymond Geuss）认为“马克思不会对当代关于规范性的讨论做出任何贡献，因为他会拒绝这些讨论所基于的各种假设。因此，他认为不可能将‘道德规范’孤立出来，作为去背景化（decontextualised）研究的

---

①《马克思恩格斯文集》第1卷，人民出版社，2009，第525页。

一个独特对象，因而理性地从中得到个体行为的必要条件”。[1] 在这里，格伊思从历史唯物主义的整体性（totality）方法论中得出结论认为，在历史唯物主义的语境中，不可能存在任何脱离产生它的社会背景的知识，作为研究道德现象的伦理学理论同样并不具有独立性，必须将其置于特定的历史条件当中予以理解。这意味着西方传统伦理学理论在历史唯物主义的法庭中都将受到挑战，或者说历史唯物主义从根本上动摇了传统的伦理学理论，因为传统的伦理学概念是“完全错误的，它可以是自由的、独立的（self-standing）、认知自主的（cognitively autonomous），同时对如何生活给出确定的（determinate）、权威的（authoritative）、完全有根据的（fully well-grounded）建议”。[2] 如果规范性理论以这种独立性的外观呈现，并自信可以在纯粹理性的基础上为人们的行为提供依据，那么历史唯物主义将无法允许这种规范性理论存在。

可见这种论证是否成功的核心是对规范性理论本身持何种看法，即如果认为规范性理论一定意味着一种独立的、非时间-历史性的理论，那么必然与历史唯物主义相矛盾，历史唯物主义不可能拥抱这种理论。然而，这里的问题在于，是不是所有的规范性理论都具有这种结构？要回答这个问题，必须澄清，当我们说规范性理论具有非时间-历史性的独立结构时，我们在说什么。在历史唯物主义的语境中，这一命题有两方面的内容或子命题。①独立性命题：可以通过在理性的界限内对规范性理论的思考，独立地为社会应当如何发展提供价值指引。②非时间-历史性命题：存在一个评价过往社会和未来社会，应当朝什么方向发展的非时间-历史的普遍标准。

我认为命题①是错误的，即并不是所有的规范性理论都持有这样的主张。毋庸置疑，在西方伦理学历史中会经常看到这样的主张，比如基

---

① Raymond Geuss, “The Moral Legacy of Marxism”, *Analyse & Kritik*, Vol. 37, No. 1-2, 2015, pp. 51-70.

② Raymond Geuss, “The Moral Legacy of Marxism”, *Analyse & Kritik*, Vol. 37, No. 1-2, 2015, pp. 51-70.

督教神学所衍生出来的规范性主张以上帝的诫命为前提，它独立于社会现实但又约束着现实中的人们。而在伦理学理论中最典型的就是康德的以纯粹理性为基础的伦理学，即将一切规范性的基础建立在纯粹理性（在康德看来实践理性本身就是纯粹的）的基础上，它是一切道德价值的基础。然而，这只是西方规范性理论的一个面相，并不能代表规范性理论的所有可能形态，比如功利主义的伦理学所提出的幸福标准并不是纯粹理性的产物，而必须与社会现实联系起来，因为幸福的最大化不是一个单纯的理性或者逻辑命题，而是一个现实问题，对幸福的量（当然也包括质）的衡量必须考虑特定的社会条件。实际上，很多评论者正好认为马克思的伦理学正是功利主义的，尽管同样在很多评论者看来二者存在重要差异，但至少说明功利主义与历史唯物主义在某些地方并不排斥。因此，命题①并不能准确刻画规范性理论的特征。命题②是规范性理论所蕴含的要求，但我认为可以与历史唯物主义相容。在这一点上，柯亨提出了十分简略的论证,[①] 他在承认规范性理论的非历史性要求是真的基础上，认为可以与历史唯物主义相容，其理由有二：一是历史唯物主义并不会导致相对主义；二是历史唯物主义并没有将一切价值都还原为“阶级利益的合理化”，它承诺了一种普遍的“真正人的道德”。[②] 柯亨准确地指出了这一论证面临的“硬核”问题，即历史唯物主义是否会承诺道德相对主义问题。这是一个十分复杂的问题，柯亨并没有详细论证，他引证恩格斯的“真正人的道德”来说明历史唯物主义承认一种跨越历史的普遍标准，但什么是“真正人的道德”呢？恩格斯这里的主张具有浓厚的人道主义色彩，并不能用作充分的论证。我认为历史唯物主义会导致道德相对主义的主张实际上混淆了相对性（relativity）和相对主义（relativism），历史唯物主义强调任何价值规范具有相对性，但这

---

① 〔英〕G. A. 柯亨：《自我所有、自由和平等》，李朝晖译，东方出版社，2008，第2~3页。

② 恩格斯曾说：“只有在不仅消灭了阶级对立，而且在实际生活中也忘却了这种对立的社会发展阶段上，超越阶级对立和超越对这种对立的回忆的、真正人的道德才成为可能”（《马克思恩格斯文集》第9卷，人民出版社，2009，第100页）。

并不意味着是相对主义的，它可以包含一种跨历史的普遍性标准。关于这一点已经有很多论证，限于篇幅，我在这里不再详细分析。由于命题①本身并不成立，命题②与历史唯物主义可以相容，因此非法性论证并不成立。

四　有害性论证及其反驳

相比于前面三种论证，有害性论证最彻底，因为它对道德本身做出了否定性的评价，即认为道德作为一种意识形态对于社会的发展具有负面作用，是阻碍社会前进的重要力量，而这与致力于推动社会进步的历史唯物主义是冲突的。因此，这种观点主张历史唯物主义非但不允许规范性理论的研究与引介（非法性论证持有的观点），而且认为二者相互冲突，如果要坚持历史唯物主义，就必须摒弃规范性理论，并且揭露其价值关怀外衣下丑陋的真相，就像马克思恩格斯所说的，共产主义者所要做的不是“革新”以往的道德，而是要“废除”道德。

将道德视为意识形态是马克思关于道德的基本命题之一，然而，通过仔细分析马克思做出这一判断的语境不难发现，马克思所针对的是被道德化（moralizing）了的道德，即道德主义（moralism），也就是在历史上曾经存在的、在阶级社会必然表现为一种阶级统治工具的道德化的道德，[①] 而不是所有的道德。在日常生活中，道德与道德化并不容易区分，但二者的界限仍然是明确的。我认同格伊思对道德化所做的一个十分简洁但又明晰的定义。他认为道德化就是一种行为，它指的是“在一个不恰当的环境（inappropriate context）下做出道德判断，也就是说，在某个背景或以某种方式进行道德判断时，似乎赋予它过多或错误的分量

① 正是在这一点上马克思要强调废除道德，即在马克思看来在阶级社会中，道德必然会表现为一种意识形态的工具（它来源于物质生产和精神生产的分工，对此可参考 Timothy McCarthy，“Marx and the Problem of Ideology”，*Social Science*，Vol. 54，No. 4，1979，pp. 204－209），因此对于马克思来说，废除道德只是一个结果或者表象，而真正的目标是消除阶级。

（weight）或效力（effectiveness）”。[①] 比如当我说学者不应当剽窃时，这是一种正常的道德判断，而当我说中国人很少得诺贝尔奖的原因是中国的学者都喜欢剽窃时，这就是一种道德化的判断，因为它将过多的道德责任赋予本来不应当承担的人身上，这是一种错误的归因行为。这种道德化的行为在现实中经常发生，也正是这种道德判断容易造成负面的影响，而正常的道德判断则是维持社会秩序所必需的。这意味着并不是所有的道德都是意识形态，只有那些被道德化了的道德才承担着意识形态的功能。[②]

需要注意的是，在当代元伦理学理论中呼声很高的道德废除主义或取消主义（moral abolitionism/eliminationism）的观点，这种观点既不同于尼采、弗洛伊德等从特殊立场出发的对道德的直接批评者，也不同于马克思对特殊的道德进行历史唯物主义还原之后的间接批评者，而是从理论的角度论证了道德如何是一种虚假的意识。在这之中典型的代表是加纳（Richard Garner），在《超越道德》（*Beyond morality*）一书中，他对道德连同宗教进行了批判，认为道德虽然一直试图将人们带到一个更好的世界中，但它非但从来没有做到，而且造成了负面影响。道德之所以如此失败，在他看来主要是因为它充满了欺骗（duplicity）和幻想（fantasy），在他看来，“如果我们能超越宗教和道德中固有的虚构和欺骗，超越语言和操纵语言者为我们设下的陷阱，我们就能找到我们所需要的东西”。[③] 当代元伦理学中出现的这种取消道德的呼声，则将矛头指向了道德本身。在这种观点看来，取消道德并没有我们想象的那样会造成灾难性的后果，相反，道德所造成的伤害和痛苦比它避免的要多。因此，取消道德对我们来说更加有利。实际上，正如我在前文所说的，这

① Raymond Geuss, “The Moral Legacy of Marxism”, *Analyse & Kritik*, Vol. 37, No. 1-2, 2015, pp. 51-70.

② 尼尔森论证了存在非意识形态的道德的可能性，可参见〔加拿大〕凯·尼尔森《马克思主义与道德观念——道德、意识形态与历史唯物主义》，李义天译，人民出版社，2014，第162~184页。

③ Richard Garner, *Beyond Morality*, Pennsylvania: Temple University Press, 1993, p. xii.

种取消道德的呼声实际上还是混淆了道德与道德主义（moralism）或者道德化（moralizing），麦基（John Mackie）的道德错论（moral error theory）只是认为道德是一种错误的理论，它无法完成它所要实现的任务，但从这一点中无法得出必须要废除道德的结论，而认为道德是有害的观点实际上与马克思一样针对的是一种道德化的倾向。加纳自己在阐明取消道德时，也提到了道德化而不是道德，比如他曾说“道德化的消亡（the death of moralizing）可能对个人和社会都有好处”[①]。他显然混淆了道德和道德化，虽然他声称要废除道德，但实际上废除的是道德化的行为。

因此，我认为声称道德是有害的而否定规范性理论对于历史唯物主义的必要性是站不住脚的，它对道德本身做出了错误的判断，这种判断同样可以被认为是对道德的道德化的判断，即它给道德赋予了本来可以避免的错误。

五 结语

从论证效力上看，论证①只是说明历史唯物主义（即经典的马克思主义者）在事实上并没有进行规范性理论的分析，但没有说明历史唯物主义在理论主张上与规范性理论的关系，即没有说明历史唯物主义与规范性理论是否相容，而如果认为二者可以相容的话，那么从规范性的角度来看，存在历史唯物主义需要规范性理论的辩护空间。因此这种论证在论证效力上比较低。论证②则从根本上否定了规范性理论在历史唯物主义中存在的必要性，因此论证效力比较强，但在论证方式上跟论证①一脉相承。它比下面两个论证要弱的原因，是这种论证并没有说明规范性理论本身的特点，而只是说明在决定论的条件下它是无效的。但如果

---

① Richard Garner, “Abolishing Morality”, in Richard Joyce, Simon Kirchin, eds. *A World Without Values: Essays on John Mackie's Moral Error Theory*, Netherlands: Springer, 2010, pp. 217–233.

认为对历史唯物主义的决定论理解是错误的或者二者可以相容，那么这种论证将是无效的。论证③从方法上说明规范性理论与历史唯物主义存在冲突的可能性，论证④则是从内容上说明二者的互相排斥。论证③和④具有较强的论证效力，一方面表现在它们具有历史唯物主义本身的直接支持，另一方面对规范性理论本身做出了负面的规范性判断，这意味着不管历史唯物主义本身是什么，规范性理论本身的特点导致了历史唯物主义对它的拒绝。当然，对规范性理论本身的这一判断依据的仍旧是历史唯物主义。因此，它的有效性取决于历史唯物主义对规范性理论本身的判断是否合理。

从以上四个论证及其反驳来看，这些认为历史唯物主义不需要规范性理论的理由是不充分的。上述理由都未能成功说明历史唯物主义不需要规范性理论。当然，这里可能存在其他更充分的论证，但根据目前对相关文献的阅读，并没有发现其他更充分的论证，也没有发现其他形式的论证。由此，可以十分谨慎地做出判断，历史唯物主义并不与规范性理论无关，也不与规范性理论相矛盾，所以认为历史唯物主义不需要规范性理论的观点是站不住脚的。不过，仅仅根据这一点尚不足以说明规范性理论对于历史唯物主义来说是必要的，要说明这一点，还需要进一步论证规范性理论对于历史唯物主义的重要性。由于篇幅原因，本文无法完成这一任务，我将另行文详细说明规范性理论对于历史唯物主义来说为什么是必要的。

佳作短评

评《艾米·文德林〈卡尔·马克思论技术和异化〉》等三篇

蓝　江*

1. Amy E. Wendling, *Karl Marx on Technology and Alienation*, New York: Palgrave MacMillan, 2009.（艾米·文德林《卡尔·马克思论技术和异化》）

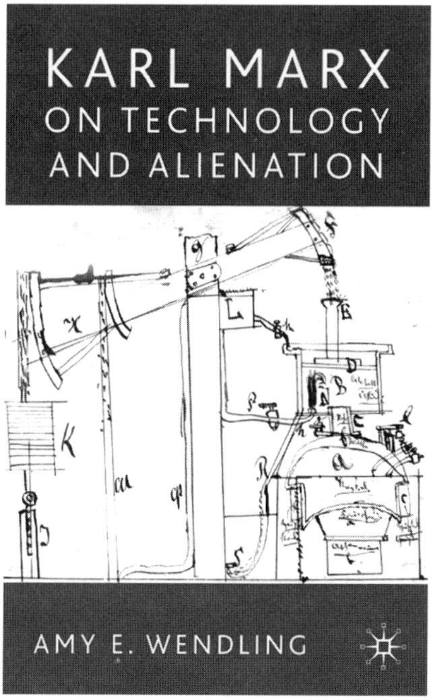

* 蓝江，南京大学哲学系教授，主要研究方向为国外马克思主义，尤其是当代法国和欧洲大陆激进左翼思想研究。

在阿尔都塞那里，存在青年马克思和成年马克思的区分，即早期的人本主义马克思和晚期的科学的马克思之间存在一条不可逾越的鸿沟。换言之，在阿尔都塞及其学派看来，撰写《资本论》时期的马克思已经清除了作为意识形态阴霾的人文主义思潮，转向一种真正意义上的历史科学。艾米·文德林虽然也认为在青年马克思和成年马克思之间存在区别，但她与阿尔都塞不同，并不认为成年马克思彻底摒弃了人本主义，而是提出了一种不同早期的类本质的人本主义类型，文德林称之为“资本人本主义”。文德林认为在《1857-1858年经济学手稿》和《资本论》中，马克思仍然带有人本主义的关怀，之所以有人认为后期的马克思的文本不存在人本主义，在于一些学者对技术和异化的误读。即资本主义生产方式实际上生产出了一种不同于历史上其他生产方式的新的类存在，这种类存在不可能在广义的人类类本质基础上来理解。换言之，文德林看到，人类参与资本主义生产过程，就必须将自己异化为一种劳动力，这种劳动力是内嵌到生产技术体系之中，人类劳动力只是其中的一种生产能量，在整个生产过程中，还存在非人类主体的能量在生产过程中发挥作用，而这一点是之前的马克思主义研究者没有详细研究的内容。那么，在文德林看来，人类的解放，并不是简单地从劳动中解放出来，因为共产主义依然存在劳动，需要解放的恰恰是人类无条件地变成技术系统和机器的能量的劳动力。这种劳动力是为资本积累服务的，人类不断异化成劳动力，变成机器能量过程，就是人类丧失自己主体性的过程，人类使用机器，也是被机器所使用的过程。也就是说，只有人类与机器的综合体解放了，人类才能达到自由的彼岸。

2. Thomas Nail, *Marx in Motion*, Oxford: Oxford University Press, 2020.（托马斯·奈尔：《运动中的马克思》）

在托马斯·奈尔看来，今天在西方世界里来拯救马克思的思想，就必须重新激活马克思思想中存在的运动思想，尤其是将马克思的早期文献中蕴含的唯物主义思想，与今天物理学和哲学中的新唯物主义思想结合起来。在许多对马克思的批评中，马克思主义常常被认为是决定的、还原论和人类中心主义的思想。尽管恩格斯、苏联马克思主义，以及后来的西方马克思主义和后结构主义的马克思主义，并没有真正让马克思摆脱这些质疑。奈尔认为，马克思早期的博士论文和《关于伊壁鸠鲁哲学的笔记》中已经通过对德谟克利特、伊壁鸠鲁、卢克莱修等古代唯物主义的探讨，深入理解了不规则的、非决定论的、非还原论、非人类中心主义的唯物主义思想。在今天，将物理学上的量子力学、布朗运动以及混沌学等学科，与马克思的唯物主义结合起来，可以让马克思在21世

纪的今天重新焕发出魅力。这意味着，我们需要从运动的辩证法、历史唯物主义、历史的本体论出发，来摆脱过于平面化的本体论。在理论上，通过对吉尔·德勒兹、布鲁诺·拉图尔、伊莎贝尔·斯唐热、贝尔纳·斯蒂格勒、格拉厄姆·哈曼等人的理论的分析，托马斯·奈尔给出了一个在物的世界中辩证地运动的马克思的唯物主义形象，从而克服了简单的历史决定论和还原论，也在一定程度上摆脱了人类中心主义的指摘。

3. Vanessa Christina Wills, *Marx's Ethical Vision*, Oxford: Oxford University Press, 2024.（凡内莎·克里斯蒂娜·威尔斯：《马克思的伦理观》）

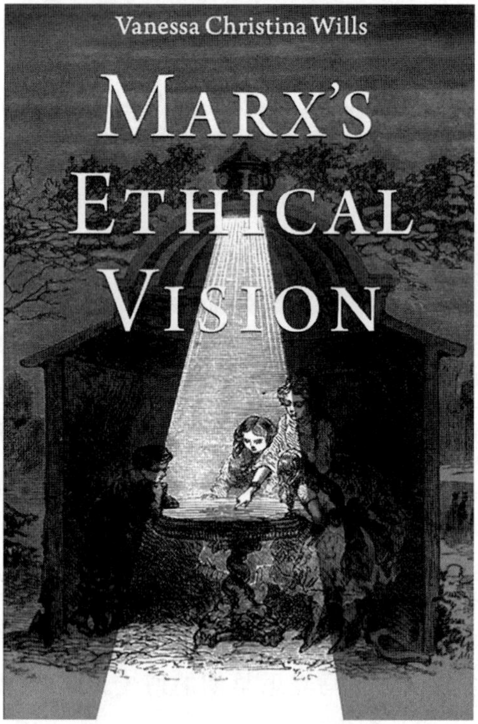

凡内莎·克里斯蒂娜·威尔斯的《马克思的伦理观》首先提出了，在马克思的思想中，尤其是《资本论》中存在马克思对人类社会的现实的伦理关怀，认为马克思的思想中不存在任何伦理思想是错误的。当然，

另一方面，马克思的伦理学，绝不是像某些思想家提出的那样，是一种类似于新自由主义伦理学一般的规范伦理学。在马克思的著作中，伦理思想从来不是抽离历史背景的思维。威尔斯很明确地指出，如果脱离了历史唯物主义的背景，来空谈马克思的规范伦理学，那就是回到了还原论的错误。正确的理解方式是，马克思不是孤立和抽象地看待普通的人类的伦理行为，毋宁说，马克思关心的是资本主义社会历史条件下的一类特殊社会存在的伦理——无产阶级的伦理学。作者看到，马克思明确提出在无产阶级还在资本主义生产方式的奴役下生活，没有得到丝毫解放的时候，是不可能谈任何普遍的人类道德和伦理的。凡是不从资本主义社会的不平等和真实存在的压迫出发，探讨资本主义的伦理学，实际上都是一种唯心主义和理想主义，真正的现实主义的伦理学，只有在革命性的力量将工人解放出来，创造一个更为平等和美好的社会中才能存在。换言之，马克思的伦理学首先是一门“历史科学”，只有人在具体的历史实践中得到解放，获得平等地位，才能有伦理学的问题。于是，马克思的伦理观不是抽象地诉诸人性，他的伦理观与历史唯物主义和对资本主义的政治经济学批判是高度统一的。马克思伦理观的指向就是改变社会，摧毁资本主义的生产方式，创造一个平等的和幸福的社会形式，让所有人的个性都能得到全面发展。

Abstracts

Hot Comments

Contemporary Value of *The Communist Manifesto*

—According to its Basic Ideas to Examine the Current Changing Situation of the International System and China's Reality *Yang Xuegong*

Abstract: *The Communist Manifesto* is not only of universally recognized historical significance, but also of unquestionable contemporary value. The theory of "world history" centralized expounded in *The Communist Manifesto* is actually a scientific analysis of the first wave of globalization in human history. With the rapid rise of emerging economies, including China, the world system formed in the process of modern capitalism creating "world history" and characterized "three subordinates" has been and will continue to change. In contrast to China's reality and its development path, we must have a rational and clear identification of all kinds of fake, reactionary, utopian socialism or communism. Only then can we have a deeper understanding of the scientific socialism of Marx and Engels, and thus more soberly understand and judge what "socialism with Chinese characteristics" should be and can be. In a certain sense, the primary stage of socialism with Chinese characteristics is a special social form, which belongs to other social forms other than capitalist society in the "second stage", and coexists and competes with capitalism in the contemporary world. This strategic historical orientation judgment not only helps us correctly understand the original meaning of "eliminating private ownership", but also helps us deeply understand the objective basis for the coexistence of multiple forms of ownership in China at this stage, so as to unswervingly adhere to and consciously safeguard the "two unwavering" policy.

Keywords: World History as a Whole; Profound Changes of the World Unseen in a Century; Socialism with Chinese Characteristics; "Two Unwavering" Policy

The Intelligent Industrial Revolution and the Transformation of Future Forms of Human Life

Dai Shengpeng

Abstract: With the development of intelligent technology and industry centered around artificial intelligence, not only will there be substantial changes in the production and exchange methods of society, but also significant changes in people's way of life, communication, and thinking. As a result, the entire human society will undergo tremendous and profound changes. This huge and profound change will not only manifest in the transformation of social forms, but ultimately in the transformation of the form of human existence. The combination of intelligent technology centered on artificial intelligence with new materials, life sciences, and more will trigger a huge revolution in the form of human life. Throughout the history of the emergence and development of life on Earth, life is not only the result of material interactions in the inorganic world, but also relies on the inorganic world for survival and development. If organic life is the negation, abandonment, and sublimation of inorganic matter, then the future form of human life will rely on the organic integration and tremendous development of advanced technologies such as artificial intelligence, new materials, and life sciences, to achieve the transcendence of relatively short-lived organic life forms, and thus achieve the transformation from organic physical life forms to inorganic life forms. Therefore, in the future, humanity will not only be liberated from wage labor and exploitation, but also from the limited time constraints of physical life forms, thus creating more abundant free time for the realization of human freedom and comprehensive development. At that time, humanity will also move from Earth to the depths of the universe, opening up a new starting point and history for the development of human society and civilization.

Keyword: Intelligent Industrial Revolution; Artificial Intelligence; Organic Life Forms; Inorganic Life Forms

The Historical Significance and Contemporary Value of Lenin's "On the Significance of Combat Materialism"

—Commemorate the 100th anniversary of Lenin's death

Wang Jing Liu Huaiyu

Abstract: In "On the Meaning of Combat Materialism", Lenin clarified the historical task of "combat materialism" in counteracting the philosophical prejudices of the bourgeoisie, pointing out that "combat materialism" must use dialectical materialism as its philosophical argument in order to completely It was pointed out that "combat materialism" must use dialectical materialism as its philosophical argument in order to completely fight against bourgeois thought and bourgeois worldview. This article was not only the "battle manifesto" of Soviet Russia's philosophical fight against the bourgeoisie, but also the philosophical summary of Lenin's long search for Marxism, and the guide for the construction of the Soviet system of dialectical materialism. Revisiting Lenin's essay "On the Meaning of Combat Materialism" in the 21st century will help expose and criticize the ideological essence of historical nihilism, promote the modernization and concretization of Marxism in the unity of dialectical materialism and historical materialism, and highlight the unity of historical dialectics and road confidence.

Keywords: Lenin; On the Meaning of Combat Materialism; Philosophical Party Principles; Dialectical Materialism

Special Comments

The Emotional Basisof Reason

—A Review of "Anxious Enlightenment: Enlightenment Reflection Centered on *Dialectics of Enlightenment*"

Xie Yongkang

Abstract: "Anxious Enlightenment: Reflections on Enlightenment Centered on the *Dialectics of Enlightenment*" represents a unique approach to explaining Horkheimer and Adorno's dialectics of enlightenment, attempting to explore the emotional foundation of enlightenment reason through connections with early German Romantic, Nietzsche, Heidegger, Foucault, namely the non-objectivity domain indexed by anxiety. The book points out the many shortcomings of Horkheimer and Adorno in their argumentation methods, while attempting to refer to the appeal to classics of early German Romantic, Nietzsche, Foucault, to interpret "rational enlightenment" as a higher synthesis from the dialectics of enlightenment. If this interpretive approach is to be implemented to the end, there are still many theoretical issues that need to be further explored, such as the differences and consistency of Romanticism in different periods, and how to integrate with the core viewpoints of the first generation of critical theory.

Keywords: Enlightenment Rationalism; The Enlightenment of Anxiety;

Reasonable Enlightenment

Self-Correction of Enlightenment: A Review of *Anxious Enlightenment: Reflections on Enlightenment Taking 'Dialectics of Enlightenment' as its Core*

Luo Songtao　Zhao Qian

Abstract: Professor Liu Senlin's book *Anxious Enlightenment: Reflections on Enlightenment taking 'Dialectics of Enlightenment' as its core* focuses on the Frankfurt School's representative work *Dialectics of Enlightenment* and conducts deep reflection on the Enlightenment. In this book, the author expounds the emotional basis of rational enlightenment from the point of view of the history of subject generation, and deeply analyzes the various alienated phenomena caused by the anxious enlightenment going to extremes. At the same time, the author also reveals the reconciliation dimension that enlightenment may lead to by analyzing the critique of identity of the enlightenment subject in *Dialectic of Enlightenment*. Finally, the author combines theoretical thinking about enlightenment with study on modern nihilism issues, giving reflections on enlightenment more practical significance, showing the ability of enlightenment to correct itself. These insights are of great importance for us to deepen enlightenment reflection, promote the cause of enlightenment, and set reasonable boundaries for enlightenment.

Keywords: *Dialectics of Enlightenment*; Anxiety; Critique of Identity; Nihilism; Reasonable Enlightenment

Political Philosophy Explanation of Marx's Dialectics: On *The Political Space of Dialectics*

Cheng Yuanhang

Abstract: How to effectively connect Marx's dialectics with political philosophy is an important issue concerning the exploration of Marx's dialectics. Professor Bai Gang's book *The Political Space of Dialectics* takes dialectics as the research object, centers on the internal relationship between dialectics and political philosophy, starts from the critical essence of Marx's dialectics, and pursues and constructs a new social order of human freedom and liberation as the theoretical purpose, and carries out the political philosophy research and political philosophy narrative of Marx's dialectics. The book promotes the capital expression space of Marx's dialectics in the political economy criticism of *Das Kapital*, and presents the political philosophy space of Marx's dialectics in the exploration of historical materialism. The political philosophy interpretation of Marx's dialectics not only highlights the critical essence of Marx's dialectics, but also expands the "freedom and revolution" space of Marx's dialectics.

Keywords: Marx; Dialectics; Political philosophy; Capital Logic; Historical Materialism

Unequal Distribution of "Equal Rights" and Equal Distribution of "Unequal Rights"

—A Review of *Research on Distributive Justice from the Perspective of Marxist Political Philosophy*

Dong Jianming

Abstract: While modern Western political philosophy holds a non-historical, abstract and reductionist worldview and way of thinking, Marx has transcended the ideological horizon of modern Western political philosophy with his philosophical revolution. Based on historical materialism, Prof. Tu Liangchuan's *Research on Distributive Justice from the Perspective of Marxist Political Philosophy* exposes the inherent contradictory nature of capitalist distributive justice, the substantive inequality and its logical roots behind capitalism's "equal rights", and points out that Marx's distributive justice is based on the principle of "unequal rights" . It points out that Marx's distributive justice is based on the equal distribution of "unequal rights" and the reconstruction of individual ownership through the historical progress of "distribution according to labor" and "distribution according to need" . At the same time, this work further explores the practical path for realizing Marx's distributive justice by unifying facts and values, constituting an important attempt to construct a rational form of Marxist political philosophy theory, which is of great theoretical and practical significance for advancing the study of Marxist political philosophy.

Keywords: Historical Materialism; "Equal Rights"; "Unequal Rights"; Distributive Justice

Academic Review of Books

The New Theory on the Innovation Development of Chinese Marxism in the New Era

—Reading of *Research on the Innovation Development of Chinese Marxism in the New Era*

Zhu Chuanqi

Abstract: Adhering to theoretical innovation is one of the historical experiences of the CPC over the Past Century. Only by continuously deepening the regular understanding of the theoretical innovation of the CPC can we achieve more rich theoretical innovation results in the new era and new journey. The book "Research on the Innovation and Development of Chinese Marxism in the New Era " by professor Yuan Yinchuan, from the unified overall dimension of theory, history, and reality, in-depth research on why contemporary Chinese Marxist theory innovation, how to carry out contemporary Chinese Marxist theory Innovation, the original contribution of Chinese Marxist innovation in the development of Marxism in the new era, the significance of the innovation development of Chinese Marxism in the new era. It has great theoretical and practical significance, and is a masterpiece of deepening the party's theoretical innovation regularity.

Keywords: New Era; Chinese Marxism; Integration

From "The Mediation between Confucianism and Marxism" to "the Confucian Marxism": A Review of Professor He Zhonghua's *Marx and Confucius*: *A Historical Meeting Between Them* *Feng Bo*

Abstract: The problem of the consistent relationship between the two dominant ideologies before andafter new China is solved by the "the mediation between Confucianism and Marxism", which is also the core problem to be solved by Professor He Zhonghua's book <Marx and Confucius>. The solution of this problem will not only promote Chinese modernization, but also contribute to the Sinicization of Marxism. Professor He Zhonghua pointed out two levels of "mediation": one is the combination of the universal principles of Marxism and the special culture of China; Second, Confucianism and Marxism are creatively integrated into one. This requires to go beyond "Chinese-Western and ti (体)-yong (用)" relationship, and emphasize the process of "mutual integration", the final result of which is "Confucian Marxism". It is a kind of Marxism that integrates the characteristics of Chinese traditional culture, and can also become the future paradigm of world Marxism. But the study of "Confucian Marxism" needs to pay more attention to the modern new Confucianism that is undergoing modernization and trying to solve problems of Western modernity. The development of Confucianism in the third period should not only be the quantitative expansion of internationalization and globalization, but also the qualitative improvement combined with Marxist social critical theory.

Keywords: The Mediation Between Confucianism and Marxism; The Confucian Marxism; Confucianism in the Third Period; He Zhonghua; *Marx and Confucius*

The Defense and Development of Economic Determinism

—AComment on *Marx's Historical Determinism*: *An Interpretation Based on Capital and Its Manuscripts*

Zi Yang

Abstract: Historical determinism is the main content of the historical materialism. For Marx, it appeared as economic determinism. Professor Wang Fengming's Work, *Marx's Historical Determinism*: *An Interpretation Based on Capital and Its Manuscripts* starts from defending Marx's economic determinism and productive forces determinism, clarifies the historical materialist premise of the issue of justice, and points out exploitation as ground of poverty in capitalism by distinguishing capitalist commodity production from simple commodity production, distinguishes theoretically between socialist poverty and capitalist poverty, and points out the future developing of human free individuality based on economic advances This work analyzes the superstructure and social construction from economics and it can be regarded as a model of using materialist dialectics.

Keywords: Historical Determinism; Economic Determinism; Productive Forces; Production Relations; Justice

How Do Individuals Present

—A Review on *The Individual Theory of Marxist Historical Materialism*: *An Analysis of Linguistic Philosophy*

Liu Yu

Abstract: Due to the abstraction of human language and the generality of philosophical concepts, how individuals can be grasped in language has become a difficult problem in philosophy. Professor Zhang Shoukui's *The Individual Theory of Marxist Historical Materialism: An Analysis of Linguistic Philosophy* takes a unique approach of linguistic analysis to study the individual theories in the history of philosophy, especially Marx's thought of *the real individual*. From the perspective of subject-predicate relationship, it examines how a concrete and meaningful individual *is* or *presents* in reality. In order to ensure that the uniqueness of the individual is not obstructed by the general predicates, the book adheres to the principle of absolute priority of the individual as the first entity, and fixes the reference of the subject to the individual. It uses *the method of donation-predication analysis* to treat the donation of the subject and the predication of the predicate in an orderly manner, and ensures the authenticity of the predicate's speech through intuitive recognition. Testing through this method, the book argues that Marx's theory of the real individual has certain limitations due to its inability to be implemented as an individual in the sense of proper names. However, the individualistic stance of the entire book makes this *the method of donation-predication analysis* unable to truly grasp individuals and their presences in reality.

Keywords: *The Individual Theory of Marxist Historical Materialism*; Marx; the Individual; The Real Individual; The Donation-predication Analytical Method

The Paradigm Revolution and Chinese Form of Marx's Practical Philosophy

—Review of the Transcendence of the Praxis and the Utilitarianism: On the Paradigm of Marx's Practical Philosophy

Li Jinhe

Abstract: The paradigm of the practical philosophy of Marx's critical political economy not only has a continuity with the practical philosophy of the Western traditional moral ethicsal paradigm pursued inward and the practical philosophy of the utilitarian ethical paradigm pursued outward, but also fundamentally transcends these two paradigms. At the same time, it is also the philosophical foundation of China's revolution, construction, and reform over the past century since the founding of the Communist Party of China. Professor Yuan Lingxin's work "the Transcendence of the Praxis and the Utilitarianism: On the Paradigm of Marx's Practical Philosophy" takes the Marxist historical and practical views as the perspective, and the evolution of Marxist practical views through the critique of political economy paradigms as the core. From probing the paradigm of the ancient Greek ethical practice philosophy, the paradigm of the modern utilitarian ethical practice philosophy to Kant and Hegel's metaphysical transformation of virtue and utilitarianism, it identifies the paradigm's revelution of Marx's practice philosophy, which has a profound historical sense. Starting from the realities of the Chinese socialist market economy, this work outlines the contemporary Chinese political economy with practical penetrating power.

Keywords: Practical Philosophy; Virtue Ethical Paradigm; Utilitarian Ethical Paradigm; Paradigm of Politicaleconomy

Educational Program for Governance of Modernity Crisis

—Review of *Karl Marx's Thought on the Poly-technical Education* *Li Jili*

Abstract: In the book *Karl Marx's Thought on the Poly-technical Education* by Associate Professor Tian Yisong, Marx's educational thought is grasped from the perspective of philosophical holism. In this book, the author holds that the background and issues confronted by Marx's educational thought are the rationalization of society and that of human beings and their consequences. The rationalization of society is manifested as the disenchantment of the world, social differentiation and the development of large-scale industry, thereby resulting in the rampant intellectualism in education, along with technicalism and excessive specialization. The rationalization of human beings leads to the loss of human significance and freedom, personality split or one-sided development. Marx proposed an educational revolution with comprehensive technical education as the main content, transcending professional education or technical education that makes people completely serve things, with the aim of cultivating people who are free and well-rounded, thus addressing the ills of social modernity and human problems. Therefore, the book *Karl Marx's Thought on the Poly-technical Education* offers an important theoretical approach for us to understand Marx's thought on education.

Keywords: Modernity; Rationalization; Comprehensive Technical Education

Marx's educational thought

Pashukanis' Commodity-form Theory of Law and Its Theoretical Effect: A Book Review of *The General Theory of Law and Marxism*

Wang Jinxia

Abstract: Pashukanis' commodity-form theory of law focuses on the theoretical construction from the basic theory of Marxism, thus developing Marxist law and causing extensive international influence. It is argued that capitalism provides the realistic conditions for the establishment of modern laws, and that commodity trading relations produce the most developed legal forms. Pashukanis was not satisfied with Kelson's pure theory of law and the theory of law from the standpoint of sociology and psychology, and also refuted the views of Renner and Stuchka in the context of Marxist jurisprudence. Pashukanis' view has aroused heated and continuous attention and criticism in western academic circles, and some scholars have carried out theoretical reconstruction. However, its theory has a tendency of simplification to overemphasize the commodity trading, the critical function is slightly lacking, and the method also presents certain subjectivity. In spite of this, commodity-form theory of law, as an important model in the history of Marxist jurisprudence, still has important reference significance.

Keywords: Pashukanis; General Law Theory; Maxist Philosophy; Legel Science of Commodity Transaction

Sharp Criticism of Doctoral Dissertations

The Disintegration and Resurgence of "Gattung"

—From the Young Hegelians to Karl Marx

Cui Linfei

Abstract: Marx and Engels criticized theYoung Hegelians and advocated the necessity to liberate real people from the bondage of ideas in The German Ideology, showing that the human essence lies in social relations, with the process of the division of labor and productive interaction. It is completely distinct from the Idealism which hold the view that the human essence is a priori and universal idea. The great shift of view in Marx and Engel was not due to their sudden and fractured stand against their predecessors, the Young Hegelians; on the contrary, they could critique and reconstruct their theories on the basis of the same theoretical model, the Dual Structure of Individual and Gattung. Marx and Engels completed what the Young Hegelians had left off and presented the prototype of Materialist Conception of History in The German Ideology.

Keywords: The Young Hegelians; The Dual Structure of Individual and Gattung; The German Ideology; Social Division of Labor; The Materialist Conception of History

Unnecessary Verruca?

—Several Arguments and Counterarguments for the Absence of a Normative Theory of Historical Materialism

Su Chensheng

Abstract: The normative turnamong Marxist studies has made the question of the relationship between historical materialism and normative theory one of the issues that has been debated in academia. Marx's negative assessment of morality has led many commentators to argue from different perspectives that historical materialism does not need a normative theory, and that they can be reconstructed into the following four arguments: 1) irrelevance argument; 2) ineffective argument; 3) illegitimacy argument and 4) harmfulness argument. 1) argues that historical materialism is a causal explanatory theory of social development and that a normative theory is superfluous; 2) interprets historical materialism as a kind of determinism, while arguing that normative theory is invalid in a deterministic world; 3) then argues that normative theory is an independent, non-temporal-historical theoretical abstraction, which is incompatible with the non-independence and historicity of any conceptual system advocated by historical materialism, and that introducing normative theory into historical materialism is an illegitimate act; and 4) argues that normative theory is an illegitimate act based on Marx's view of morality as an ideology and believes that normative theory is an obstacle to social development, which means historical materialism should reject normative theory. However, the above point of view does not fully prove that historical materialism does not need normative theory, on the contrary, the latter is of great significance to the former, and the refutation of them becomes a necessary prerequisite for the construction of Marxist normative theory.

Keywords: Historical Materialism; Normative Theory; Morality; Marxist Ethics

征稿启事

《马克思主义哲学评论》是以评论为主的马克思主义哲学集刊，于2016年创刊，现每年出版2辑，由中国人民大学哲学院主办。本集刊的作者和读者主要面向的是从事马克思主义理论和马克思主义哲学教学与研究的学者和教师，以及该专业领域的学生。

本集刊取名为《马克思主义哲学评论》大致有两个含义。其一，它是马克思主义哲学领域内的评论。当代中国的思想意识呈现多元化是一个不争的事实，它们相互激荡、相互较量。与其将这种多元化的理论情势视为马克思主义哲学的外部威胁，不如将其看成马克思主义哲学进一步革新的机遇。因此，我们应以正视的姿势面对马克思主义哲学内部的理论分化和观点分歧。在这个意义上，《马克思主义哲学评论》是对“马克思主义哲学”的评论。我们愿意为把这种分化和分歧转化成对话做一些有趣、有价值的尝试。其二，它是关于马克思主义哲学的评论。由于某些历史原因，国内马克思主义哲学评论市场呈现匮乏的状态。不论是对评论写作的忽视，还是对评论作品的忌惮，似乎都源于人们对评论本身的畏惧和畏难心态。如果说马克思主义哲学研究是一种严肃的思想活动，那么对它的评论也应该是严肃的，它不是品头论足，也不是歌功颂德，更不是某种夹带“企图”的论争。我们希望这种评论是融合学术性与现实性、批评性与严谨性的对话。因而这种评论应是有边界的思想解放，是不失尊重的理论批判，是有现实感的思想回应。可以说，以上两点也是《马克思主义哲学评论》创刊的初衷和动力。如果本集刊的出版能够为推进马克思主义哲学在中国的研究进程尽一份责任与力量的话，那么也就实现了我们原本的心愿了。

本集刊常设“热点评论”“专题评论”“学术书评”“博文锐评”“思想对谈”“佳作短评”等栏目。各栏目定位如下：

——“热点评论”栏目主要刊发针对当前马克思主义哲学研究热点的评论；

——“专题评论”栏目以研究马克思主义哲学的中国学者的著作或某个受广泛关注的马克思主义哲学专题为对象进行深度评论，以组稿方式刊发；

——“学术书评”栏目刊发单篇书评，主要是对国内外马克思主义哲学研究者的著作所做的评论；

——“思想对谈”主要刊发当代马克思主义研究领域中带有商榷性和论争性的评论；

——“博文锐评”栏目主要刊发近三年在马克思主义领域取得博士学位的学者论文的成果或评论；

——“佳作短评”主要刊发学术短评。

恭请本领域专家学者为《马克思主义哲学评论》撰稿。投稿时请注意以下事项：

——来稿应是未曾公开发表的原创性稿件，遵守学术诚信和规范，文责自负。

——来稿请注明作者信息（30 字左右），包括姓名，单位名称，学历，职务职称，主要研究方向。

——文章附中文内容摘要 300 字左右，要求能够客观反映论文的主要内容信息。中文关键词 3~5 个，应为能够反映论文主题概念的词或词组。文末须附上中文题目、内容摘要及关键词的英文译文。

——来稿如果是省部级以上课题的阶段性成果，请注明课题名称、批准编号等完整信息。

——文章不设置文末参考文献，引文出处及解释性注释，均采用当页脚注的方式置于页面底部。

本集刊注释格式要求如下：

（1）国内学者著作或论文等

臧峰宇：《马克思政治哲学引论——以人学为视角的当代解读》，中央编译出版社，2009，第35页。（图书必须有页码）

聂锦芳主编《重读马克思：文本及其思想（十二卷本）》，中国人民大学出版社，2018，第9页。（“主编”“编”“编著”后不带冒号）

丰子义：《当代文化发展的新特征》，《北京大学学报》（哲学社会科学版）2018年第2期。（期刊不注明页码）

郝立新：《经济全球化进程中的价值冲突》，《光明日报》2000年1月11日。（报纸不注明版次）

王庆丰：《后形而上学时代的辩证法理论》，吉林大学博士学位论文，2006，第21页。

（2）译著

〔美〕弗朗西斯·福山：《历史的终结及最后之人》，黄胜强等译，中国社会科学出版社，2003，第7页。

〔英〕特德·本顿主编《生态马克思主义》，曹荣湘等译，社会科学文献出版社，2013，第88页。

（3）外文文献

Kenneth N. Waltz, *Theory of International Polities*, New York: McGraw-Hill Publishing Company, 1979, pp. 668-698.

Krause Knar and James N. Roseau, eds., *Contending Approaches to International Politics*, *Princeton*, N. J.: Princeton University Press, 1969, pp. 101-112.

Stephen Van Efra, “Primed for Peace: Europe after the Cold War”, *International Security*, Vol. 15, No. 3, 1990: 102-103.

投稿邮箱：mpreview@163.com，请注明您的姓名、单位和电话，以便与您联系。

本集刊实行同行评议审稿制，我们将以严肃、认真、负责的态度对待您的大作。热忱欢迎各位专家、学者赐稿。稿件一经录用，我们会与您联系，并给予适当稿费。

《马克思主义哲学评论》编辑部

图书在版编目(CIP)数据

马克思主义哲学评论. 总第9辑 / 臧峰宇主编 ；黄志军执行主编. -- 北京：社会科学文献出版社，2025. 6. -- ISBN 978-7-5228-5466-3

Ⅰ. B0-0

中国国家版本馆 CIP 数据核字第 2025WH1889 号

马克思主义哲学评论　总第9辑

主　　编 / 臧峰宇
执行主编 / 黄志军

出 版 人 / 冀祥德
责任编辑 / 吕霞云
责任印制 / 岳　阳

出　　版 / 社会科学文献出版社 · 马克思主义分社（010）59367126
　　　　　地址：北京市北三环中路甲29号院华龙大厦　邮编：100029
　　　　　网址：www. ssap. com. cn
发　　行 / 社会科学文献出版社（010）59367028
印　　装 / 三河市龙林印务有限公司

规　　格 / 开　本：787mm × 1092mm　1/16
　　　　　印　张：19. 5　字　数：276千字
版　　次 / 2025年6月第1版　2025年6月第1次印刷
书　　号 / ISBN 978-7-5228-5466-3
定　　价 / 128. 00元

读者服务电话：4008918866